新闻评论教程

樊水科◎著

清华大学出版社

北京

内 容 简 介

本书是写给新闻评论初学者和写作爱好者的普及读物,全书共十一章。第一章导论,从整体上讨论了新闻评论的性质、特点和功能。第二章讨论了选题的技巧与方法。第三、四、五章围绕最核心的观点、论据和论证展开思考和讨论,是全书最重要的三个章节。第六章讨论了新闻评论的阅读方法,即评论的综合评析、重点评析(论证有效性分析)、文本对比分析、多文本专题评析四种分析性阅读常见方法。从第七章至第十章,讨论了评论的外在形式,包括结构、样式、表达和风格。其中,第九章的"表达"是宽泛意义上的,包括标题、语言、版面等方面的表达;第十章简单呈现了新闻评论写作的几种常见风格。第十一章讲述了时评写作的法规与伦理。

图书在版编目(CIP)数据

新闻评论教程 / 樊水科著. —北京:清华大学出版社,2024.4
ISBN 978-7-302-57861-1

Ⅰ. ①新… Ⅱ. ①樊… Ⅲ. ①评论性新闻—教材 Ⅳ. ①G210

中国国家版本馆 CIP 数据核字(2024)第 078133 号

责任编辑:邓　婷
封面设计:刘　超
版式设计:文森时代
责任校对:马军令
责任印制:沈　露

出版发行:清华大学出版社
　　　　网　　　址:https://www.tup.com.cn,https://www.wqxuetang.com
　　　　地　　　址:北京清华大学学研大厦 A 座　邮　　编:100084
　　　　社 总 机:010-83470000　邮　　购:010-62786544
　　　　投稿与读者服务:010-62776969,c-service@tup.tsinghua.edu.cn
　　　　质量反馈:010-62772015,zhiliang@tup.tsinghua.edu.cn
印 装 者:三河市铭诚印务有限公司
经　　销:全国新华书店
开　　本:170mm×240mm　印　张:14　字　数:282 千字
版　　次:2024 年 4 月第 1 版　印　次:2024 年 4 月第 1 次印刷
定　　价:59.80 元

产品编号:100751-01

他序   :::: Preface   / / / / /

　　新闻评论是新闻传播学的核心业务之一。今天的各种媒体都非常重视新闻评论，尤其是重大新闻事件发生后，如何认识和理解这些事件及其影响，对受众来说，是非常迫切的需要。

　　众说纷纭的时代，更需要理性的意见表达者。这本《新闻评论教程》是樊水科多年讲授新闻评论课程的思考和实践的成果，涉及新闻评论的性质、选题、观点、论据、论证、阅读、结构、样式、表达、风格、伦理等内容。我能够感觉到，他在部分章节写作中，有意识地去深入探索、去努力创新，这一点对教材建设极为重要。

　　比如"论证"一章，将逻辑学内容融入新闻评论中，强化了逻辑推理和应用能力，"阅读"一章展示了批判性阅读的方法和应用，"风格"一章对常见的评论风格进行了探讨，这三章在同类教材中具有开拓性和创新性。另外，作者长期讲授评论课，他自己也写些评论，因此他的写作是接地气的，突出了评论写作的实践性和应用性，形成较为自由灵活的风格，语言表达既严密自洽又平和朴素，易懂易学，有助于培养学生理性表达观点的能力。

　　樊水科是我的学生，多年以前我曾给他们讲授过文艺鉴赏课。现在，他要我为他的《新闻评论教程》写几句话，我欣然允诺。我知道，他十六年以来一直讲授新闻评论课，这门课是陕西省一流课程，他在实践中总结出了评论教学的三个关键性环节：批判性阅读、实战性写作、个性化评改。这三个环节就是常说的多阅读、多练习、多修改，可谓抓住了写作类教学的根本。写作是一种能力，写作能力是可以通过学习得到提高的。他的学生近三年在红网发表评论作品一百六十多篇，两位学生被评为红网年度十佳评论员，这说明他的教学是富有成效的。

　　在今天新文科背景之下，这本教材如果能够帮助更多的人写评论不再是空洞的口号和说教，而有扎实的理由支撑和论证，并能够理性表达自己的观点，对读者而言，善莫大焉。

黄建国

长安大学文学艺术与传播学院教授

2024 年 1 月 18 日于西安

众声喧哗时代，新闻评论的教与学

新闻评论属于议论文，是针对新闻事件表达观点并论证观点，进而说服读者的一种写作形式。在今天众声喧哗的环境中，专业、理性、透彻的观点是对新闻评论的要求。专业就是时评写作者要有自己的专业领域，带着专业的视角去剖析和分析事件，写出有价值的观点；理性就是要依据事实，不能浮于表面，止于情绪；透彻就是对新闻事件有自己的观察和思考，有见识，发人深思。

新闻评论是随着近代报刊事业发端而逐渐形成规范的。有学者将这类观点写作追溯到我国古代，比如"子曰"之类的先秦论说，秦李斯《谏逐客书》、汉贾谊《过秦论》，以及《史记》中的"太史公曰"和《资治通鉴》中的"臣光曰"。但那时的观点写作，读者非常有限，仅限于精英阶层。真正的新闻评论还要从报纸传入中国开始。

中国报纸的政论是从《循环日报》开始的，其主办者王韬被誉为中国第一个报刊政论家。梁启超创立的纵论时事的"时务体"名噪一时，如《少年中国说》有效激发了青年的革命热情。

1949年新中国成立后，言论依然走在时代和社会的前列，承担着宣传社会主义革命和建设的重要使命。

1978年之后，新闻评论写作进入规范和繁荣的新阶段。凤凰网评论总监高明勇总结说，评论从"政治治国""政治风向"走向"公民启蒙"，再到"公共言说"。[1]中国人民大学马少华老师也总结了这种演变的其中一个维度，认为评论开始由"职业写作"演变到"公民写作"，[2]媒介技术和个人终端化，时评终于成为"众声喧哗"的大众写作了。

当然，这是一个非常粗略的描述，新闻评论写作能形成今天的共识和规范，是一个长期的过程。在这个过程中，真正有影响力的新闻评论总是站在时代的前列，启蒙、提示、惊醒、呼吁大众，发出了振聋发聩的时代强音。

有时候，一个普通的共识可能成为非常具有挑战性的观点。1978年5月11日，《光明日报》发表特约评论员《实践是检验真理的唯一标准》，这篇评论所提出的

---

[1] 高明勇. 评论的轨迹：1978—2015年中国新闻评论简史[J]. 青年记者，2015（30）：9-13.

[2] 马少华. 评论，从特权到人权的历程[N]. 新京报（评论周刊），2009-11-14.

观点其实是早被无产阶级革命导师解决的问题，但是由于"四人帮"出于篡党夺权的需要，通过控制舆论鼓吹唯心论和先验论，反对实践是检验真理的标准，才使这样一个观点掀起了思想解放的浪潮。

有时候，一个普通公民可能提出大建议，《国旗为谁而降》就是这样一篇评论。时为大学生的郭光东 1998 年 12 月在《中国青年报》撰文提出，应该为在 1998 年特大洪水灾害中失去生命的 3656 名普通公民下半旗志哀。这是一个普通公民第一次以这样的方式直接提出一个重大问题，背景是此前从来没有为普通民众下半旗。

有时候，新闻评论不但进一步深化和扩大新闻报道的影响，还可能推动法律建设的进程。2003 年孙志刚事件发生后，除了陈峰的报道《被收容者孙志刚之死》，其后孟波在《南方都市报》发表评论《谁为一个公民的非正常死亡负责》，将事件上升到拷问收容制度的高度，引起更多法学专家和学者的关注。同年 6 月国家废止了《城市流浪乞讨人员收容遣送办法》。

当然，这些优秀评论并不仅仅胜在观点深刻独特，石破天惊，同时它们对观点的论证也是逻辑严密，论据充分，具有很强的论理性。

在庞大的写作文体家族中，意见或观点的表达是非常重要的类型之一。每个公民，每时每刻都在接收来自生活周边环境及其变化的信息，并对这些信息形成各种各样的评价、看法与意见。这几乎是自发的。当然，大部分人并未对这种形成的观点和意见进行公开表达，即并未公开发表在报纸的评论版面、广播和电台评论类频道或网站的栏目中。但其实表达意见就是生活本身，如与人沟通、会议讨论等在公开场合表达对某事件、现象的看法和评价。换句话说，作为现代公民，公开表达理性的意见是基本素养。那些善于沟通、善于说服别人、表达意见有理有据的人，可能在公众中显得更理性、更专业，更容易赢得别人的尊重。

生活中，对新上映的电影、新上榜的歌曲、某件新闻事件、某些社会现象或问题，每个公民都会有一种基本的判断和评价，这种判断和评价几乎就是生活的一部分。这种意见表达的文本，通常有约定俗成的类型或文体。比如，科研工作者需要通过学术论文进行交流，对各类学术研究对象和学术问题进行判断和意见表达，写成学术论文，发表有价值的学术观点。有些评论员只针对影视作品，包括电影、电视剧作品或围绕影视作品的创作、作品的结构、角色的塑造等一系列现象和问题进行判断与表达，此为影评。评论员或音乐爱好者对各种音乐作品、创作表达意见，俗称乐评。更常见的还有文艺评论，即对一切文艺作品的批评，形成了一整套严格的批评概念、理论和实践。当然，还有些评论员并不仅仅限于专业领域，而是对社会现象和社会问题进行评价和议论，写成杂文或随笔等宽泛意义上的议论性文章。

当下一个清晰可见的普遍现象是，观点类文章的爆发与流行。专业的各级各类媒体上，评论是非常重要的文体之一，而且在新闻教育中，关于如何理性表达观点的教科书也纷纷涌现，可谓品类丰富。随着手机等移动终端的普及，自媒体成为草根交流沟通的重要阵地。在微博、微信公号里，各类观点类文章大行其道。受众对生活周边的新闻事件和社会现象，发表意见和观点的冲动是强劲的。在公众日常信息消费中，对"观点的消费"也日益强劲，甚至早有学者惊呼一个"观点的时代"业已来临。

但另一方面，这些观点类文章中，观点新颖独特，很专业、很有启发意义的文章并不多见。而且，我们检视这些观点类文章以及对新闻事件的跟帖留言就会发现，这些观点是如此五花八门，几乎难以形成基本共识。如果这些文章的说服力正在下降，对话、监督、引导、教育等功能正在丧失，甚至连基本的交流、对话正在变得困难，那么，这些观点类文章的价值和意义也将不断被瓦解。这种现象令人担忧，其中一个原因是**有些观点类文章正变得庸俗、偏狭，沦为空洞的口号和说教，疏于扎实的理由支撑和论证，并且充斥着各种谬误**。这当然不是一种健康的现象。所以，众说纷纭的时代，更需要理性的意见表达者。

什么是理性的意见表达者？首先他是专业的，就是要有自己的专业领域，尽量不要跨界评论，也不要对专业之外的吃不准的问题进行肤浅的评论。在专业边界内进行谨慎评价是一个重要原则。"小品王"赵本山有一年春晚表演了农村题材的小品《捐助》。作为春晚语言类节目，公众当然可以对节目本身涉及的方方面面进行判断和评价。有的评论《捐助》中反映的价值观问题，如为了一万元就"以身相许"；有的评论作品中被植入广告太多。这些评价中，事实性判断的争议要小一些，但价值判断的争议就非常大。"萝卜白菜，各有所爱"，这很正常。但专业的评论给人更深的思考和启发。比如，法律专业的评论者探讨小品中引出的一个专业问题，即捐助过程中不小心多按个零，"多捐出去的钱能不能退回来"？法律依据何在？

理性的观点表达者会对自己的观点负责，对自己的判断和观点会提供充分的论证和事实支撑，所谓"有理有据"。有理就是科学，有道理，有高度；有据就是有准确、可靠的事实和依据，不隐藏对自己观点不利的事实。并且，最重要的是，有逻辑，避免出现明显的逻辑谬误。评论首先是一种论证与推理，作者需要对自己持有的观点提供理由和支持。作者这个观点之所以能够说服我们，不是因为其宣称"我们有理由相信"，而是文中具体论证"有什么理由？为什么这些理由可靠"？理性的意见表达者会尊重科学、尊重事实。公众的交流和对话只有建立在科学和事实的基础之上才有可能存在，建立在情感和立场等其他基础之上的对话，就是非理性的，双方很难形成共识，更不可能达成交流和对话。

这个时代为什么需要理性的意见表达者？这是因为，一个健康正常的社会，需要有论坛和平台，这些论坛或平台上，需要有好的公共辩论和观点进行交流。这种公共辩论和意见交流，会让观点更趋于理性和深入。既然意见表达是公民生活中必不可少的组成部分，那么，这种意见表达要形成共识、要交流，就必须基于理性，尊重事实。

今天的写作环境发生了很大的变化，写作的边界也在不断变化。但不论怎样，写作历来被视为公民内在素质之一，评论写作更是现代公民理性表达意见、沟通和交流的重要文体。自媒体大行其道，每个人在理论上具有了发声的机会，公号里每天都有无数的意见和声音通过朋友圈等方式传播。在信息的海洋里，获取意见和观点易如反掌，这时候，观众的注意力是有限的，如何发出独特深刻和振聋发聩的声音才是关键。也就是说，理性表达观点，进而说服读者才是新闻评论写作的基本目标。

但是，新闻评论的表达不仅仅是写作层面的，更重要的是认识层面的。要提出一个好观点，并且对观点有扎实的论证，能够有力说服读者。所以，评论写作从来就不是表达层面的，它是认知和思考所发现的洞见，是见识，而不是一般的意见和情绪。用马少华的话说，新闻评论是对新闻事件的判断和由新闻报道引发的社会现象和社会问题的思考。[①]在信息浪潮里，这个判断和思考一定不是情绪化的，不会单纯表达愤怒和情绪的意见。事实证明，最难学的，依然是提不出深刻的观点，对观点缺乏深入的论证，而不是表达或结构层面的。

那么，如何学好时评写作？除了多读、多写、多思，确实没有其他更好的办法，这是一个长期的训练和思考的过程，没有任何捷径可走。这里，结合十六年的教学经验，我想对如何读、如何写和如何思考谈点儿自己的感受。在教学中，我逐渐感觉到，若从以下三个环节设置教学流程，加强写作训练，则新闻评论还是能够取得好的效果的。这三个环节是：**批判性阅读、实战性写作、个性化评改。**[②]

第一，批判性阅读。学习新闻评论，阅读有一个宽泛的涵盖面，有文史哲方面的经典，有社会层面的，有思维逻辑层面的，也有辞章表达层面的。因为写好新闻评论，需要比较深厚的人文底蕴，评论视野才能开阔，旁征博引；需要对社会有深刻的理解和认识，才能提出新颖独特的观点；需要较强的批判性思维与严密的逻辑，才能对观点有扎实的论证。另外，这些思考和见识还需要清晰地表达出来。

学习新闻评论课程，最基本的还是对于评论作品的阅读。这种阅读是文本层面的，但要读深读透也不容易。如何读？不是简单地一篇一篇阅读，而是分析性阅读，或者批判性阅读。批判性思维是一种理性的思维过程或思考行为，特点是反思和质疑，其基本理论预设是：在理性和逻辑面前，任何人或思想都没有对于质疑、批判的豁免权。批判性思维也被认为是现代公民必须具备的核心技能之一。

---

① 马少华. 新闻评论教程[M]. 北京：高等教育出版社，2007：1.

② 樊水科. 评论教学的三个关键环节：从红网"青椒计划"说起[EB/OL]. （2021-06-06）. https://hlj.rednet.cn/content/2021/06/06/9439110.html.

这种思维方式应用到新闻评论作品的阅读中，即批判性阅读。

在新闻评论作品中，评论作者总是对某个事件或某种现象（评论对象）进行判断，提出自己的观点和认识，并且，通过事实和道理来论证、支持这个观点。所以，阅读观点类文章，这个核心观点才是关键。每一篇评论都在试图用观点说服读者，让读者接受其观点。对于初学评论写作的同学们来说，不管是何种级别的媒体，多么权威的评论员，我们都不能凭此就完全相信或接受这些观点。阅读这些作品，面临的一个基本问题就是：我为何或者如何相信这些观点？

我的建议是，你可以从论点、论据和论证这三个关键要素开始进行重点分析，顺便分析其选题、结构和语言等次要因素，因为这些因素也会影响观点说服的效果。比如，看到一篇新闻评论，你首先要准确找出作者的观点和结论是什么？作者支持这个观点的理由和证据有哪些？这些论据与观点的相关性如何？这些论据的效力如何？行文过程中词语意思表述是否明确清晰？推理过程中有没有逻辑谬误？如果你对这些问题都进行了质疑和分析，并有了自己的基本判断，那么，你就可以对作者的观点进行一个大概的评判了：这个观点有没有被有效论证和支持？你同意或不同意，理由是什么？这个观点是否新颖独特，对你有没有启发？然后，顺便看看文章的结构是否逻辑顺畅，语言是否平和朴素并且准确、无歧义，等等。这就是批判性阅读。

当然，这样阅读一篇新闻评论，很费时，也很累人。但这是学习评论写作的很重要的起点。马少华在其《新闻评论教程（第二版）》前言中说："学习新闻评论的实际起点，应该是对新闻评论的阅读经验。""新闻评论教学的第一步，不是'如何写'，而是'如何读'。"[①]对此，我深以为然。

在新闻评论教学中，我特意设置了一个学习的关键性要求：写评论作品的鉴赏评析笔记。要求学生每周写一篇，一个学期至少十五篇，这是平时成绩最重要的组成部分。为什么要坚持每周写一篇分析性阅读笔记？因为不读，心里对时评就没有总体的认知和把握，遑论写作。

第二，实战性写作。写作训练是将知识转化为能力的唯一途径。但是，如果将这种写作训练单纯作为"作业"，是很难激发学生的写作热情的，也无法为学生提供实战性经验。所以，在评论教学中，我特别强调，评论写作是面向公众的写作，是真实环境中的公开表达，有价值的观点才值得发表出来。所以，每次写作我都要求学生必须在第一时间向网站投稿，对没有发表的优秀作品还要在课程公号"水哥写作课"刊发。这样，学生就会认真对待每次作业，谨慎思考评论对象的时效性、选题的价值、观点的新颖性和表述的准确性等。[②]

[①] 马少华. 新闻评论教程[M]. 2版. 北京：高等教育出版社，2012.

[②] 樊水科. 学习评论，我为什么要求学生必须投稿？[EB/OL].（2021-04-16）. https://hlj.rednet.cn/content/2021/04/16/9195394.html.

有些同学很有写作天分，但可惜的是，写着写着就放弃了，没能坚持下来。这有可能是因为没有从写作和表达中找到成就感，或者是因为教学方法和考核方法消磨掉了学生写作的冲动。我的很多学生将评论作业公开发表在了红网等媒体上，学生的写作热情被很好地调动起来，学生的进步和获得感大大提高。我的体会是，好的写作教学一定是进一步保护和激发学生的这种写作冲动、让学生体验到表达的成就感和快感。曹林说："千万要珍惜自己的那些思考的冲动、表达的冲动，很多思维火花其实是特别好的。"①

但是，对于新闻评论而言，写作和表达是外在和次要的，更重要的是学会如何思考。换句话说，针对评论对象，如何提出新颖独特的观点，以及寻找扎实的依据支持观点，才是内在和主要的。

现代社会，学生的碎片化时间已经完全被手机上的各类信息资讯填满了，基本无暇思考。鼓励学生思考，一定需要一些好的抓手或者方式，比如，第一个是分析性阅读，就是在课堂上逼着学生评析和鉴赏这篇文章为什么好、好在哪里、我们可以学到什么，让学生开始剖析一篇评论，并归纳总结可以学到什么。这种方式往往会启动学生进入思考状态。否则，你让学生思考，他根本不知道从何做起。第二个就是评论课堂上，要尽量创造一些老师与学生交流、辩论的机会。更重要的一个体会是，通过苏格拉底的"诘问"方式，逼学生思考。诘问的过程其实是引导学生深入思考的过程。

最重要的思考方式，其实是要保持大量的阅读，要浏览和精读很多书籍，涉猎很多学科领域，最好专攻某一学科专业。没有大量阅读，谈思考其实就是无源之水。作为一种观点类写作，新闻评论课程首先要有较强的逻辑推理与论证能力，能对自己的观点进行有力的支持与论证，逻辑学则是评论课程的思维基础；作为一种研究性写作，新闻评论观点的实质就是对社会和生活的认识，深刻和新颖的认识首先来源于学生的知识结构的储备：如果没有扎实的社会学理论，就难以对复杂的社会现象和社会问题有深刻的认识，同样，没有基本的政治学常识、法学知识和经济学知识，就难以从政治、法律和经济的视角思考和认识新闻事件，因而社会学、政治学、法学、经济学等都是评论课程的认知基础；作为舆论宣传的重要手段的新闻评论，如果没有对我国历史，特别是中国近现代屈辱史和中国共产党争取民族独立和中华民族复兴的奋斗史的深切感受，就难以站在党和国家的政治高度，表达理性积极、向上向善的评论观点。因此，历史学、马克思主义新闻学、伦理学是评论课程的价值观基础。当然，作为写作类课程，新闻评论需要了解和掌握诸如选题、标题拟定、结构安排、语言风格等一般的写作知识，因而文学是评论课程的知识基础。所以，新闻评论课程的内容体系，是以马克思主义新闻学、伦理学为价值基础，以逻辑学为思维基础，以社会学为认知基础，以文

---

① 曹林. 时评写作十六讲[M]. 北京：北京大学出版社，2020：14.

学表达为知识基础的课程体系。①这种体系的建立必须借助大量阅读才能实现。比如，2019 年，陕西一男子将 78 岁母亲活埋。很多同学的评论其实只停留在表达愤怒和道德谴责上，这是很浅表的，问题在于，学生的阅读和知识量跟不上，缺乏思考的基础事实。有同学评论说该男子涉嫌故意杀人罪，他也注意到母亲被救出，可是他不知道法律层面有个故意杀人未遂，这与故意杀人在定性上差不多，但在量刑上是不一样的，并且一旦涉及该男子家庭纠纷与矛盾、其母亲后来有保护儿子的意愿等细节纠缠在一起的时候，学生根本无从着手分析，这是知识不足的表现。不是说他不会思考，而是说他缺乏深度思考的事实细节和相关法律知识。所以，思考问题不仅仅是思维运动的过程，这个思维运动需要最基本的事实和知识。

第三，个性化评改。这其实是写文章最后一个必需的环节。作品写成了，不是一个简单的作业，老师要认真对学生的习作进行点评，针对学生不同的问题进行个性化辅导，让学生明白写作中存在哪些主要问题，以及如何润色修改，从而使文章观点变得更明确具体，论证变得更有力，结尾变得更有味，等等。而要达到这种状态，必须是小班形式的教学，这就是清华大学在全校开设写作课程采取了小班教学的原因。但是，很多学校未必能实现小班形式教学。现在，最重要的一个改变是，教师和学生都是在线状态的，所以，这种一对一个性化辅导变得可能。我的评论课程建有微信群，每位同学都是我的微信好友。在微信中，我和学生都是在线状态的。所以，每个写作训练作品，我都会在线即时指导完善作品。学生评论作品最好的出路是能够公开发表。所以，每个写作训练，最好给学生留足思考、观察的时间，让学生有了写作冲动之后再写，然后教师在线即时指导，对好的作品及时在课程公号里分享交流，同学们之间互相学习交流，并鼓励同学向外投稿。马少华老师开设了新闻评论写作课程博客，在线批改学生作业，和学生互动和交流，把课堂教学延伸到课外，成为真正的"开放的评论课堂"，实现了教学活动的拓展与延伸。这个过程中，教师的热情、功力对教学效果影响最大。如果教师认真对待每一次写作训练，学生的写作热情就能很好地调动起来，学生的进步和获得感就会大大提高。

在遵循写作规律的基础上，回归常识，将"深读""多写""精改"三个环节做深、做实、做细，既是好的教学方法，也是好的学习方法。对案例的"分析性阅读"重在探究、分析、鉴赏过程中强化评论的基本理论，体会观点的表达与论证，琢磨归纳、演绎和类比等逻辑推理的应用。"实战性写作""个性化改评"重在通过"多写""精改"强化写作能力。

每年教学，我都会注意阅读并为学生选择一些案例，补充新的研究成果，因为需要对时评写作理论、技巧和教学进行深究和反思。有时我甚至会查阅很多文

---

① 樊水科. 新闻评论课，该从哪些方面构建知识体系[EB/OL]. （2021-06-20）. https://hlj.rednet.cn/content/2021/06/20/9568528.html.

献和书籍，比如，有几年为了教授评论的论证，我被迫闯入逻辑学领域，看了一堆有关思维、认知和逻辑方面的书。虽然很是费了一些精力和时间，但对我个人阅读经验的积累和思维训练的养成，是受益颇丰的。今天，我决定将这些年的教学和反思形成文字。这便是我写作本书的初衷。

　　这本书是写给评论初学者和时评写作爱好者的，但是我并不打算将它写成严肃教材的模样，也不想写得过于学术化，而是围绕新闻评论写作的原理和技巧，融入个人的观察思考和教学体验，形成较为自由和灵活的风格和体例。这本书是指向实务的，将理论和原理非常简略地融入写作技巧中，也可以叫新闻评论写作指南。

樊水科

2023 年 10 月 17 日

目录 :::: Contents　/　/　/　/　/

第一章

导论

新闻评论是新闻体裁中重要的一类，它表达人们对新闻事件的判断、对由新闻引发的各类社会问题的思考。[①]

——马少华

全面理解与认识新闻评论是写好它的第一步。不过，要全面理解与认识新闻评论，并不容易。仅"什么是新闻评论"这个概念，如同其他很多概念一样，也是有争论的。比如新闻评论属于新闻体裁还是议论体裁？比如在外延上，杂文和随笔算不算新闻评论？再比如，新闻评论的根本属性是政论性吗？这些讨论或显或隐地出现在很多评论教材中。

我国关于新闻评论的研究与教学，可以追溯到五四运动时期。1918 年 10 月，北京大学新闻学研究会的成立，标志着我国新闻学研究的开端。1919 年 12 月以新闻学研究会名义出版了徐宝璜的《新闻学》，该书是我国第一本新闻理论著作，在第九章专门论述了"新闻之社论"，即新闻评论中社论的写作。

20 世纪 30—40 年代，于右任、郭步陶、程仲文等学者发表和出版了大量关于新闻评论的文章和著作。1933 年郭步陶的《编辑与评论》出版，该书对新闻评论的种类、变迁及写作方法进行了归纳和论述。1947 年陈仲文的《新闻评论学》出版。

20 世纪 50 年代至 70 年代中期，新闻评论的研究著作较少。从 20 世纪 70 年代后期开始，我国陆续出版了大量的专著或教材，主要有林大椿、王民、丁法章、秦珪、胡文龙、范荣康等学者的新闻评论专著。[②] 20 世纪 90 年代，随着人们对新

[①] 马少华. 新闻评论教程[M]. 北京：高等教育出版社，2007：1.

[②] 20 世纪 70 年代末到 80 年代新闻评论的著作和教材主要有：1979 年林大椿的《新闻评论学》，1981 年王民的《新闻评论写作》，1985 年丁法章的《新闻评论学》，1986 年王振业的《新闻评论写作》，1987 年程世寿的《新闻评论写作教程》，1987 年秦珪、胡文龙的《新闻评论学》，1988 年范荣康的《新闻评论学》，1988 年于宁、李德明的《怎样写新闻评论》等。

闻评论理论和实践的不断探索,尤其是 1997 年国务院学位办将新闻传播学列为一级学科后,新闻评论的理论和实践研究不断补充、深化和扩展。如 1993 年邵华泽的《新闻评论探讨》、1997 年王振业的《广播电视新闻评论》等。[①]进入新世纪以后,新闻评论理论和实践的研究不断细化、专业化、理论化和系统化。新闻评论教材和专著大量增加,涌现出二十多部,既包括老一辈评论学者教材的修订版,也包括各新闻院校年轻的新闻评论教师编写的专业教材,如武汉大学赵振宇的《现代新闻评论》(第二版)、杨新敏的《当代新闻评论学》、中国人民大学马少华的《新闻评论教程》等。[②]

2010 年之后,大量教材和专著涌现,主要有廖艳君等编著的《新闻评论》(清华大学出版社 2010 年出版),李舒的《新闻评论》(中国人民大学出版社 2013 年出版),徐兆荣的《实用新闻评论写作教程》(北京大学出版社 2014 年出版),王兴华等编著的《新闻评论教程》(北京师范大学出版社 2016 年出版),丁邦杰的《时评要领》(中国人民大学出版社 2019 年出版),曹林的《时评写作十六讲》(北京大学出版社 2020 年出版)。同时,也出现了专著,如赵振宇的《新闻评论研究引论——功能、品格、思维、发现》、杜涛的《新闻评论:思维与表达》等。

上述新闻评论著作各有其特色,反映了在新的传媒形势下,在新闻业务提高、实践发展的基础上,对新闻评论的理论研究有了更深的发展。从现有的教材或专著可以看出,有些侧重新闻评论理论,有些侧重新闻评论实践,有的强调思维,有的强调技巧,有的关注历史发展,有的注重新媒体评论,总体呈现出多角度、重理论与实践结合的特点。

本书主要是从新闻评论业务的角度展开的。新闻评论业务主要包括选题、立论、论据、论证、结构、语言文风、修改、阅读接受、写作伦理等写作的重要环节。本章针对新闻评论作品本身及其创作的业务层面,分别讨论新闻评论的本质、特征及其功能三个基本问题。

一、新闻评论的本质

关于新闻评论的概念,学者们的认识大致相同,略有差异。

[①] 20 世纪 90 年代出版的教材和专著还有:1998 年胡文龙、秦珪、涂光晋的《新闻评论教程》,1998 年涂光晋的《广播电视评论学》,1998 年杨新敏的《新闻评论学》等。

[②] 20 世纪后出版的教材数量大,主要作者有王兴华、周建明、李德民、袁正明、李法宝、刘根生、吴庚振、王振业、殷俊等。如吴庚振的《新闻评论学通论》、殷俊的《媒介新闻评论学》、李法宝的《新闻评论:发现与表现》等。

《人民日报》原副总编辑范荣康认为:"新闻评论是就当天或最近报道的新闻,或者虽未见诸报端但确有新闻意义的事实,所发表的具有政治倾向的,以广大读者为对象的评论文章。"[①]

马少华对新闻评论做了这样的表述:"新闻评论是新闻体裁中重要的一类,它表达人们对新闻事件的判断、对由新闻引发的各类社会问题的思考。"[②]

丁法章认为,新闻评论是媒体编辑部或作者对最新发生的有价值的新闻事件和有普遍意义的紧迫问题发议论、讲道理,有着鲜明针对性和引导性的一种新闻文体,属于议论文的范畴。[③]

还有一个更加详细的定义:新闻评论是针对现实生活中新近发生的、具有普遍意义的新闻事件和迫切需要解决的问题而发议论,讲道理,直接发表意见的文体。它包括社论(本台评论)、评论员文章、短评、编者按语、专栏评论、述评、杂感随笔、广播评论、电视评论等体裁,是报刊、通讯社、广播、电视等新闻传播媒介的评论文章(或节目)的总称。[④]

李希光认为,新闻评论是媒体、编辑、记者、评论员、普通读者等对近期大事观点的表达,它体现了这些人各自的立场、利益、关注什么问题以及如何看待问题,是这些人行使话语权的体现。如果说新闻报道的目的是陈述事实,那么新闻评论的目的是在事实的基础上发表意见。[⑤]

综上所述,关于各类新闻评论的定义,讨论的核心可以归结为以下六个问题:一是新闻评论的本质——它是一种意见性文本;二是新闻评论的媒介——它主要通过报刊、广播、电视、网络等大众传媒传播;三是新闻评论的对象——新闻事实和社会问题;四是新闻评论的体裁——新闻体裁;五是新闻评论的类型——它包括社论、评论员文章、述评等;六是新闻评论的特征——如鲜明的政治性、引导性和针对性等。

需要补充的是,评论的核心是对新闻事件进行判断,需要提出核心观点,对自己的观点需要寻找理由支撑,理由需要证据支持。因此新闻评论主要通过论证和说理的方式,达到说服读者接受其观点的目的。

在关于新闻评论的概念的讨论中,尤其是新闻评论的本质问题,以下两个问题值得进一步商榷。

第一,新闻评论的评论对象问题。对于这一问题,很多学者也同意"新闻事件以及社会现象和社会问题"的看法。所谓"新闻事件",是指那些对接受主体而

① 范荣康. 新闻评论学[M]. 北京:人民日报出版社,1998:5.
② 马少华. 新闻评论教程[M]. 北京:高等教育出版社,2007:1.
③ 丁法章. 新闻评论教程[M]. 4版. 上海:复旦大学出版社,2008:16.
④ 胡文龙,秦珪,涂光晋. 新闻评论教程[M]. 北京:中国人民大学出版社,1998:1.
⑤ 李希光,孙静惟,王晶. 新闻采访写作教程[M]. 北京:清华大学出版社,2011:761.

言有价值的事件，或者说，人民大众普遍比较关注对大众利益构成一定影响的事件。这实际上是事件的新闻价值。当然，新闻事件同时还是新闻评论的判断对象和论说范围，还应具备评论价值。事件的新闻价值和评论价值是两个不同的概念。新闻价值和评论价值有重合，但也有区别。新闻评论的选题往往是社会关注度高、跟大多数人利益相关的事件，这实际上是事件的新闻价值，其余诸如重大性、显著性、时效性等，其实也是评论选题的考虑因素。但新闻价值并不等于评论价值，比如，大型客机的坠毁、普通的凶杀案等，虽然具有新闻价值，但其评论价值并不大。

把新闻事件作为评论的对象，是公认一致的。但是，把社会现象或社会问题作为新闻评论选题，要注意时效性的问题，因为新闻事实和社会问题是不同的。社会现象和社会问题有漫长的发展过程和存在状态，这些现象和问题也是社会学、政治学、经济学等众多学科关注的对象，也是理论文章、学术研究的对象，但是，作为社会现象和社会问题，新闻评论关注的一定是最新的，或者由新闻报道触发的，能引起更大关注的社会现象和社会问题。所以，更为准确的表述当属马少华老师的表述："人们对新闻事件的判断和对由新闻报道引发的各类社会问题的思考。"

很多时候，我们的新闻评论的确是直接谈问题的，而不是谈事件的。新闻评论的对象是新闻事实，问题则是从对象中所发掘出来的选题。社会现象和社会问题是人文社会科学的研究对象，只有当这些现象和问题被新闻报道触发，引起关注，形成舆论热点的时候，这些社会现象和社会问题才是新闻评论的好选题。例如，新华网《大连"开门炮"炸出近千吨红色垃圾》报道，春节长假后开工的第一天，大连市的单位和商家纷纷在自家门前马路上燃放"开门炮"以求吉利。由于商家燃放"开门炮"的时段和地点过于集中，造成大连市部分繁华路段人车难行，烟雾满天，并留下大量的鞭炮废屑。据当地环卫部门估算，仅当日上午，大连环卫部门就清理出近千吨的鞭炮废屑。

这是一条简单的消息，我们会怎么评论呢？我们并不是直接评论燃放"开门炮"事件本身，而是在新闻事件中找出特定的问题进行论述和思考，如环保问题、浪费问题、安全问题等。比如，针对大连"开门炮"的新闻事实，人民网发表了题为《"开门炮"千吨废屑炸出啥》的评论，指出这样燃放并不文明。"过年，热闹，放鞭炮，这都没错。只要法律没有禁止，公民就可以做自己想做的事。但是，漫天的烟雾、巨大的噪声、千吨的废屑，还是严重污染了环境，暴露出我们与文明的差距。在一个不断进步、不断演变的社会里，有些习俗、有些行为，特别是涉及公众利益和社会未来发展的事情，应该如何规范、如何限制、如何引导，还是值得思考、改进和检讨的。"作者展开论述，并且在结尾指出："大连的千吨鞭炮废屑触目惊心，它告诉人们，文明，其实离我们并不近。"①

① 建达．"开门炮"千吨废屑炸出啥[EB/OL]．（2010-02-22）．http://views.ce.cn/view/gov/201002/22/t20100222_20990023.shtml.

　　而红网则发表了题为《"开门炮"的传统，权力没必要凑热闹》的评论，认为商家在新年开张第一天放一挂鞭炮，讨个吉利，图个红红火火的好彩头，并没有什么不对的。但事业单位和政府机关放鞭炮图吉利就难以理解，因其充满了铜臭和功利色彩：

　　如果说商家燃放开门炮还情有可原，那么事业单位和政府机关就不应该参与到这个行列中来。燃放开门炮只是图个心理上的安慰，而事业单位和政府机关则是为人民服务的窗口，没有任何属于自己的"吉利"可图，"好兆头"可言。燃放鞭炮就是在用纳税人的税收来污染环境。如果非要图"吉利"，讨"彩头"，那是来自人民群众的口碑。一挂鞭炮轰不出为人民服务的好风气、好习惯。今年辽宁省鞍山市就下发通知，严禁各单位春节期间利用公款燃放烟花爆竹尤其是"开门炮"，并邀请市民监督。[①]

　　这两篇新闻评论的评论对象是同一新闻报道。但是这两篇文章所讨论或者说所评论的问题是不同的。前一篇讨论的是环保问题，后一篇讨论的则是权力机关燃放"开门炮"的迷信心理问题。当然，这篇报道还评论了其他问题，如文化习俗问题、燃放安全问题、铺张浪费问题等，都可以作为问题去发表意见和观点。那么，我们能否说，文化习俗问题、铺张浪费问题都是新闻评论的对象？显然不能。因为这些问题本身已经作为一则新闻报道发表出来了，是依托在此新闻事件中潜在的问题。而这些问题则可能在很多新闻报道中都存在，或者问题本身并不依托于新闻事实，而是一种社会长期或者一段时间内长期存在的问题。我们只是对新闻报道中反映或隐含的某个问题进行了判断和思考，并不是对社会长期存在的某种现象或问题进行判断和思考。

　　事实上，基于新闻事实，而不是基于问题，这是新闻评论与其他议论文以及各种思想评论的区别之一。各种思想评论、随笔、论说文往往就社会现象、社会问题、社会思潮、工作中的问题、政策等发表意见和观点。新闻事实是现实生活中发生过的具有新闻价值的客观事实，是新闻评论的对象，而种种"问题"则是人们从新闻事实中发现和挖掘出的论题。新闻评论主要以新闻事实为依托，必须是对新闻事实的评论，如果仅仅是面对重大问题发言，就可能超出新闻评论的范围。全国哲学社会科学规划办公室每年都会挑选出一些关系国计民生的大问题，请全国的专家和学者进行研究，但那些研究论文和论著都不是新闻评论。

　　当然，有很多社会现象或者重大问题，因为具有新闻价值而被加以报道，这时候，这个重大问题或社会现象也就成了新闻事实。因此，新闻评论是对新闻事实的判断和认识，它属于议论文的范畴。

---

① 朱小猪. "开门炮"的传统，权力没必要凑热闹[EB/OL]. （2010-02-22）. https://news.ifeng.com/opinion/politics/201002/0222_6438_1551728.shtml.

　　徐宝璜在 1919 年所写的我国第一部新闻学专著《新闻学》中就说过："社论须以当日或昨日本报所登之新闻为材料而讨论之，此理甚明。"可见新闻评论是以新闻为材料，而不是以问题为材料。林大椿也说："新闻为事实的客观记载，评论为基于事实而发表的意见。"[①]

　　马少华认为新闻评论是"表达人们对新闻事件的判断、对由新闻引发的各类社会问题的思考"。[②]很显然，他注意到了这一问题，即各类社会问题本身并不能作为新闻评论的对象，但是，如果是由新闻报道引发的社会问题，则属于新闻评论的对象。实际上，由新闻引发的各类社会问题，其本身已经成为新闻报道中的问题了，而新闻报道中反映和隐含的社会现象和问题正是新闻评论的论题。

　　第二，关于新闻评论的体裁归属问题。大多数学者同意将新闻评论归属于新闻体裁的说法。新闻评论是新闻学基本业务之一，评论作品是媒体内容的重要组成部分，这都是事实。不过，从本质上看，新闻和评论差异很大，将新闻评论看成新闻体裁，似有不妥之处。既然是新闻文体，就应该具备新闻的基本属性和特征。按照陆定一的说法，新闻是新近发生的事实的报道。新闻的本源是事实，新闻是事实的报道，事实是第一性的，新闻是第二性的，事实在前，新闻在后。[③]因此，依据事实、追求新鲜、注重时效是新闻的特点。新闻的本质是事实，当然是经过记者主观报道的事实。依据事实实际是新闻报道的准确和客观要求。这也应该是新闻体裁或者新闻文本具备的要求。所以，要将新闻评论的体裁与范畴区分开来。体裁的概念外延要小得多，可以说，新闻评论属于新闻类范畴，但不能肯定地说评论属于新闻体裁。**一般来讲，新闻体裁是各类新闻报道方式，如消息、通讯、特稿、深度报道、专访等，这些体裁的本质都是"以事实为基础"，而新闻评论却是"以观点为核心"。**但因为新闻评论经常与新闻报道出现在一起，且具有很强的时效性，是媒体有效的写作文体之一，是媒体写作的组成部分，也是新闻四大核心业务之一，因此说新闻的范畴包括新闻评论，大体不差。但如果说新闻体裁的范畴包括新闻评论，则不大合适，细究起来也不够严谨。

　　新闻评论在本质上是一种意见性的文本，是主观的，是对新闻事件的认识、判断和思考。虽然新闻评论也讲求事实，新闻事实既是判断对象，也是意见和观点的依托，是论证观点的论据之一。但从根本上说，新闻评论传递给读者的是"主观的意见性信息"，而新闻报道传递给读者的却是"尽量客观的事实性信息"。因此，新闻评论不宜归属为新闻文体，它只不过具备一些新闻文体的特征而已，如依托新闻事实，通过大众传媒传播，注重评论的时效性，读者都是社会大众，具有公众性等特点，但这些都不是新闻评论的本质特征。判断新闻评论的文体特征，

①　丁法章. 新闻评论教程[M]. 上海：复旦大学出版社，2002：15.
②　马少华. 新闻评论教程[M]. 北京：高等教育出版社，2007：1.
③　郑保卫. 新闻理论新编[M]. 北京：中国人民大学出版社，2007：34.

要从其本质特征去判断。因此，新闻评论只能算是议论文，是议论文中特殊的一种言论方式。

作为议论文，新闻评论的核心要素是论点、论据和论证。论点是评论作者对新闻事件或有热度的社会现象和社会问题做出的判断和评价，这个观点是评论作品的核心，是统帅全文材料的中心和精华。论据是证明论点的事实和根据。作为议论文，时评中提出的观点和判断一定要提供理由和根据，进行支持和论证。而论证则是连接论点和论据的方法和工具，论证也是作者用论据支持和证明观点的过程。在写作经验中，论证也是一种方法和工具，对如何支持观点，形成了归纳、演绎、类比等众多逻辑推理方式。

由此，新闻评论中的基本关系就是论证和被论证的关系。论点是全文被论证的，而论据以及对论据进行的解释、说明、假设和延伸等，都在为支撑论点服务。

所以，写新闻评论的关键和核心在于对观点的论证，这也是议论文的基本特征和要求。判断新闻评论的两个基本维度，就是观点和论证。观点是否新颖独特，是否发人深思？论证是否扎实有效、逻辑严密？这是初学评论的人必须不断审问自己的问题。据此可知，在文章和段落中，用来警告、劝告、连贯性的陈述、新闻报道、说明性的语段、举例解说、条件陈述等，一般都没有论证功能。什么是论证呢？"论证就是增加一个命题（论点）的可接受程度。"[①]论证的简单模式可以表示为：主张——理由。在新闻评论中，主张就是观点、判断和看法。支持相当于使用论据进行论证或进行逻辑推理。

所以，本质上，新闻评论是一种意见性文本，它表达对新闻事件的判断，这种判断是一种认识和洞见，需要进行论证和支持。

二、新闻评论的特征

根据前面的讨论，关于新闻评论的本质有一个共识，即新闻评论是一种意见性文本。但是，意见性文本的外延还太宽泛，文艺评论、影评、杂文、随笔、学术论文等都是意见性文本，那么，作为一种意见性文本的新闻评论，其特殊性在哪里？新闻评论的特征就是新闻评论所独有的，将其与学术论文、影评等其他文体区分开来的一些特质。在这个方面，依然有一些问题值得商榷。

范荣康认为"新闻评论是一种具有新闻性、政治性和群众性等显著特征的评论文章"。[②]秦珪、胡文龙认为新闻评论的主要特点是"鲜明的政治性、强烈的新

---

① 周祯祥，胡泽洪. 逻辑导论：理性思维的模式、方法及其评价[M]. 广州：广东高等教育出版社，2004：63.
② 范荣康. 新闻评论学[M]. 北京：人民日报出版社，1988：5.

闻性和广泛的群众性"。①于宁、李德民认为新闻评论"应该有这样四个特点：鲜明的党性、较强的时间性、明显的指导性、广泛的群众性"。②吴庚振把新闻评论的特点概括为四个方面：新闻性、政治性、群众性和指导性。③丁法章则将新闻评论的属性归纳为"论题的新闻性、论理的思想性和论说的公众性"。④

综合这些说法，主要是新闻性、政治性、群众性、时间性、思想性和指导性等。这些说法因受时代的影响和媒体性质的限制，以及研究者个人的视角不同，故产生不同的看法和认识。这些属性都从某个侧面反映了新闻评论的某个特点，但是，要讨论新闻评论的根本属性，就必须找出新闻评论区别于其他文体的特有属性。这种属性应该具有表现形式的广泛性（如包括报纸、广播、电视、网络等），而不能只讲党报的社论或评论员文章的属性；这种属性也应该具有论题的广泛性（如政治、经济、文化、社会、体育、生活等），而不能只讲带有强烈政治色彩的社论与评论员文章。

因此，在新闻性、政治性、群众性、时间性、思想性和指导性中，**将"政治性"和"指导性"作为新闻评论的属性或特点是值得商榷的**。新闻评论写作要讲政治，但是民众的议题越来越广泛，除了政治话题，还有文化、教育、生活等议题，这些议题很少有政治性。因此这一属性不具备普遍性。但是，新闻评论的政治性依然是很强的，评论的观点一定要考虑方向性，尤其是党报党刊上的社论和评论员文章，政治性就更强了。

指导性是新闻评论中社论的一个重要特点，尤其是党报的社论。然而将"指导性"作为整个新闻评论的属性，也是偏颇的。在信息多元化、受众选择多样化的时代，新闻评论更多的仅仅是作者对某一新闻事件的一种意见、一种观点而已，仅仅是论述一种思考和判断，与读者进行交流而已，它的劝服效果也是在平等交流中实现的。赵振宇说，强调新闻评论的指导性，还给人一种居高临下的感觉，写文章总要考虑给人作什么指示，给读者有什么启发性的意见。按这种思维方式写作，会产生作者与受众之间的隔阂和距离。⑤当然，对于党报的社论和评论员文章来说，尤其是配合党和政府工作、代表国家进行表态的评论来说，政治性和指导性就是其最重要的属性了。

讨论新闻评论的特点，首先要将新闻报道与新闻评论区分开来。虽然二者常常被相提并论，而且"新闻述评"的体裁让这个问题变得更复杂，但新闻评论与新闻报道具有明显不同的特点。

新闻评论是对新闻事实的判断和思考。它从新闻事实中发现问题，并结合事

① 秦珪，胡文龙. 新闻评论学[M]. 北京：中国人民大学出版社，1998：5-9.

② 于宁，李德民. 怎样写新闻评论[M]. 北京：中国新闻出版社，1988：10-20.

③ 吴庚振. 新闻评论学通论[M]. 保定：河北大学出版社，2001：22.

④ 丁法章. 新闻评论教程[M]. 4版. 上海：复旦大学出版社，2002：28.

⑤ 赵振宇. 现代新闻评论[M]. 2版. 武汉：武汉大学出版社，2009：48.

实分析问题，得出自己的结论，试图说服读者接受作者的看法。新闻报道则是对新近发生的新闻事件的及时、客观的报道，主要任务是"告知"读者世界最新变动的事实。

具体而言，新闻评论和新闻报道至少存在三点不同：一是核心内容不同。前者是对新闻事实的判断与评价，本质是主观的评价和观点；后者是对客观变动的事实的报道，本质是客观变动的信息。二是写作目的不同。前者是讲清道理，使读者信服和接受（说服）；后者是报道事实，使读者"知道"（告知）。三是表达方式不同。前者以议论为主，讲求理由或论据充分，论证有力，逻辑顺畅；后者以客观叙述为主，讲求真实、清楚和准确。归结起来，前者是讲道理的艺术，后者是报道事实的艺术；有理是前者的生命，真实是后者的生命。

在实际写作中，有些记者常常抑制不住"说话"的冲动，直接对新闻事件进行评论。尤其是随着大众传媒的异常发达，各种信息呈海量化趋势，人们缺少的并不是新闻，而是对新闻的深入、准确的理解与认识，在这种情况下，新闻评论和新闻报道的边界有模糊化的趋势。

但是，将新闻评论和新闻报道混在一起，或者将二者的边界模糊化，仍然是需要我们警惕的。新闻评论是表达意见和观点的文本，是主观的，这与新闻报道要求的底线——真实和客观是完全相悖的。虽然新闻报道的客观也是相对客观，难免有新闻倾向性，它的存在终究需要报道者参与，而报道者的立场、观点和政治倾向便决定了他从什么角度去报道事件，决定其对新闻事实如何取舍，决定其报道新闻的语言（报纸）和语调（广播电视）的褒贬或喜怒。而新闻的编辑和版面设计也会呈现出倾向性。然而，新闻报道仍然是相对客观的报道，或者说是"追求客观"的报道，这个边界不能模糊。

因此，需要强调的是，新闻评论与评论者之间的关系。评论者是新闻评论的主体，是对新闻事件加以评论的人。我们说的新闻评论是评论者对新闻事实的评论。所以，判断一篇文章"究竟是新闻评论，还是新闻报道，关键要看作者是在评论新闻事实，还是在报道新闻事实"。[①]比如记者周宁的《专家建议慎建"老子文化园"避免巨大浪费》[②]一文：

占地160平方千米的河南温县"东口老子文化产业苑"、投资13亿元的陕西洛南"老君山（老子）生态旅游风景区"、投资9亿元的深圳梧桐山"老子文化园"、规划中的北京圣莲山老子文化主题公园……

面对各地疯抢"老子"、疯建"老子文化园"的热潮，各方专家在2日举行的"中国老子文化生态园建设座谈会"上大声疾呼："一些地方打着'开发老子文化'

[①] 杨新敏. 新闻评论学[M]. 苏州：苏州大学出版社，2007：13.

[②] 周宁. 专家建议慎建"老子文化园"避免巨大浪费[EB/OL]. （2010-06-03）. https://www.chinanews.com.cn/cul/news/2010/06-03/2321984.shtml.

的旗号，按照'门票经济''旅游地产''贪大求全'的思路大肆兴建'老子文化园'，造成恶性同质化竞争和巨大浪费，必须引起高度重视。"

中国社科院旅游研究中心特约研究员高舜礼说："当前，不少地方兴建的'老子文化园'，已经陷入'建广场''盖房子'的误区，这些'老子文化园'投资巨大，但基本不是营业性的，造成了极大浪费。"

高舜礼认为，以"老子文化园"为代表的文化产品开发的难度很大，文化园区建设需要一个长期过程，仅有完善的配套设施还远远不够，必须考虑到当地经济水平、文化深度、周边客源市场、产业转化等多重要素，否则很可能造成"同质化竞争"和"重复建设"。

清华大学建筑学院教授单德启说，各地"老子热"并不是"热"在对老子文化的传播和学习上，而是热衷于老子园区建设。"贪大求全""门票经济""模块化建设"是"老子文化园"建设的普遍特点。

据北京大学历史文化资源研究所统计的数据显示，改革开放以来，我国兴建的各类文化园中，有95%以上都是亏损经营。在此情况下，为何一些地方政府和开发商依然疯抢"老子"，少则八九千万、多则十几亿地兴建"老子文化园"？

"前者为政绩，后者为地产利益。"北京大学历史文化资源研究所研究员年泽昌一针见血地指出，有的"老子文化园"规划成了"大杂烩"，连"土地爷""财神爷""送子观音"都请到园子里。商业化开发使园区建设变成"旅游地产"游戏，土地升值后开发商牟利。"这消耗了大量的人力、物力、财力，与老子'天人合一''道法自然'的理念严重背离，实际是亵渎和浪费了老子的文化资源。"

各方专家认为，各地应慎建"老子文化园"，若非要建设，应遵循以下原则：一是开工前需要进行深入的市场研究，特别是到黄帝、炎帝等历史文化景区实地探查客源和经营情况；二是必须考虑"老子文化产品"的核心竞争力，能否可持续发展；三是文化项目的旅游开发必须考虑交通区位，若"老子文化公园"建在交通闭塞之地，则很难产生最大限度的社会效益和经济效益。

这篇文章评论的比重很大，有三个专家直接对多地疯狂抢老子的现象进行了评价。文章传播的重点也是"各方专家认为"的一些意见和观点。这样的文章算是新闻评论，还是新闻报道呢？它当然仍然是新闻报道。因为创作主体是记者，这些"各方专家认为"的意见和观点都是被记者当作需要人们了解的信息报道出来的，并没有记者自己的评论和观点。马少华老师有一个更简单的区分，就是作为集体或个人的评论多用"我们认为""我认为"表达判断和看法，而新闻报道中即便出现"我"，也是记者职业身份的特殊表达，一般说"我看到""我听见"，而不是"我认为"。①

---

① 马少华. 新闻评论教程[M]. 2版. 北京：高等教育出版社，2012：4.

对新闻报道和新闻评论进行严格分工是符合新闻报道和新闻评论的不同发展规律的，也符合传播与接受的伦理规范。马少华在其教材《新闻评论教程》一书中提出，新闻评论主要表达主观性信息；而新闻报道只应传递客观性信息。新闻评论中也有客观性信息的陈述，但一般是作为评论对象的新闻事实和支持主观性信息（观点）的论据性材料；而新闻报道中不应包括表达作者主观性信息的判断句。①

事实上，新闻报道和新闻评论必须分开，或者说事实和观点要严格区分，这是世界范围的新闻传播在长期实践中逐步形成的共识，是一项基本的职业道德和操作规范。但是，这一规范常常被记者"创造"体裁的冲动打破。"人们习惯的传递事实信息与观念信息泾渭分明的不同新闻体裁，边界正在变得模糊，消息、通讯中常常出现记者的评论，而评论中也有记者采访的身影。"②之所以出现这种"四不像"现象，恰恰是作者违反新闻写作基本规范所造成的。而"新闻体裁没有一成不变的格式"的观念，这种无视规范而"创造"体裁的冲动，恰恰反映了我国新闻界整体规范意识的淡漠。

新闻评论之所以是新闻评论，而不是一般议论文、学术论文或者杂文随笔，主要原因在于新闻评论有自己的特质，这些根本属性及特点，就是将其与其他各种意见性文本区别开来的主要标准和依据。

简单来说，新闻评论的对象是媒体报道的新闻事件。正如对音乐作品的评价叫乐评，对影视作品的评论叫影评，对文艺作品的评论叫文艺评论，对学术问题发表的意见和观点叫学术论文一样。复杂之处在于，媒体报道的新闻事件是十分庞杂、包罗万象的，政治的、经济的、文化的、社会的、教育的等社会活动和变化，凡有价值，与老百姓利益相关的事实和现象都可以作为媒体报道的对象，当然也是新闻评论的对象。所以，新闻评论的评论对象也几乎是包罗万象的，当然也包括最新上映的电影、最新的音乐作品、各类突发事件等。那么，一个值得探讨的问题是，对一部文艺作品或电影做出的判断和观点，到底属于文艺评论、影评还是新闻评论？可以从以下四个方面做大致的区分。

1．更强的针对性

新闻评论是针对新闻事实的判断和思考，属于议论文范畴。新闻评论必须有判断对象，针对判断对象要有所判断，表达自己的态度和观点。而且这个判断对象最好是新闻报道，针对媒体公开报道的新闻事实进行评论。可以对新闻事实本身进行判断，也可以针对新闻事实中隐含或反映的社会现象和社会问题进行判断。杨新敏认为，新闻事实是新闻评论的依托和前提，不以新闻事实为依托的评论就

---

① 马少华. 新闻评论教程[M]. 北京：高等教育出版社，2007：6.
② 黄铮. 不仅是面对网络媒体：以《新华每日电讯》为例看新闻体裁演进[J]. 新闻大学，2007（1）：89-90+84.

变成其他评论形式了。丁法章把这个特点概括为"论题的新闻性",马少华将其概括为"由新闻报道引发的社会问题",其实表达的意思都是这个层面的。

有评论者认为,新闻评论具有新闻性。[①]这其实是一个表意笼统、大而无当的说法。我们说新闻性时,一般指的是新闻本身的特性。这种特性包含了依据事实,准确、及时而客观地进行报道,即我们经常所说的真实性、客观性、时效性等。但对于新闻评论而言,它在本质上是一种表达意见和观点的文本,是主观的,所以它最根本的特性应该是主观判断性。所以,在根本上,新闻报道和新闻评论的区别在于:前者是客观性的(虽然这种客观性也是相对的),后者是主观性的。新闻评论只是以新闻事件为判断对象,判断对象具有新闻性,但新闻评论本身并不具备新闻性,正如经济评论不具备经济性、体育评论不具备体育性一样。时效性的确是新闻评论的一个特性,也是新闻报道的一个特性,但是,新闻评论写作追求时效性,并不等于新闻评论就具有新闻性,因为时效性并非新闻所特有。因此,我们说,新闻评论以新闻事实为依托,而不说新闻评论具有新闻性。

2. 更高的时效性

新闻评论的时效性要求远远高于一般的评论文章。它要求新闻评论者在看到新闻事实以后,在最短时间内完成新闻评论的写作和制作,而生产的新闻评论作品要在最短的时间内传播出去。

从时效的角度看,新闻评论的时效性特别强,是对新闻事件及时发表意见,配发评论进行释疑解惑。时效性的确是新闻评论的重要要求之一,但乐评、影评对时效性也是有要求的,杂文对社会现象和问题的批评,速度也快。今天,甚至有些学术研究也热衷于追逐所谓学术热点。

但新闻评论的时效性与新闻报道的时效性是不同的。新闻报道的时效性指的是记者要对新闻事件及时加以报道,而新闻评论的时效性指的是对新闻事件的重要评论要及时跟进。如果一篇新闻报道刊播以后很长时间,针对此事的新闻评论才刊播出来,就失去了新闻评论的时效性。新闻评论的时效性对评论作者、报纸编辑的速度和效率都提出了新的要求。

旧报馆有句话:"看完大样写社论。"即每天排好新闻版面之后,留一块版面空在那儿,主笔看看新闻大样,觉得哪一条新闻的价值更大,更值得议论,便大笔一挥,写成千儿八百字的评论。这是随新闻报道直接配发新闻评论的时效性很强的做法。现在,我国很多媒体常常在重大新闻报道后,直接配发新闻评论,在这方面,广播、电视和网络的时效性更强一些。即使某媒体对另一媒体的新闻报道进行评论,也是需要快速跟进,在新闻事件见报后的第二天及时进行评论。若

---

① 比如吴庚振提出新闻评论的特点是新闻性、政治性、群众性和指导性。吴庚振. 新闻评论学通论[M]. 保定:河北大学出版社,2001:22.

不对新闻及时加以评论，待时过境迁，就变成旧闻评论了。

当然，新闻评论的时效性与媒介的性质紧密相关。一般而言，报纸的新闻评论时效性差一些，网络媒体的新闻评论时效性最强。现在的广播、电视、网络新闻评论往往一边报道，一边评论，报道与评论几乎同步，实现了"即时性"。比如《时事开讲》，"凤凰卫视的老板刘长乐认为，《时事开讲》这个栏目最大的价值是在华语电视界首创了一种新的即时性的电视时事评论体"。这种参与（交流）式电视评论的优势是时效性特别强。《时事开讲》评论员曹景行曾颇有感触地说道："写新闻评论，再紧张，总有可能再改一遍，看几遍。而电视镜头前做评论，事先只有些许腹稿，主要靠现场发挥。每次几分钟，每次都觉得话还没有讲完，觉得有些话还没有说清楚。而且一旦讲了出去，上亿观众都看到、听到，无所逃遁于天下，想改、想收回都不可能。不过，做电视评论的刺激也在这里。"[1] 很多新闻事件的发生，曹景行与大家同步体验，同步接收到信息，作为评论员他要快速做出判断，确实是一件很难的事。实际上，这也成为电视新闻评论的劣势——即便事先策划与准备很充分，也不能完全避免评论的轻率。

3. 更鲜明的论理性

我们都有这样的体会：比起其他新闻体裁的文章，新闻评论往往很有思想见地和理论深度。它要求评论作者不能人云亦云，新闻评论的观点要见人之所未见，言人之所未言。一篇新闻评论，其论点的新颖独到，说理的深刻透彻，往往是最动人、最有魅力的两个部分。这就是说，一篇好的新闻评论，往往能让我们体会到思想的深度、论说的透彻。

新闻评论贵在说理，表达的是作者对新闻事件的判断和看法，意见和观点。新闻评论的说理主要是通过分析事实，通过概念、判断、推理等思维方式实现的。因此，新闻评论的思维特点是收敛式的逻辑思维方式。收敛所体现的正是思维的集中，即新闻评论的写作，总是集中于对象——也就是新闻事件；总是集中于论点——也就是集中于对新闻事件的判断。[2]

人类的思维形态主要分为逻辑（抽象）思维、形象思维和直觉三种。新闻评论的思维方式主要是收敛式的，因为它要对思维的对象——新闻事件集中进行判断，而且论点要集中。新闻评论对新闻事件和社会现象的判断和思考，是讲道理的，特别讲求思维的确定性和可交流性。因为"新闻评论的分析、综合与概括这些思维活动的结果——论点，是以概念为基础的普遍的判断形式，而不是联想和想象得到的具体的形象信息"。[3]

---

[1] 师永刚. 解密凤凰[M]. 北京：作家出版社，2004：23.

[2] 马少华. 新闻评论教程[M]. 北京：高等教育出版社，2007：10.

[3] 马少华. 新闻评论教程[M]. 北京：高等教育出版社，2007：10.

因此，我们说，新闻评论是讲道理的艺术。评论作者想要说服读者接受其观点和意见，影响舆论，就必须通过判断和推理、分析和综合、归纳与演绎等严密的逻辑思维过程，通过真实可靠的事实来讲道理，达到以理服人的效果。这其实是新闻评论的论理性或者思想性。新闻评论最忌讳不讲道理，高人一等，指手画脚，动不动就要求指示，对读者发号施令。因此我们说，讲道理或者论理性是新闻评论的一个显著特点。

同时，不可否认，有些评论是具有"指导性"或者"引导性"的。但在评论大众化的今天，更多的新闻评论仅仅是发表对新闻事实的观点，与别人交流和商榷，其观点并不具备权威性，并不是真理的化身，没有理由要求读者接受。新闻评论的真正价值是意见和观点的平等交流。

也有人认为新闻评论应具有"严格的科学性"。其实，科学性是对新闻评论观点的要求，而不是新闻评论的特点。特点是一事物区别于其他事物的最大特质。新闻评论不讲道理，就不能成为新闻评论了，但是，很难说"严格的科学性"就是评论的特点。事实上，每个人由于其所站的立场不同、理论背景的殊异、知识水平的局限，他的观点难免有一定的片面性。面对同一新闻事件，不同的作者往往会从不同的侧面、不同的角度做出不同的阐释，发表不同的意见，这些意见和观点也仅仅是从某个方面和侧面论述的。以历史的眼光看，真理也在不断地发展，以有限的生命解读无限的真理，谁也不能保证自己的评论、自己的观点具有"严格的科学性"。因此，我们说，新闻评论的特点之一是论理性，而不是科学性。

还有的人说新闻评论不仅具有思想性、论理性，还具有情感性。的确，新闻评论并不排除情感因素。但它毕竟表达的是主观的判断和认识，主要通过逻辑思维表达理性的认识。"理性"才是新闻评论的根本特点，而不是情感。一篇新闻评论主要是"以理服人"，而不是"以情动人"。以情动人是文学作品的任务。新闻评论可以适当"情理交融"，但要以"理性"为主。

需要指出的是，这里的"论理性"不同于"理论性"。有论者提出新闻评论的特点之一是"理论性"，并指出理论性主要包括两个方面内容：一是它的论说要有科学性；二是它的论说要有理论依据，这种理论也是经过历史检验的，是科学的。[①]事实上，在传媒大众化的今天，写新闻评论恰恰忌讳过多的理论色彩，由于大量学者和专家加入到新闻评论作者队伍中来，有些新闻评论过多地使用专业术语，甚至有过于浓烈的理论色彩，这让部分新闻评论反而远离了读者大众。新闻评论是要讲道理，但深刻的道理也要深入浅出、平易近人地讲出来。新闻评论的论证当然需要理论支撑，但理论性更多的应该是议论文、学术论文等体裁文章的特点，不宜作为新闻评论的特点。

---

① 赵振宇. 现代新闻评论[M]. 2 版. 武汉：武汉大学出版社，2009：53.

4. 更广泛的公众性

新闻评论的传播途径和方式，其实是更值得关注的一个重要问题。新闻评论作品，主要通过各类大众媒介，如报纸的专栏，广播电视的频道和栏目，甚至个人公众号等各种手段公开传播，其读者主要是普通大众。而影评的读者更窄一些，主要是对影视作品感兴趣的读者群。杂文和随笔主要通过文艺期刊和文艺类报纸，或报纸的副刊专栏等途径传播，受众也要窄一些。对社会问题的研究和评价的理论文章和学术论文，则主要通过各类科学或学术期刊和学术会议进行传播，是科学研究工作者进行学术交流的重要渠道，传授双方更窄。当然，报纸或网站上也有专业的文艺评论或理论文章，如理论版。因此，关注读者群和传播途径是认识时评的一个重要视角，但不能绝对化，不能说在报纸或网站上发表的观点类文章就是新闻评论。

新闻评论不是一般的议论文，更不是学术论文，它从内容到形式，从论题到论理，从语言到文风，都要面向最多数的公众，具有广泛的公众性、群众性或者大众化。这是由媒体作为大众传播工具这一特性所决定的。报纸、广播、电视、网络的新闻评论，都是为"公众"而写的，是写给广大公众的，不是面向少数人的，所以在论述方式和语言表达方式上应当符合广大民众的特点和需要，为广大群众所喜闻乐见。一些新闻评论作者热衷于摆架子，喜欢使用大量专业术语，这是对新闻评论"专业化"趋向的一种误解。

新闻评论的公众性表现在其公众立场，评论作者为民代言，为民立言，真正成为公众利益的代表者。比如《人民日报》站在公众立场上批评《王者荣耀》游戏不能只为商业利益而置未成年人于不顾。"我们需要认清的是，手机和游戏没有生命力，责任意识更应战胜商业利益。"[①]同时，它也是"百姓意见的自由广场"，大众可以积极参与。新闻评论有别于专业性评论，是对大众话题的评说，有了大众的参与，形成双向交流与对话，新闻评论才能更具生机和活力。"百姓意见的自由广场"是《中国青年报》的评论编辑提出来的：

《青年话题》从 2000 年开办至今，已经将近四年。它坚持一种定位：即百姓意见的自由广场。当然，在一定的舆论环境下，自由表达观点的愿望可能会受到某种制约，但我们尽可能地让公众的声音自由表达出来。之所以强调百姓，是因为在这个版面上，尽量多地发表普通人的意见。

对于专家、学者而言，普通人的意见、看法、声音时常显得很微弱。他们在学识，在视野，在看待问题的深度上可能都会与专家有差别，但是他们代表真正的百姓的声音。而且，基本能站在公众利益的立场上，较少受个人利益驱动。同

---

① 理观．《王者荣耀》，是娱乐大众还是"陷害"人生[EB/OL]．（2017-07-03）．https://www.rmzxb.com.cn/c/2017-07-03/1631032.shtml.

时，学者专家会有多种多样的渠道表达自己的声音、观点，而百姓往往在很多事情上处于失语状态。这不是说他们没有意见看法，而是舆论很少有机会让他们来表达自己的声音。比如，铁路价格听证会，所有参加的代表中，真正需要出门坐火车的老百姓并不多。所以，《青年话题》就有意识地为普通人提供一个说话的场所。在栏目设置上，专门有一个"百姓说话"的栏目。后来，我们又开设了"百姓的语录"。只要你对一个新闻事件有看法，哪怕是只言片语，我们都尽可能地给你提供说话的机会。①

再比如早在 2003 年，《南方都市报》在新年献辞中就提到，我们力求打造一个充满民主气氛的"思想圆桌会议"，让每一个有价值的思想都能够发出声音。2008年《新京报》评论周刊发刊词"建设公民读本"提到："今日中国社会，开放激荡，广开言路已是历史必然。从技术上说，传播的发达也让每个人都有机会以言论创造历史。'自媒体'的勃兴宣告了一个'人人都有话说'的言论时代已经到来。"

三、新闻评论的价值

一般认为，价值是揭示外部客观世界对于满足人的需要的意义关系的范畴，是指具有特定属性的客体对于主体需要的意义。在哲学上，价值是一个关系范畴，其所表达的是一种人与物之间的需要与满足的对应关系，即事物（客体）能够满足人（主体）的一定需要。任何一种事物的价值，从广义上说应包含两个互相联系的方面：一是事物的存在对人的作用或意义；二是人对事物有用性的评价。

人们对价值的判断，往往是以人"自身"作为价值尺度，判断事物对人的需要和效用。新闻评论的价值是指新闻评论所具有的促进人和人类社会生存和发展的属性和能力，是指新闻评论对人和社会生存和发展具有的正面意义和正面价值。

对于新闻评论的价值，古今中外很多学者和新闻工作者有大量的论述。归结起来，诸如"评论是报纸的灵魂""评论是报纸的旗帜""评论是报纸最主要的声音""评论是报纸的主旋律""评论是报纸的探照灯""评论是报纸的心脏""没有评论的报纸是不完全的报纸""评论就是每天负责地告诉人们：应该走向何处去，不应该走向何处去"等。②

新闻评论可以发表意见和观点，对民众释疑解惑、教育引导，它更是民众发表言论的一个公共平台和交流论坛，是公众进行思想交流的工具。公众认识水平再

① 冯雪梅. 时评的理性与建设性：兼谈《青年话题》的编辑思想[J]. 采写编，2004（1）：28.
② 丁法章. 新闻评论教程[M]. 4 版. 上海：复旦大学出版社，2008：53.

高，人们的见解也不可能一样。只要见解和观点不同，新闻评论就有存在的价值和必要。因此，马少华指出，新闻评论存在的真正价值"不在于人的认识和理解水平，而在于人的观点和意见不同。不同永恒存在，评论就永恒存在"。[1]

根据以上论述，新闻评论之所以重要，是因为它是公众进行思想交流的工具，为公众讨论和发表意见提供了一个论坛或平台。当然，同时，新闻评论还具有诸如宣传鼓动、解释说明、教育引导、表态发言、深化认识、舆论监督等作用。新闻评论的作用主要有：

第一，讨论交流。为公众提供表达意见和观点的平台，这是新闻媒体的道德和责任，而新闻评论则在提供观点和意见方面具有文体上的优势，应该承担主要职责。有学者认为新闻评论是"百姓意见的自由广场"，新闻评论通过大众的参与，使得各种观点、意见能够自由表达交流，充分体现媒体为公众服务，为促进社会正常、健康发展起到应有的良好作用。

事实上，当代中国新闻评论十分重视公众的意见和观点，很多媒体开辟了大量群众广泛参与的评论栏目。1980 年 1 月，群众参与性的栏目"今日谈"在《人民日报》头版问世。"今日谈"栏目在二十多年来以其"短、新、快、实"的特点一直历久不衰，深受读者大众的喜欢。它的成功与永葆青春的源泉在于它的群众性或者说公众参与性。从农民、工人、战士，到专家、学者和领导干部都可以各抒己见，"今日谈"真正做到了"群言堂"，不同阶层、不同身份的作者在这里可以平等交流思想看法。"今日谈"多从小处着手，以小见大，从新闻事件中撷取发生在群众身边的，能引起读者兴趣的小事展开议论。"或为褒扬，或为针砭；或为倡导，或为劝勉；或为解惑，或为释疑；或为当头棒喝，或为醍醐灌顶，均能言人之所欲言，而且立论精当，居高声远，每每不同凡响。"[2]

除"今日谈"外，全国媒体出现了大量类似的栏目。1999 年 11 月 1 日，《青年话题》言论专版开始与读者见面。《青年话题》定位为一个供人们"发表不同意见的场所"。2000 年后，《工人日报》《北京青年报》《南方周末》也先后推出言论版。2003 年《南方都市报》在其新年献辞中提出，要"让每一个有价值的思想能够发出声音"。2005 年 1 月，在印度洋海啸之后，《新京报》言论版以人类对待自然是否应该"敬畏"的问题，就正反两方观点的讨论发表了三十多篇文章，争论持续一个多月。2008 年 5 月，《新京报》评论周刊发刊词提出："自由言说与公共评论不只是一种时尚，更是一个社会谋求共识、宽容异见的生活方式与精神气质。"这些都清楚地说明，各类媒体开始广开言路，而新闻评论观念也由"为百姓说话"向"让百姓说话"转变。

第二，宣传鼓动。新闻评论，尤其是党报的社论，经常代表编辑部发言，时

---

[1] 马少华. 新闻评论教程[M]. 北京：高等教育出版社，2007：1.

[2] 张瑞，宁耕. 问渠哪得清如许 为有源头活水来：谈《今日谈》的群众性[J]. 新闻与写作，2003（1）：17-18.

刻传达上级领导的指示和意见，领会党政机关的思想和政策，甚至直接表达同级党委和政府的思想观点和政治立场，可以发出号召，提出任务，宣传鼓动，指导实践，这对于贯彻落实中央精神、指导本地工作是很有好处的。

类似这样的新闻评论有很多，尤其是在党报的社论中。每逢全国两会的召开、党的重大会议的召开、党中央做出重要的决定、颁布重要的法律以及重要的节假日和纪念日等，各媒体都会根据不同需要和要求写出不同规格的评论。如2020年10月1日《人民日报》发表社论《在新时代伟大征程上奋勇前进——热烈庆祝中华人民共和国成立七十一周年》，指出："今天，我们比历史上任何时期都更接近、更有信心和能力实现中华民族伟大复兴的目标。""没有任何力量能够阻挡中国人民和中华民族的前进步伐！"[①]

第三，舆论监督。作为一种舆论监督的工具，新闻评论以理论的深刻、意见的直接、态度的鲜明而比新闻报道更能有效地对社会黑暗、腐败、落后，陈旧、保守的做法和不正之风进行鞭策与针砭。[②]

云南省昆明市盘龙区年仅11岁的陈某某在2019年的全国青少年科技创新大赛上，凭借其项目"C10orf67在结直肠癌发生发展中的功能与机制研究"，勇夺大赛三等奖。这则消息经由媒体报道之后，舆论哗然。后经媒体调查，项目中的关键突变基因"C10orf67"正是其父陈勇彬首次鉴定发现的；而其母杨翠萍则是"C10orf67在低氧适应及非小细胞肺癌发生发展中的功能与机制研究"的项目负责人。《中国青年报》评论指出：

> 长期以来，社会大众都对各种"拼爹"现象深恶痛绝。所谓"拼爹"，其实质是将背景、家世提供的资源凌驾于个人努力之上，形成明显的不公。我们曾看到"富二代"利用家里的财产，以贿赂招生官的方式"保"进名校，也曾看到"官二代"利用父母的权势，轻松占据待遇优厚的公职岗位。不久前，西南交通大学还发生过一起"校二代"利用教授父亲的影响力，伪造成绩保研的恶性事件。每一起类似事件的发生，都会严重侵蚀公众对社会公平的信心。

> 与这些事件相比，全国青少年科技创新大赛这样的舞台，看起来并没有多少利用金钱、权力或是职业影响力舞弊的空间，因此本应是一方与"X二代"们无关的净土。如果连这样的领域，也有"研二代"跑出来，利用父母的研究成果抢占奖项，那么对教育公平的冲击，可想而知。[③]

第四，教育引导。新闻评论着重从思想、伦理、政治角度分析问题，对人们

---

① 人民日报社论：在新时代伟大征程上奋勇前进：热烈庆祝中华人民共和国成立七十一周年[EB/OL]．（2020-10-01）．http://www.gov.cn/xinwen/2020/10/01/content_5548797.htm.

② 赵振宇．现代新闻评论[M]．2版．武汉：武汉大学出版社，2009：53.

③ 杨鑫宇．11岁"神童"研究癌症获奖？别让"拼爹"太猖狂[N]．中国青年报，2020-07-15（2）.

的思想行为具有规范作用，从而影响特定时期的社会思潮和社会风尚。

作为新闻媒介的重要宣传手段，新闻评论运用马克思主义立场、观点、方法，对现实生活中的新闻事件和重要问题做出分析，旗帜鲜明地表彰先进，针砭时弊，帮助群众辨明是非、释疑解惑，引导人们正确认识当前形势和前进方向。

比如 2020 年 2 月末，我国新型冠状病毒肺炎疫情（以下简称新冠肺炎疫情）控制初见成效，但形势依然严峻，多地却出现了人员扎堆出行、不戴口罩等松懈现象，一时间，《人民日报》《光明日报》《新京报》等多家媒体密集发声，提醒和引导公众，新冠肺炎疫情还未结束，不少人困于家中，想出去透透气、探探风，实属人之常情，但是，目前还没到不戴口罩逛街的时候，更未到彻底放松之际。这些评论如《现在就"人山人海"？可真得长点心！》《疫情仍严峻复杂，各地不能"歇口气"》《疫情还没结束！先别急着"放飞"》《香山路上现堵车：现在还不是出来"撒欢"的时候》，单看标题就能体会到媒体的急切心情。还是《人民日报》说得好：

> 全国疫情发展拐点尚未到来，咱可都要长点心！疫情当前，学会自我管理，再忍一忍，再坚持坚持，别因按捺不住逞一时之快，影响好不容易换来的疫情防控积极变化。倘若导致疫情反弹，那才是真正的因小失大啊！①

再比如，2004 年云南昆明出现一家用年轻美女赤裸身体作为盛放食品、菜肴的容器，并取名为"女体盛宴"的餐厅。餐厅开业当天还邀请各方人士包括新闻媒体记者参加了"女体盛宴"开业仪式，次日媒体报道了此事，昆明大街小巷一时议论纷纷，莫衷一是，有人甚至认为这是一种"创新、开放"的行为，导致公众认识的模糊和混乱。针对这一事件，《云南日报》立即尖锐地指出：商家以"女体盛宴"来哗众取宠，并借助媒体扩大影响、招徕食客的行为，违反了有关法律法规，违背了中华民族文化道德风尚，与发展先进文化和社会主义文明建设是格格不入的。

中华民族有良好的传统道德规范，改革开放以来我们切实加强精神文明建设和公民道德建设，发展先进文化，形成了良好的社会道德风尚和文化氛围。举办"女体盛宴"，不仅违背社会公德，有伤社会风化，与发展先进文化和社会主义精神文明建设的要求格格不入，而且是对女性人格的侮辱、歧视和对妇女合法权益的损害，违反了饮食卫生法规。虽然搞这种低俗炒作的只是极个别商家，但非常值得引起我们的高度重视和警惕。对这种既违反法律法规，又违背社会道德风尚的行为，理所当然要坚决制止，严肃处理。

企业要谋求好的经济效益，要发展，应当突出经营特色，增强产品对消费者

---

① 秦川. 现在就"人山人海"？可真得长点心！[EB/OL]. （2020-02-23）. https://wap.peopleapp.com/article/5190550/5091145.

的吸引力。问题的关键在于，创造特色和增强吸引力必须符合法律法规，要用正当、规范的方式，符合社会道德要求，有利于社会主义精神文明建设。作为餐饮业，要努力弘扬先进饮食文化，坚决摒弃低俗的东西，杜绝违反法律法规的经营行为。我们云南民族众多，各民族都有极富特色的饮食文化，这些饮食文化对消费者有长盛不衰的魅力。只要我们认真发掘，加以提高，就一定能够为我们带来好的经济效益和社会效益。用低俗的炒作来哗众取宠，吸引消费者注意，那只会适得其反，最终害了自己。"女体盛宴"的深刻教训，非常值得商家们引以为戒。[①]

这篇评论也被评为第十五届中国新闻奖一等奖。文章最后还指出，有关部门"对一些低俗的、违反道德文化传统和法律法规的经营行为要及时反映，旗帜鲜明地坚决制止，严肃查处，决不姑息"。可以说，这篇评论不但发挥了舆论监督功能，同时也是对企业和公众的一次教育引导。

第五，发言表态。新闻评论可以对当前的重要事件和问题表明态度。在某些情况下，特别是面临某些重大事件的时候，社论和评论员文章可以代表编辑部对当前重要事件和问题表明态度。对国内外的重大问题或对外关系中的问题，全国性媒介还可以通过发表新闻评论的方式，表明党和政府的立场和态度。新闻媒介的传播迅速而广泛，评论的表态往往易于形成社会性的舆论压力，发挥舆论引导和监督作用。

比如，《人民日报》2020年2月26日发表《不容种族歧视者胡说》的评论文章，对美国报纸的错误言论予以反击。在文章结尾，作者旗帜鲜明地指出：

无论是发表报道还是评论，都不能脱离事实，更不能突破文明的底线。在全球化时代，同心同德，合作抗击疫情，才能形成更大的合力。一些固守种族歧视偏见、"中国观"扭曲的媒体，借题发挥，毒化国际社会携手抗击疫情的环境。形形色色的歧视论调，遭到了国际正义人士和有正义感的媒体的有力抨击。"这些歧视现象令人反感""阻止疫情蔓延绝不意味着放纵歧视行为""歧视、羞辱和偏见将对疾病控制产生有害影响"……国际社会的主流声音表明，阻击"种族歧视"这个痼疾的发作，也是携手抗击疫情的应有之义。

这就是一篇表态性的新闻评论。再比如，2020年5月2日，《人民日报》痛批美国一些政客：漠视生命泯灭人性，饮鸩止渴自食苦果。文章指出，疫情肆虐，人命关天，以美国国务卿蓬佩奥为代表的美国一些政客却和福克斯新闻等美国右翼媒体一唱一和，为了推卸自己救治不力的责任，玩起了"甩锅"游戏，什么"武汉病毒研究所人工合成病毒泄漏""中国隐瞒疫情""世界卫生组织延误时机"等谎言相继出笼。

---

① 赵金. 坚决制止低俗炒作行为[N]. 云南日报，2004-04-19（1）.

在大灾大难面前，选择仇恨、攻讦，不仅无助于自己克服困难，而且会让世界蒙上阴影。事实上，美国不断攀升的病亡数字，就是只"甩锅"不行动的恶果。奉劝美方一些政客，漠视生命泯灭人性，饮鸩止渴自食苦果，你们的"甩锅"表演再充分，也只不过是自欺欺人的闹剧。而你们当前最需要做的，就是少一些"甩锅"的表演，多一些抗疫的行动；少一些无端的鼓噪，多一些人道的尽责；少一些恶毒的挑唆，多一些认错的态度。惟其如此，方能救人之命，终结悲剧。①

---

① 钟声. "甩锅"岂能拯救生命：造谣中伤"中国抗疫"有悖国际正义（二）[N]. 人民日报，2020-05-02（3）.

第二章

选题

选题是写作的起点，选什么样的题，往往决定着你的评论的认知高度；选什么样的题，也决定着你是一个平庸的作者，还是一个有洞察力的作者。[①]

——曹林

选题不但是确定判断对象的过程，同时也是权衡判断对象从哪个角度提出观点、能否提出有价值的观点、能否有效论证和支持观点的过程，这个过程其实也是"立意"。因此，选题和立意是联系在一起的。往往是有了好的立意或观点，才最终确定了这个选题。

选题的实质是选择判断对象。每天我们都会读到很多新闻报道，面临很多社会现象和社会问题。如何选择以及选择什么进行评论呢？本章将讨论这些问题。

一、选题的常见误区

对写评论而言，无论是初学者，还是经验丰富的资深评论员，面临的第一个问题，其实都是选题的问题。但是，对选题考虑的关注点和难点是不一样的。对初学者而言，他们非常热衷于重大恶性事件和热点事件，他们选题时更关注"这个事儿"，热衷于事件本身的价值和有趣程度，至于这个事儿他能评论什么，就关注不足了。

---

① 曹林. 时评写作十六讲[M]. 北京：北京大学出版社，2020：235.

在每年的教学中，只要是自由选题，我就会发现，几乎 80% 以上的同学的评论选题集中在本周的两三个重大热点事件中，即**选题同质化**现象非常严重。对于资深评论员来说，他们更多考虑的是：当很多人关注这个事儿的时候，我要不要评论这个事儿？对这个事件，"我"能提出什么观点？这个观点是否足够新颖和有价值？我能否有效地论述这个观点？可见，初学者和资深评论员在选题上考虑问题时存在差异性，这其实是初学者选题经验不足，对选题理解和认知不够的表现。

对于选题来说，很多同学表现得特别自信和傲慢——"当然是选择我喜欢的事儿去写"。这没有错，这的确也是选题的一个因素，但考虑选题决不能这样简单粗暴，因为选题对于写评论来说至关重要！

我在课堂上曾经做过一个试验。2020 年上课期间，我给学生提供了三条新闻报道，对学生的选题意愿进行了调查。这三条新闻分别是：

① 《2018—2019 中国数字出版产业年度报告》显示，用户对知识付费产品选择更加理性，未来情感类热度将逐渐削弱，专业化、实用性强的内容将成为市场主流。

② 近期，关于美食博主李子柒是不是文化输出的讨论，在网络上引发热议。有人觉得，李子柒的视频总在中国农村的旧式耕作生活上打转转，是展示中国的"落后"。

③ 黑龙江绥芬河新冠肺炎疫情蔓延风险增大。

结果，几乎 90% 以上的同学选择了第二条新闻作为评论对象。为什么？学生首先考虑的是，这个事儿他是有关注的，而且李子柒这个人他非常喜欢，所以就毫不犹豫地选择了这条新闻作为评论"选题"。

我想说，选题最大的误区是选自己喜欢的事儿去评论。不排除你喜欢的事儿可能就是你最擅长评论的领域或有观察思考基础，但选题的标准不该仅仅是"我自己喜欢"。今天的报纸和网站评论栏目，大多向公众开放。如果需要写评论去投稿，那么，普通作者对重大恶性事件的评论其实很难发表。这些评论大都由报社和网站自己的评论员负责，撞题评论也会让编辑非常反感。因此，作为普通初学者，写评论最好避开大家都在谈论的恶性事件。

选题背后需要考虑的是：这个选题我提炼的"点"在哪里？也就是，有价值的观点是什么？如果选题雷同，我们的确又特别想评论这个事儿，那么，观点就一定需要特别新颖独特、深刻和发人深思，至少这个观点是一般人忽略或者想不到的。《人民日报》评论员陈家兴有一个方法，叫"第一思维否定法"，[①]就是：面对事实，我第一时间能想到的那几个观点，一定不值得写出来，因为，我第一时间能想出来的观点，别人肯定也能想出来。这个经验之谈背后蕴涵的其实是评论

---

① 马少华. 新闻评论教程[M]. 北京：高等教育出版社，2007：44.

写作一个重要的价值观，那就是：如果我的观点对读者没有启发、不新鲜，那么就不值得占用版面和网页等公共资源，对读者的注意力也是一种不尊重。

2023 年世界读书日那天，我的学生冯思睿在红网发表了一篇《世界读书日：用淡淡书香让盲人"看"到世界》的文章，角度就很新颖。这是一个周期性选题，2023 年 4 月 23 日是第 28 个"世界读书日"，大多数媒体从读书的意义、读书对个人成才的作用、手机阅读算不算阅读等方面进行评论，导致选题极容易雷同。冯思睿的评论却关注到了一个特殊群体——盲人群体的阅读问题，原文节录如下：

书籍是人类进步的阶梯，因为教育不仅是人类成长发展、社会进步的必修课，还是一个国家兴盛的前提，而受教育的第一步就是读书。而值得注意的是，盲人和视力正常的人一样，都对知识有着强烈的渴求。因为眼睛看不见现实中的世界，阅读是他们认识心中世界的另外一扇大门。据不完全统计，截至 2016 年，我国约有 1730 万视障人士，占我国总人口的 1.26%，位列世界视障人数第一。这一庞大的基数对相关的盲人文化事业的发展提出了挑战。

对于盲人来说，他们的阅读只能通过"触摸"与"听"来实现，因此盲人阅读大规模推行起来并不容易，但这不是忽视盲人阅读工作的借口。广西残联副主席、盲人协会主席陶进认为："盲人读书有其特殊性，它对盲人文化素质的提高至关重要，如果素质提高不起来，盲人会成为越来越边缘化的人群。盲人阅读很艰难，需要社会各界给予更多关心和支持，只有引起重视，盲人阅读才能真正走出困境。"这在一定程度上说明了盲人阅读的重要性，让盲人领略"书香"成为一件亟待解决的事。①

因此，她提出：要想真正倡导全民阅读，共建书香社会，在部分盲人读者能够依靠技术和数字资源获取便利的同时，更应关注到那些拥有阅读的心但缺乏途径的盲人，让更多的盲人"看"到更广阔的世界。

这是一个极富人文关怀的建议，也是一个有社会意义的观点，在当天的媒体里，这是极少数关注盲人阅读的文章，这就是选题的价值。

选题时，还有一个误区就是喜欢选择新闻价值很大的事件或现象。必须指出，新闻价值和评论价值是不同的标尺，有不同的衡量标准，虽然二者往往有重合。新闻价值关注的是这件事儿的显著程度、影响程度、波及范围等因素，所以新闻价值评判的是"新闻事件"本身的价值。新闻评论不一样，它只是对新闻事件的评论，是依托新闻事件发表有价值的洞见和见识，而不是单纯表现情绪或进行道德谴责。所以，衡量新闻评论的选题，应该将选题本身价值和最后呈现出来的观点结合起来，而且要以选题最后的"洞见和观点"作为重要评价标准。这样一来，

① 冯思睿. 世界读书日：用淡淡书香让盲人"看"到世界[EB/OL]. （2023-04-23）. https://hlj.rednet.cn/content/646748/67/12589589.html.

评论的选题决不能孤立地去评判其好坏，比如选题重大、有社会意义等。一个显见的事实是，同样的选题，有人可能写得非常精彩，有人可能写的仅仅是一个常识性观点，有人写得甚至无法自圆其说。因此，**评论价值才是你考虑选题的标准。**

什么是评论价值呢？就是：对这个选题，你可以开掘和发现的认知和洞见是什么？有无价值？是否新颖独特？注意，这里提的是"你的认知和洞见"，也就是说这个选题价值其实与选题的作者个人相关。比如当前很多年轻人"间歇性摆烂"已成为一个热议话题，杨思琪同学却认为，对此没必要过分担忧：

> "90后""00后"的年轻人，从他们出生起便站在了赛道上，"升学竞争""考证""考研""考公"等，他们总是被各种期待和压力包围，被外来物质所定义和支配——于是，摆烂，包括语言和文字的摆烂，成为他们适时放松的自嘲和乐趣。间歇选择摆烂，是在面对太多事要处理时给自我留存空间，暂时性停滞是为了更好的休整和重新出发，而时代的氛围和成长的历程造就了他们从不低头的坚强性格。
>
> 列夫·托尔斯泰是俄国乃至世界史上最伟大的文学家之一，但就是我们这位"最清醒的"天才艺术家，于165年前在他的日记本上写下了："很累，不想爱了，也不想劳动了。"然而就在这行日记的上面，还写着他前一天留下的"很愉快。决定了，应当爱、应当劳动！"的励志自白。可见，即使是有天才盛名如托尔斯泰，也时常会有疲倦困顿之际，但间歇性摆烂丝毫不影响他在俄国革命史上做出的卓尔不群的贡献。
>
> 事实上在今天看来，即使是间歇性摆烂的年轻一代也从来不是堕落、垮掉的一代，他们早已摘掉了世人冠上的"不成器"的帽子。在社会工作岗位上，英勇赴火场的"00后"消防员、接力前行的大学生村干部、甘愿抹去姓名的年轻缉毒警察等年轻职业人，他们热情奉献而不计回报；在世界体育赛事上，苏翊鸣、谷爱凌等不容小觑的"00后"小将们奋勇直前，绽放于世界舞台，展现中国年轻人的青春力量；在文化交流市场上，汉服等中国古文化的年轻热爱者们坚定文化自信，致力于中国文化推广和对外输出……
>
> 可见，将摆烂挂在嘴边的年轻人从不像他们自己所说的那样"废物"不堪，他们间歇性摆烂，并非自甘堕落，而是身陷压力编织的巨网中续存精力的选择，是一种面对外界期待的幽默自嘲。……[①]

当然，重要的是，评论价值的确与新闻价值是不同的。我做过粗略的统计和估算，比如"飞机失事"这类事件在各类媒体上，无论是评论数量还是作品质量，远远比不上一些在新闻价值上并不大的小事件，如云南看守所"躲猫猫"事件、

[①] 杨思琪. 一上班就不舒服？年轻人间歇性摆烂却从不低头[EB/OL]. （2023-02-23）. https://hlj.rednet.cn/content/646746/67/12356332.html.

陕西华南虎"假照"事件、山东苟晶被顶替上大学事件，以及小学生科技奖造假、浙江高考满分作文《生活在树上》引发争议、周劼朋友圈炫富、"二舅"视频造假等。它们往往在网络和自媒体上掀起舆论狂潮，大量自媒体和公众号中的评论更是难以计算，主流媒体也大多会关注。为什么？因为它们具有可开掘性，事件背后现象复杂，角度丰富，在制度层面、商业层面、管理层面、法律层面和文化层面，都有可评论的价值和必要。而当我们面对"飞机失事"这个新闻价值很大的新闻的时候，很多时候并不知道该说什么。

二、如何认识选题

选题非常重要，好的评论选题意味着新闻评论成功了一半。《人民日报》原副总编李仁臣说："选题在很大程度上决定着文章的成败。"这是经验之谈。虽有夸张的成分，但足以说明：如果选题失败，你是不大可能在一个失败的选题上挖掘出好的观点的。比如，如果你想纵论世界政治局势和经济趋势，你可能缺乏生活体验和观察，也缺乏对"国际关系""国际贸易""国际法"等相关专业背景和理论视野。也许，你通过网上大量二手资料浮在表面评论一番，这样你就失去了一次认真审视你身边现象和问题后表达观点的机会。而这种练习机会对学习新闻评论来说，是极其珍贵的。初学者对评论选题经常陷入误区，这其实是对选题的理解和认识不足造成的。

什么是选题？选题当然是选择自己评论的对象，但这个理解非常浅显——只是认识选题的开端。如前所述，当我要求同学们从三则新闻事件中选择一个进行评论时，大多数同学选了李子柒。但这并不意味着第二个就是好选题，事实上，这三个选题背后都有非常丰富的语境和意义。第一个作为一种现象，是对"知识付费产品"发展趋势的一个描述和事实。这几年，知识付费作为现象，以及知识付费产品的繁荣，都是很好的评论资源。第三则新闻非常简短，其背后语境却非常重要，就是2020年中国付出巨大努力和心血，以封锁武汉的方式控制住了新冠病毒的蔓延，但时隔不到两个月，黑龙江绥芬河新冠肺炎疫情蔓延风险增大。增大的因素是什么？原因何在？如何防控？封城是不是最好的方式？尤其是对之后其他区域防控有何启发？等等，这些其实都是非常有价值的话题。但是，同学们大都选择了李子柒现象。

为了帮助学生理解和认识选题，我请同学们展示他们选择和权衡这个选题的过程中的"脑回路"。这个过程其实就反映了选题的过程和本质。你可能会问自己这些问题：哪条新闻最触动我评论的冲动？哪条新闻最有评论的价值？哪条新闻我最有评论的可能？

选题是认识的起点，选题就是确定评说的对象及论述的范围。初学者可能最容易选择自己熟悉和关注的事件，所以要注意克服这一点。

选题的过程就是价值判断的过程[①]，它表现为作者对所面对的新闻事实或问题的判断。当我追问同学们为什么会选择评论李子柒时，这些理由就出现了：因为熟悉；因为以前关注过，知道一些；因为喜欢李子柒；因为了解一些关于李子柒是不是文化输出的争论……遗憾的是，对于选题，同学们并没有更深入地思考这个选题意味着什么。比如，如果真的写这个选题，你是否在文化层面有一定的知识储备？什么是文化？文化的表现形式是什么？当今世界文化的基本概况是什么？你是否明确地知道"文化输出"这个概念的提出语境和大概意思？李子柒视频中的乡村文化能否代表中国传统乡村文化？能或者不能代表的理由和依据是什么？针对这个争论，你真的有超越性和不一样的观点或者洞见吗？你有能力论证这个观点吗？我想，如果学生们真的深入思考到这一步，恐怕有些学生未必会再坚持这个选题是好选题，因为比**"喜欢"或者"知道一些"更为重要的是，从这个选题中"你能发现什么"**。这个过程就是评论价值权衡和思考的过程。也可以看出，在这个过程中，孤立判断这个事件的价值，意义是不大的，关键在于评论作者对这个事件的认知程度和理解程度。

选题还受到媒体定位和受众定位的影响。写文章当然要关注读者，要有"对象感"，要注意语气的拿捏、立场的选择、观点开掘的程度、论据的选择等，心里需要装着读者。当然也不能忽视平台或者媒体。有的选题对这个媒体或针对这个读者群就不是好选题，但对另一个平台或另外的读者群就是非常好的选题。对于绥芬河新冠肺炎疫情蔓延，如果是一家党报评论版面，可能提出"严防境外输入是当前新冠肺炎疫情防控的关键"这个观点就是合适的，因为针对全国新冠肺炎疫情防控人员，以及普通公民来说，认识到这一点都是重要的，有价值的。虽然这个观点本身并没有什么新鲜性、独特性，但在当时的语境和场景中，这个观点是中肯和关键的认识，对全国防控新冠肺炎疫情是重要的。但是，这个选题和这个观点如果放在一个校园平台上，面对全体师生，就"不接地气"，因为缺乏具体针对性，未必是一个好选题和好观点。但选题总体非常强调其公共价值，如是否有利于提高公共生活的品质，让社会更加公正，让经济更加繁荣，让个体更加自由，等等。[②]

需要强调的是，写评论一定要有"读者意识"，心里要"装着读者"。一味取悦读者不对，但无视读者肯定不对。在平时的写作训练中，如果有意识地思考读者，那么，将来在任何一个平台或媒体上，这种"读者意识"对评论者而言，就

---

① 马少华. 新闻评论教程[M]. 北京：高等教育出版社，2007：115.
② 南方周末. 南周评论写作课[M]. 北京：人民日报出版社，2022：48.

是非常有用的一种经验。

选题更是作者知识结构和新闻事实之间的契合。①评判评论选题的好坏，需要与评论作者关联起来，关键在于评论作者对此有无专业研究，有无长期观察和思考，对此问题有无深刻的反思，等等，这些都非常重要。应该说，评论的选题和写作，受作者个人的价值观、立场、利益、知识结构、情感结构、观察视野和日常认识思考的影响最大。在这个意义上，选题不仅是作者对新闻事件评论价值的判断，而且是作者独特的思考内容与特定新闻事件的结合。有评论价值的新闻事件很多，但是对于一些新闻事件，由于我们自身的知识结构不具备，也许我们很难说出个道理来。

因此，认识到有关选题的上述本质和原则，是非常重要的。因为，这直接关系到同学们选题能否成功。你要考虑到：你的选题一定要新颖，是别人所没有注意到的，是你观察和思考得来的。你的选题必须与你的知识结构和专业背景相关联，这样你才能从比较专业的视角开掘更有价值的观点。

三、学生如何找到好选题

一般来讲，新闻传播学相关专业开设新闻评论课程的居多。所以，对该学科专业的学生来说，我的建议是：你可以选择你身边的，有感受和体验的，有机会思考它，有专业背景的，或者自己感兴趣、有写作冲动的话题。你自己有切实的思考和写作冲动，才有可能远离那些张口就来的官腔和套话。曹林在他的《时评写作十讲》里提到："你们不要动不动心怀天下，写那些事关金融安全、三农问题、政治改革方面的宏大评论，最好还是从身边校园内的事务、自己最熟悉的事情写起。""而谈你身边的事情，学术腐败，校园民主，发表论文的经历，评奖学金的过程，大学生的思想状况等，你很熟悉，又有亲身经历，这样的话题才是你的优势。写这样的话题，你的评论才会有附加值。"②

对于新闻传播类相关专业的同学，面对过于专业的问题，如法律问题、社会问题、经济问题、国际局势问题等，不一定能说出什么。但是，对于与大学课堂、大学教育、大学生日常生活、媒体表现、舆论现象等相关话题，你们至少是参与者，是有感受和体验的。况且，像大学生就业困难、"拼爹"现象、高考公平、社会道德滑坡等问题，在现实生活中也为人们所关注。

---

① 马少华. 新闻评论教程[M]. 北京：高等教育出版社，2007：116.
② 曹林. 时评写作十讲[M]. 上海：复旦大学出版社，2011.

另外，建议大家多选非事件性选题或周期性选题，特别是一些看起来很小、很微不足道，却能反映这个时代一种普遍的现象，或者反映出一种普遍的焦虑心理，能够以小见大的现象或话题，如报复性熬夜或者某部连续剧、某个节目、朋友圈某种现象等；只要在思想上具有可开掘性，题材再小，也有意义。

有些同学可能觉得，选题的事件太小，没有什么评论必要。这其实是误区。因为，评论价值和新闻价值的尺度是不一样的。而且，很多看起来很小的选题，即便像《人民日报》这样的国家级媒体上，也比比皆是。小选题也能挖掘出新鲜的思考。

比如，新冠肺炎疫情防控期间，不少人选择"宅"在家里，自制凉皮、自制蛋糕、自制奶茶……有数据显示，春节期间酵母销量增长近四十倍，葱、姜、蒜售出了 393 万份，酱油、醋、十三香等总体销量增长了八倍多，香菜销量接近百万份。作为一种新冠肺炎疫情期间宅在家里的现象，有人却看到了现象背后对经济的意义，于是写了一篇评论《从"宅生活"到"宅经济"》。① 这样的生活，同学们也是参与其中、深有体会的呀。还有一个例子。针对有些边远山区不通网线给"停课不停学"带来挑战，《人民日报》马上旗帜鲜明地指出，应该让所有学生享受到网课的便利。②

再比如，过去二三十年里，"垮掉的一代"的帽子先后被安到中国"80 后""90 后"和"00 后"的头上。但这次新冠肺炎疫情中，走向抗疫一线的年轻护士，大多数人出生于 20 世纪 90 年代。事实上，在各条战线上都能看到"90 后"挺起的脊梁。现在的大学生大多是"00 后"，比他们小不了太多，有没有思考过这个现象？有没有什么观点想表达？这是一个非事件性选题，可能很多人注意到了，但更多人忽略了，评论员乔杉却写了一篇评论。③

再比如，武汉疫情最严重的 2 月 19 日，湖北省仙桃市卫生健康委发出的《关于重申疫情防控期间有关纪律的通知》（以下简称《通知》），严禁讨论和擅自接受采访。作为新闻学专业的同学，其实这是一个值得关注的选题，也是大家的专业范围。虽然我一再强调选题要考虑实际，但我们**作为新闻专业的学生必须有介入公共话题中去的意识和能力**，所以这类事件虽小，但值得评论。余明辉在评论中指出，地方制定防疫和工作规则，本身并没有什么错。但这并不意味着可以随意限制一线防疫人员的基本权利和自由。比如基于事实和专业对当前新冠肺炎疫情发表一些严谨看法，同他人正当讨论新冠肺炎疫情；再比如，接受媒体采访，客观如实反映情况。《通知》中的相关规定，明显违背这些基本的权利自由和社会公共认知，是一种过犹不及、因噎废食的做法，不仅不利于有效组织防疫工作，反而

---

① 程雨田. 从"宅生活"到"宅经济"[N]. 人民日报，2020-03-24（5）.
② 徐驭尧. 让所有学生享受到网课的便利[N]. 人民日报，2020-03-26（5）.
③ 乔杉. 把"垮掉的一代"帽子扔了吧[N]. 北京青年报，2020-04-08（A2）.

会忙中添乱，分散相关工作人员的精力。[①]

另外，当睡眠不足成为很多人特别是都市白领的一个困扰的时候，像如何找回健康睡眠这样的软话题，都会是一些报纸评论的选题。[②] 因为这个问题涉及的范围很广，而且对大学生熬夜的问题也时见报道。如果我们选择这样的选题，也是很接地气的，并且有深挖的可能。《人民日报》对这个选题挖得其实很浅，就是社交平台上一句话："现在是晚上 10 点，离这届年轻人入睡还有 4 小时。"这句话引发了关于"报复性熬夜"的话题。这个话题对于大学生而言，想必更有代入感吧。事实上，很多学生的评论作业关注了大学生睡眠问题，他们往往能有感而发。

那么，选题从哪里来呢？丁法章提出，要学会从现实生活中选题：第一，贯彻落实党和国家最新方针、政策和重大部署以及主要领导人的最新讲话精神，这些亟待进行舆论引导；第二，现实生活中刚刚涌现的先进典型和好人好事好思想、新人新事新风尚，亟待进行宣传倡导；第三，当前实际工作中普遍存在的倾向性问题或薄弱环节，亟待进行正面疏导；第四，人们共同关注而又疑惑不解、莫衷一是的问题，亟待进行澄清；第五，社会生活中的一些违反科学又习以为常的种种言行，亟待进行唯物论教育。[③]

这个论述也被总结为"吃透两头，抓住重点"。两头就是"上头"和"下头"，即中央的决策和精神，以及老百姓生活中的焦点和难点问题。"重点"就是从新闻报道选题，这是评论选题的一个重要途径。

选题来源主要是媒体报道，以及自己的观察体验和思考。米博华说："选题的产生，主要来自交流、观察和思考。"[④] 一个评论作者的写作冲动，不仅仅是远离他生活经验之外的"上头"，而且是他的观察和体验，以及长期思考之后的偶然触发，这种触发大多是新闻报道的触发，有时工作生活场景也可能触发。比如，华东政法学院法律专业的郭光东写《国旗为谁而降》时，他其实是华东政法学院的三年级法学硕士生，为了挣点零花钱，正利用课余时间为自考生讲授宪法学课程，有一节课程专门讲国旗国歌国徽。当他讲到"对于严重自然灾害造成重大伤亡时，也可以降半旗志哀"时，脑子里突然联想到了当时的新闻事件——抗洪抢险，1998年特大洪水灾害死了几千人，国家难道不应该按照国旗法为这些失去生命的人志哀吗？这就成为那个名篇最初的选题来源。这篇评论也改变了他的人生轨迹，此后十几年他在《南方周末》工作。[⑤]郭光东长期关注法律问题，这是他的专业范畴，

① 余明辉．"严禁讨论疫情擅自接受采访"不能止于撤销[EB/OL]．（2020-02-21）．https://guancha.gmw.cn/2020-02/21/content_33577384.htm．

② 智春丽．掌控时间，找回健康睡眠[N]．人民日报，2020-04-14（5）．

③ 丁法章：新闻评论教程[M]．4 版．上海：复旦大学出版社，2008：127-131．

④ 米博华．新闻评论实战教程[M]．北京：人民日报出版社，2021：22．

⑤ 马少华，刘洪珍．新闻评论案例教程[M]．北京：中国人民大学出版社，2008：32．

属于他长期思考的领域，这才是这篇经典评论产生的基础。正如新华社高级编辑、特约研究员徐兆荣所说：发现力是思想力的体现，是思辨力的基础，是创新力的前提。[①]也就是说，新闻评论选题的获得和确立也是个人学识、经验、能力的培养与积累的结果，当你在学习、工作和生活中积极投入、观察、积累到一定的火候和一定的程度的时候，偶有触发，或遇到一个相关事件的时候，就可能激发你的敏感，触动你的灵感，催生评论的选题。这看似是一个偶然的触发，实则是长期积累过程的一次爆发。

作为大学生，可选的选题应该与教育、高校、新闻传媒等相关。原因是，过于专业的问题，如法律问题、社会问题、经济问题、国际局势问题等，其实评论起来专业性不足。但是，与大学课堂、大学教育、大学生日常生活、媒体表现、舆论现象等相关话题，你至少是参与者，是有感受和体验的。我们反对那种对什么都泛泛谈几句的"口水式"评论。

比如，有位女同学特别喜欢撸猫，她看到一则新闻：上海一家撸猫咖啡馆推出了"猫咪试养"服务，立即写文肯定这种服务：

在笔者看来，"猫咪试养"服务与其说是为主人提供了"后悔药"，不如说是给猫咪买了一份"保险"。这是为每一只售出的猫咪负责，也是对它们生命的尊重。[②]

再比如，2022年3月，陕西某学院新校规在微博上引发热议。其中"同性之间也不能过于亲近""打死校园里的猫，避免病毒传染""萎靡不振"等不文明规定让许多网友纷纷表示不解。铁思瑶同学指出，大部分校规是恰当的，比如严查迟到早退、禁止使用违规电器。但有些行为，例如"萎靡不振"被定义为不文明行为实在过于夸张，学校未免管得太多，让学生们感觉自身自由受到限制。[③]作为大学生，对这类选题其实具有天然的敏感性，因为话题事关大学生日常生活，他们至少是参与者，是有感受和体验的。

四、选题的常见类型

在新闻评论的选题中，如果按照所选评论对象的性质，选题实际上可以分为

[①] 徐兆荣. 实用新闻评论写作教程[M]. 北京：北京大学出版社，2014：56.

[②] 高雨欣. "猫咪试养"背后，是对生命的尊重[EB/OL]. （2021-05-11）. https://hlj.rednet.cn/content/2021/05/11/9328310.html.

[③] 铁思瑶. "萎靡不振"不文明？校规不要过度约束学生[EB/OL]. （2022-03-22）. https://hlj.rednet.cn/content/2022/03/22/11039536.html.

事件性选题和非事件性选题两种类型。

这里的事件，主要指那些媒体热衷追逐的突发性的、重大的事件。而非事件性，指的是长期存在的社会现象和社会问题，这些现象和问题最大的特点是时效性不足，因此在新闻评论中，常常以新闻报道作为由头，借助新闻事件表达自己长期思考的见识和洞见。所以，由新闻事件引发的关于社会现象和社会问题的思考，到底算事件性选题，还是非事件性选题？二者之间其实很难有清晰的边界，模糊和大概的边界还是存在的，而且这种区分对把握选题是有意义的。

比如四川木里发生火灾，这无疑是一个突发性重大新闻事件。几天之后，木里火灾调查结果公布，组织 2800 多人扑火、调集救援车 1300 多辆的"3·28 木里火灾"，竟是由 11 岁男孩熏松鼠引发了。事故调查结果公布了，这也是一个新闻事件，是火灾的延续性事件。有评论员写了一篇评论，他针对的并不是这个调查结果，而是针对无完全刑事责任能力人引发重大事故是否需要承担刑事责任的问题，作者说：

对于田某某来说，不到 16 周岁的低龄身份，固然可以依法免予追究刑事责任，但根据《民法总则》《森林法》《侵权责任法》《森林防火条例》等法规，他的监护人显然不能置身事外，而应承担"过错赔偿"，"支付参加森林火灾扑救人员的误工补贴和生活补助以及扑救森林火灾所发生的其他费用"，以及"补种树木"等法律责任。①

这个选题虽然是由火灾事故调查结果公布的新闻报道触发的，但作者评论的对象并不是火灾这件事或者调查结果本身，而是一个被长期忽视的社会问题，甚至是一个法律问题，显然这是一个很专业的问题。这个时候，我们说，这个选题其实是一个由新闻事件触发的非事件性选题。

2013 年 6 月厦门发生了一起公交纵火案，《厦门日报》6 月 13 日发表了题为《让我们携起手传递正能量》的文章。对此文，一位评论作者反思说，对这样的惨案，怎么沉痛的哀思和反省都不为过。不过，媒体这种自我标榜不合时宜。②这篇评论是事件性选题，还是非事件性选题？

笔者认为，虽然有时非事件性选题的由头时效性很强，容易被误读为事件性选题，但这种区分还是有意义的。对于这类选题，**关键要看作者的核心观点是具体判断还是普遍性判断**。如果是具体判断，那么可以看成是事件性选题，作者就事论事，主要针对这篇文章进行评论。但如果是普遍性判断，比如这篇文章的不当表达，不合时宜的自我标榜只是由头，或者触发话题，而作者真正的评论对象

---

① 欧阳晨雨. 男孩熏松鼠引发木里火灾，该承担什么责任[N]. 新京报，2020-04-14（A2）. 另，材料中的《民法总则》《侵权责任法》今已废止，相关条款已并入《中华人民共和国民法典》。

② 王华. 公交纵火案：媒体自我标榜不合时宜[N]. 新京报，2013-06-17（A2）.

却是一种普遍性现象，就是在新闻报道中容易引起公众不适的"拿灾难当赞歌"报道方式，那么，这个选题就是一个非事件性选题，它批评的是一种现象或问题，一种新闻报道的理念和文化。

这种区分有什么意义？事实上，具体判断大多针对事件本身，属于事实判断或者法律责任判断，但更常见的其实是非事件性选题。很多观点，只有在普遍性层面才能具有更大的意义。两者在写作和论证层面会有较大的不同。比如，某个地点发生一起车祸事故，针对这起车祸中，判断司机是否有违法行为？是否酒驾？刹车是否失灵？引起事故的原因是什么？或者，警方公布的事故原因是否合理？对司机的刑事处罚是否得当？这些判断都是具体判断，也是事实判断，需要过硬的细节和专业知识，这些选题都属于事件性选题。评论员面对这些判断，其实不具评论优势。

但是，如果评论员通过这起交通事故调查了这个路段发生事故的频率，发现这个路段已经发生多起类似事故，而且事故频率远超其他路段，于是他将多起同类事故放在一起进行关联和归类，提出一个观点或者洞见：这个路段的设计有严重缺陷。这就是一个视野更开阔的评论，在论证层面对评论者的要求更高。评论者需要提供这个路段事故频率远超平均事故率的数据和事实，更重要的是，这个路段的设计为什么是不合理的？论述的重点在这个地方。对某类交通设计的缺陷进行分析和判断，是普遍性判断，是对一系列同类事故的归纳和判断，应视为非事件性选题。正如前文指出的，很多非事件性选题往往是通过新闻报道触发或引发关注的，但新闻报道本身只是个由头，作者讨论的话题其实在后面。

事件性选题是以新闻报道的事件本身作为评论对象的选题类型，这是日常生活中最常见的评论选题类型。这类评论选题选择的是一个新闻事件本身来评论。一般来说，要选择重要性、显著性、争议性和普遍性的事件来评论，如周久耕事件、佛山小悦悦事件、郭美美事件、恶搞杜甫事件等。

事件性选题的优势在哪里？这类选题时效性非常强，事件重大，而且冲击力很强，容易受到关注。这类事件冲击力很强，争议性、普遍性很强，所以公众的关注度非常高。一般情况下，公众关注度高的舆论热点事件，往往也有评论的价值。但我们还是要清楚一点，选择舆论热点不是因为它是舆论热点，而是因为它之所以成为舆论热点——这类事件本身大多对受众的心理和认知的冲击力巨大，争议性和普遍性都很强。

事件性选题，新闻事件的重大性、显著性只是一个参考因素，真正有评论价值的其实是有典型性和代表性的新闻事件。换句话说，这类新闻事件虽然只是一个事件，但这个事件有一定的普遍性，是某种普遍存在的社会现象或社会问题在一个事件中的爆发，人们关注这样的事件，是因为事件背后折射或反映出的某种现象和问题，如医患纠纷的新闻、城管与小贩冲突的事件等，都是如此。

比如，《谁把太原市长捧成了"文化符号"》这篇评论，选择的评论事件是：2013 年山西省文化厅主办的"山西省十大文化符号"评选活动中，截至 6 月 23 日，排在第一位的是太原市长，他的票数达到了 154 万票。排在第二位的则是由太原市晋祠博物馆报送的晋祠，票数已经达到 46 万票。①事儿没多大，但其背后折射的现象和问题耐人寻味。

有时候，一个小小的改变，也值得阐发其背后的意义。比如一个简短的毕业典礼，一个重要且非常简短的讲话等，对这类长期习以为常却习焉不察的不合理现象宜进行反思和纠偏。比如，交汇点新闻客户端首发一篇题为《教师节前夕，娄勤俭邀优秀教师代表座谈听教育改革意见建议》的文章，其中在一张江苏省委书记娄勤俭等领导与全省优秀教师代表的合影中，领导让出了"C 位"。②这个事件很小，却很典型。长期以来，无论是什么场合的合影，似乎领导们都是主角，是"C 位"，以领导为中心是司空见惯、习以为常的现象，甚至理所当然，当然不是说领导不重要，而是说并非任何场合下只要领导出席了，领导就是主角。正因为这样，这张照片事儿虽小，但背后所蕴含的姿态和理念的转变是有价值的。

事件性选题还有一个值得注意的问题，就是要尽量选择有争议性的事件。如"五一"长假取消利弊之争、南京彭宇案、华南虎照片真伪事件、袁厉害事件等。争议即意味着不确定性的存在，社会需要新闻媒体提供意见性信息来消除人们思想中的不确定性。因此，这类事件成为新闻评论选题的重要选择。比如由于家属拒绝签字，导致孕妇在医院死亡，这一事件在当时争议性非常大，连《人民日报》都评论说，生命的尊严高于一切，生命比制度更重要。

读者不妨琢磨以下这些评论选择的事件。2018 年 11 月，桂林电子科技大学下发了一份通知文件，要求开展清理涉暴、涉恐、反动、淫秽等违禁、违法音视频工作，将"全面清查在校师生手机、电脑、移动硬盘"等内容。有评论员马上质疑，红头文件有没有越权？③这是一个具体的判断，判断对象就是发红头文件这件事，选题是事件性选题。

澎湃新闻报道，2020 年 3 月 5 日，武汉大学博士田军以抗疫为由，在网络上用武汉大学休斯顿校友会的名义，面向全球进行募捐。新京报网发表《博士冒用武大校友会名义募捐，踩了哪些"红线"》，认为田军未经武汉大学校友总会的允许进行公开募捐，是违反《慈善法》的。④这也是一个事件性选题，是对新闻中田军行为是否违法的具体判断。

① 敬一山. 谁把太原市长捧成了"文化符号"[N]. 新京报，2013-06-25（A3）.

② 殷国安. "合影往后站"是尊师重教的重要一步[N]. 中国青年报，2018-09-11（2）.

③ 欧阳晨雨. 清查师生电脑手机 红头文件有没有越权[N]. 中国青年报，2018-11-15（2）.

④ 张天潘. 博士冒用武大校友会名义募捐，踩了哪些"红线"[EB/OL].（2020-03-09）. https://www.360kuai.com/pc/903260e7e317725171?cota=3&kuai_so=1&sign=360_57c3bbd1&refer_scene=so_1.

　　再如，2013 年 5 月 24 日晚，网友"空游无依"发微博称：在埃及卢克索神庙的浮雕上，有中国游客公然涂写"丁×昊到此一游"，这让他们这些中国游客无地自容。媒体马上评论《在埃及神庙"涂鸦"不仅是"不文明"》，涂损、毁坏文物在中国本身就是违法行为，而不仅是"不文明"。①这是一个具体行为是否违法的具体判断，也是事件性选题。

　　当然，写评论一味追新闻事件，可能来不及深入思考，形成"快思快写"的浅表化、口水化评论。但更重要的是，一定要选择符合自身认知结构、具有可操作性的论题。

　　虽然有些选题未经记者直接报道，但在日常生活中普遍存在并为受众所广泛关注，因此也是评论者的重要选题内容。**大部分非事件性选题需要新闻报道的触发**，但新闻事件只是由头，是引发作者评论的触点，而作者真正评论的对象是社会现象和社会问题，它的生命力可能更强，可能来自评论作者长期观察和思考的专业领域。

　　新闻评论的体裁特征决定了只有思想价值高的评论选题，才有可能创作出好的评论作品。曹林认为："有些题材看起来很小，很微不足道，却能反映这个时代一种普遍的现象，或者反映出一种普遍的焦虑，能够以小见大，即使题材再小，它也在我的关注视野之内。关键是要有意义。"②

　　比如，面对"速看，马上停播！""内部资料，多少钱都买不到""名人离世，原因让人震惊！""能保命"这类"标题党"现象，《新京报》呼吁《惊悚体"标题党"泛滥成灾，该治治了》。③比如面对小学教材丑得让人想哭的现象，作者说，作为新时代的课本，除了纸张和开本，从整体设计、排版到插画，艺术水平几乎全面倒退，这是缺乏工匠精神。④

　　非事件性选题中，其实还有一类周期性出现的话题，被学者称为**周期性选题**。周期性选题以固定的时间周期性出现，以重要节日或某事件、活动的纪念日为评论由头。由于这些节日、纪念日相对固定，使评论在播出时间和选题范围上可以提前做出准备。周期性选题的价值判断，与节日、纪念日本身的重要性有关，也与现实社会的发展需求有关。

　　第一，如果纪念日本身含义深远、意义重大，则周期性选题一般不可或缺。因为受众会感知这个时间的重要性，对媒体评论有所期待。比如，元旦、劳动节、建党节、国庆节是国内最重要的节日，重要媒体，尤其是党报党刊都要进行相关报道和评论。有些纪念日，如妇女节、植树节、青年节、教师节、记者节、艾滋

① 袁伊文. 在埃及神庙"涂鸦"不仅是"不文明"[N]. 新京报，2013-05-26（A2）.

② 曹林. 时评写作十讲[M]. 上海：复旦大学出版社，2011.

③ 惊悚体"标题党"泛滥成灾，该治治了[N]. 新京报，2019-07-15（A2）.

④ 胡印斌. 小学课本"丑得让人哭"，是缺乏工匠精神[N]. 新京报，2017-09-19（A2）.

病日等，不同媒体会视其受众不同而决定是否进行评论以及采取什么样的规格进行评论。

第二，周期性选题与现实社会的发展紧密相关。其是否刊发、刊发时间、写作主题如何确定都与当时社会关注点和政治经济热点相联系，表现出"历史与现实的结合"。例如，1978 年《人民日报》的五一社论标题是《广泛开展社会主义劳动竞赛》；1984 年的标题是《工人阶级要站在改革的前列》；2005 年的标题是《在构建和谐社会中发挥主力军作用》；2008 年的标题是《为科学发展贡献力量》；2013 年的标题是《用劳动创造托起中国梦》。从鼓励开展劳动竞赛到改革占据主角，再到"和谐社会"和"科学发展"成为主旋律，2013 年"中国梦"成为社论强音，周期性选题的评论表现了与现实社会发展需求相结合的特点，也体现了评论员时效化处理的思路。[①]

比如《废除科举百年，我们要省思什么》这篇评论，关注了 1905 年 9 月 2 日，中国发生了一件震惊社会的大事——废除科举。在科举消失的 100 年间，人们有充足的时间和空间反思科举的问题和价值。科举制度虽然消失了，但当时创设科举制度时所昭示的精神和理念是有永恒价值的。它代表的是一种趋势和追求，包括对知识的追求、对人才的渴望和不问背景的公平竞争。至于科举在其存在的 1300 年中曾出现的种种问题和应对这些问题的对策，也同样有价值。

比如《汶川十年：为了普通人稳稳的幸福》说，今天是 5·12 汶川地震十周年纪念日。回望，缅怀，期许，当此"十年之祭"，望川不忘川，天涯共此时。十年很短，石火光阴，转瞬即逝；十年也很长，长到当年经历这场灾难的人都染上了岁月的痕迹。[②]

大学生从生活中往往能发现很好的评论选题。当然你要考虑，有些话题可能会跟别人重复，但你的观点需要新颖独特。丁邦杰把时评选题的基本需要考虑的方面概括为四点：一是公众关注度，选题首先要考虑发表之后的受众关注范围和关注力度；二是论题新颖性，论题上要体现首创性；三是思想展现张力，有的选题适合就事论事，一事一议，而有的选题可以广泛演绎，多面推展；四是个性表达空间，要选择适合自己思想、文化、阅历、辨识、逻辑和写作习惯的选题。[③]而徐兆荣将选题的标准总结为重要性、新鲜性、深刻性、启示性、普遍性、可评性六个方面。[④]

王向东在谈到如何把握批评性言论时提到有几个"不写"："似懂非懂不写，道听途说不写，不合法律不写，正在干事（虽有未能尽如人意者）不写，没有招

① 杜涛. 新闻评论选题的价值判断[J]. 今传媒，2014（4）：50-51.
② 汶川十年：为了普通人稳稳的幸福[N]. 新京报，2018-05-12（A2）.
③ 丁邦杰. 时评要领[M]. 北京：中国人民大学出版社，2020：63.
④ 徐兆荣. 实用新闻评论写作教程[M]. 北京：北京大学出版社，2014：56.

架之力（基本是普通劳动者）不写，没有把握的话不说。"这几个"不写"背后，其实也是一个选题的经验。

不过，选题说到底还是阅读和思考的结果。正如《河南日报》评论员薛世君说的一样：

> 我的感悟就是，肚里没货，稿子就没料。写时评，最重要还是阅读，读书、读资料、读社会。有了丰富的信息积累和知识积累，时评才能写得顺手。[①]

总之，我特别强调思考的独立和认知的独特。我乐意看到你选择你身边的，有感受和体验，有专业背景，或者自己感兴趣，有写作冲动的话题，并且表达了有价值的观点。很多同学将自己的评论作业在红网上发表了。这些选题都贴近学生生活，也比较新颖。

比如李阳同学评论说，偶像与粉丝间最好的距离就是舞台到观众席，他在发光，而你在看他发光。[②]张雨欣同学说："吻戏并不是呈现情感的唯一方式，表达情绪的方式有很多种，演员可以通过台词、行为方式、眼神等表现出对对方的情意，亦可在情到深处时使用时长短却深刻的吻戏。大篇幅、长时间的吻戏，不能让观众感受到演员传递的情感，还会让受众产生一定的厌烦心理。"[③]郭子荻同学担忧"yyds""绝绝子""yygq""emo"等词在网络上大肆流行，认为过度造"梗"将导致语言文字"表达匮乏"。[④]刘高进同学写道：

> 每一个孩子都希望将最好的一面展示给父母，将失落的一面留给自己。那些难熬的日子只有自己理解，他们不希望让父母徒增担心，更不想让自己的情绪影响他们。这也许就是成长过程中的必经之路和屏蔽父母的主要原因了。但有时候年轻人也需要适当放下伪装，主动与父母畅谈心事，也许会有新的收获。[⑤]

樊振轩同学发现，新冠肺炎疫情后，年轻人做饭的热情高涨，一点儿也不亚于此前的"刘畊宏热"。她认为，年轻人学做饭的背后，是一颗想要认真生活的心。饭桌上热气腾腾的饭菜，不仅代表着健康，也代表着对生活的热爱。[⑥]

[①] 薛世君. 专业知识背景的作者是时评的未来[EB/OL]. （2014-07-22）. https://hlj.rednet.cn/c/2014/07/22/3412996.htm.

[②] 李阳. 偶像与粉丝最好的距离就是台上台下[EB/OL]. （2021-04-15）. http://www.ce.cn/culture/gd/202104/16/t20210416_36480140.shtml.

[③] 张雨欣. 《双世宠妃3》吻戏80场，为吻而吻实无必要[EB/OL]. （2021-06-05）. https://hlj.rednet.cn/content/2021/06/05/9438139.html.

[④] 郭子荻. 过度造"梗"将导致语言文字"表达匮乏"[EB/OL]. （2023-03-19）. https://hlj.rednet.cn/content/2022/03/19/11027631.html.

[⑤] 刘高进. 为什么年轻人不想让父母看到朋友圈？[EB/OL]. （2022-04-24）. https://hlj.rednet.cn/content/2022/04/24/11158568.html.

[⑥] 樊振轩. 年轻人热衷学做饭，背后是一颗认真生活的心[EB/OL]. （2023-06-26）. https://hlj.rednet.cn/content/2022/06/26/11431293.html.

徐甜歌看到纪录片《我是你的瓷儿》《舞台上的中国》在哔哩哔哩上开播，引来了大量年轻人的关注时，指出：

越来越多的年轻人爱上非遗，虽在意料之外，但也在情理之中。非物质文化遗产，是指各族人民世代相传，并视为其文化遗产组成部分的各种传统文化表现形式，以及与传统文化表现形式相关的实物和场所，是国家宝贵的历史文化遗产。笔者认为，除了非遗文化本身散发出来的巨大魅力，还有这届年轻人刻在骨子里面对非物质文化遗产的认同感和对民族文化的自信。[①]

这样的例子还有很多，如卢畅的《"小镇做题家"一词引热议，努力才是人生常态》，冯晨曦的《"杨贵妃"火了，胖女孩自信放光芒》，屈力的《传播知识塑造价值观，是直播带货的更高层次》，等等，这些选题都比较适合大学生。2022 年春季，两个班有 40 多篇评论作业在红网发表；2023 年春季，两个班有 90 篇评论发表。红网为学生学习评论提供了非常宝贵的发表平台，能激发学生的评论热情和自信心。

[①] 徐甜歌. 这届年轻人为什么爱上了非遗？[EB/OL].（2023-06-23）. https://hlj.rednet.cn/content/2022/06/23/11422392.html.

第三章

观点

一事当前，先问真假，再说是非，后说利害，这种价值判断次序永远不会过时，在浮躁的新媒体语境中更显其价值定力。[①]

——曹林

时评是一种意见性文本，其核心是表达对评论对象的某种判断或意见。决定一篇新闻评论成功与否，主要有两个核心标准：第一，是否有新颖独到、发人深思的观点，因为评论的核心是对事实、现象和问题发表自己的观点和看法；第二，是否对提出的观点进行了逻辑严密和很有力的论证。评论中提出的判断和观点需要证明，能否有力证明决定着一篇评论能不能说服读者。[②] 所以，观点在新闻评论中是极端重要的。

为了能够集中有效论述，一篇评论最好只表达一个判断和观点，做到集中鲜明。其实，不止评论如此，文章写作都有一个焦点或核心。杨义研究中国叙述学时，提出文学的聚焦点是"一个文本精神所在，文脉所归，意蕴所集之点""是文本的最光亮之点"[③]。这个"最光亮之点"在时评里就是核心观点。本章将围绕时评文本中"观点"这个核心话题，讨论相关问题。

一、评论观点的辨识

初学新闻评论写作，认识和了解论证，以及在作品中练习寻找观点，分析观

---

① 曹林. 时评写作十六讲[M]. 北京：北京大学出版社，2020：288.

② 樊水科. 新闻写作训练教程[M]. 西安：西安交通大学出版社，2013：224.

③ 杨义. 中国叙述学[M]. 北京：人民出版社，1997：246.

点的表达与论证，是快速提高时评写作的重要途径。

要准确找出一个观点，就要清楚论证的基本规则。根据议论文的体裁特征，对观点的论证是新闻评论最核心的部分。每个论证都会有一个结论，这个结论就是分论点或总论点。多个分论点会支撑全篇核心观点。可以说，论证是新闻评论的组成单元。通常认为，论证是用论据来证明论点的过程和方式。任何论证都要依靠推理来完成，推理是一个从前提到结论的过程。推理是论证的工具，论证是推理的应用。[①]比如：

真理都是经得起实践检验的。

马克思主义是真理。

所以，马克思主义是经得起实践检验的。

这就是一个基本论证，由两个前提推出了结论"马克思主义是经得起实践检验的"，从前提到结论的提示词是"所以"。一般来说，论证的指示词包括两类：指示前提和指示结论。最常见的典型论证是"因为……所以……"，这其实就是一个基本论证。

常见指示词还有很多，比如"因此、表明、由此可见、由此可以断定、显示出、显然、告诉我们"等。

迄今为止，年代最久远的智人遗骸出现在非洲，距今大约 20 万年前。据此，我们认为，人类起源于非洲，现代人的直系祖先——智人在约 20 万年前于非洲完成进化后，然后，在约 15 万年到 20 万年前，慢慢向北迁徙，穿越中东达到欧洲和亚洲，后来又逐渐迁徙至世界其他地方。[②]

这段文字的核心判断和观点是：人类起源于非洲。这是一个陈述句。这段话也包含了一个完整的论证，有一个提示词"据此"，这个词前面的是已知的前提，"年代最久远的智人遗骸出现在非洲"，该词后面的结论紧跟其后，结论后面有一个详细的解释和说明。

新闻评论表达的是对新闻事件的判断和观点，是对新闻事实有所判断。所以表达判断的句子应该是陈述句，它直接对事物的情况有所陈述。当然，其他句式也可以暗示或表明观点，比如通过反问加强语气，但都可以改成一个基本陈述。如果"明天会下雨"是一个判断和观点，那么，"明天难道不会下雨吗？"也表明了观点；"明天会下雨，太好了！"也包含了观点或判断。但是如果只是单纯的疑问或祈使或感叹，就不一定是一个判断。

王民说："在大部分情况下，新闻评论所讨论的问题，不外乎真或伪的问题，善或恶的问题，是或非的问题，利或害的问题，而这些问题其实就是一个判断的

① 周建武. 论证有效性分析[M]. 北京：清华大学出版社，2016：9.

② 周建武. 论证有效性分析[M]. 北京：清华大学出版社，2016：10.

问题。"[1]

所以说，新闻评论的本质是一种对新闻的认识活动，认识的结果就是论点或观点，其表达形式是一个或多个判断，基本句式是陈述句。当然不排除个别观点通过反问的方式出现，以加强语气。比如，"所有哺乳动物都是有脊椎的，人是哺乳动物，所以，人是有脊椎的"。这是一个简单的演绎推理，分别由三个判断组成，都是陈述句；在逻辑上，是由两个已知的陈述和判断，推出一个新的判断和结论，即"人是有脊椎的"。

现在，我们可以在一篇评论中寻找核心观点了。澎湃评论 2018 年 3 月 12 日发表《消费者高价索赔，到底算不算敲诈勒索罪？》[2]。这是一篇专业的评论，从标题看，作者重点回答"到底算不算敲诈勒索罪"这个问题。也就是说，对这个问题的回应和判断，就是作者的核心观点。通读全文，第五段有"如果行为人是为了获取自己权利范围内的财物，即使是使用了一定的胁迫手段，也不应认定为敲诈勒索罪"。其后的所有段落，都在集中论述这个观点，在结尾中，作者进一步强调"不宜轻易对高价索赔者以敲诈勒索罪施以刑罚"，这就更清晰明确地说明，作者的核心观点是：消费者高价索赔不应该被认定为敲诈勒索罪。

那么，这个核心观点是如何被找到的？主要是标题的提问方式，其实是提醒读者，作者论述的问题和重点；前面的段落大都在介绍高价索赔的案例和事实，属于判断对象。文中提出"不应认定"的判断之后，所有段落都围绕这个论点，进行论证和支持，坚实地分析和论证了观点，其关系是论证与被论证的关系。另外，核心观点在结尾往往会有所回应，要么重申核心观点，要么就核心判断提出建议、愿望或者展望等。因此，通过标题、判断对象、论述段落的相互关系，以及结尾的建议与呼吁，可以非常肯定地确定这个核心观点。

通过以上个案，我们还不能总结出一般意义上寻找观点的方法。但至少这个案例给我们很多启发。因为观点是评论的核心，所以，无论是写评论，还是分析阅读评论，首先要明确核心观点。一般来讲，可以从以下五个方面考虑核心观点：

一是标题。评论的标题比较特殊，纵观这些标题，可以分成三类：第一类是直接以态度、立场和观点作为标题。对纸质媒体的评论来说，这类标题是最值得提倡的、最有效率的表达方式，因为它第一时间向读者表明了自己的观点，当然这种方式过于明确，也可能让读者一览无余，使不读完全文的风险增加，但从表达效率和尊重读者的角度看，这类标题是值得提倡的。

如果在标题中表明态度和立场，那么，正文中会有具体表述这个判断的句子以及解释说明性的文字，这些句子或段落就是核心段落，其中必定有核心观点。

① 王民. 新闻评论写作[M]. 台北：台湾联合报社，1981：73.

② 金泽刚. 消费者高价索赔，到底算不算敲诈勒索罪？[EB/OL]. （2018-03-12）. https://baijiahao.baidu.com/s?id=1594729804191260830.

如果标题是核心观点，一般来讲，标题已经高度概括了，所以正文中可能有类似的表述，一般更加详细，这个句子或判断就是核心观点。比如《名牌是民牌》①这篇获奖评论，其标题就是核心观点，在正文中也是这样表述。有些核心观点，在正文中可能会有所拓展，比如《生命的尊严高于一切》，标题就是核心观点，且正文中的表述更为详细具体："在制度与生命之间，我们必须坚守一条底线：生命的尊严高于一切。"②这个观点，自正文提出后还进行解释：制度是人制定的，是为人服务的。

二是通过判断对象确定核心观点。新闻评论写作一般有很强的针对性，往往针对评论对象做出判断、表明观点。叙述文章的过程中，可能会有枝蔓，有偶然联想等内容，但总有判断对象，就像射箭，总有个目标和靶子，这个就是判断对象。核心观点一定是对判断对象的判断。比如《赵本山春晚〈捐助〉四宗罪》③这个评论，开头提到了春晚节目，也提到了小品《捐助》，作者认为节目整体令人失望，小品《捐助》也乏善可陈。但全文主要段落都是对《捐助》这一具体作品的判断，所以，核心观点一定是对《捐助》的具体判断，什么是判断呢？在开头有一个基本的表述——"今年春晚的《捐助》就是滥竽充数的作品"，这个判断就是核心观点，是对小品《捐助》的整体定性和判断。其余的段落，从广告植入太多、演员清一色"赵家军"、格调不高、糟蹋被捐助者的形象四个方面，论述其为何是滥竽充数。这里可能会有一个干扰，就是同时出现了另一个判断。"笔者认为，《捐助》的'罪过'有四。"这也是一个判断。两个判断中，到底哪个才是核心判断呢？进一步分析可知，有四宗罪是滥竽充数的理由，只是另一个表述而已。这样，我们就可以确定这个评论的核心观点是整体判断《捐助》滥竽充数。

三是寻找标志语。一般评论都会通过标志语表明核心观点，评论的核心观点往往关联一个核心论证，而论证则是由观点和理由组成的，是一个支持关系。这种支持关系往往是：因为什么，所以什么；既然什么，那么什么。由此可见，这类论证和推理是以提示词标识的。所以，寻找这种标志词很有用。比如《收复台湾的施琅与阿勒德的左腿》，核心观点出现在结尾——"我的观点很简单：收复台湾的施琅，即上《恭陈台湾弃留疏》使台湾开府的施琅和阿勒德的左腿一样，还是值得敬重的。"④

四是迅速排除不可能是观点的句子和段落，以减少干扰。比如看到大量数据，或者陈述某个事实，或者解释说明某个背景，等等，就属于排除之列。

五是关注结构。评论的结构与核心观点有一定的关联。熟悉结构，会让你更

① 艾丰. 名牌是民牌[N]. 人民日报，1995-10-09（4）.

② 白剑锋. 生命的尊严高于一切[EB/OL].（2007-11-27）. http://news.sohu.com/20071127/n253490256.shtml.

③ 王文武. 赵本山春晚《捐助》四宗罪[EB/OL].（2010-02-19）. https://news.sina.com.cn/pl/2010-02-19/0838196 99251.shtml.

④ 乐毅. 收复台湾的施琅与阿勒德的左腿[EB/OL].（2006-04-07）. http://zqb.cyol.com/node/2006-04/07/zgqnb.htm.

快、更准确地理解和找到作者的核心观点。一般来说，观点多出现在文章的开头或结尾。马少华老师曾在自己的教材中，将传播学的"首因效应"引入文章结构，解释为什么作者喜欢将观点放在开头或结尾，是因为这两个位置对读者而言，是最容易关注和留下印象的位置。开头者，一般在交代判断对象之后，观点就顺势提出，然后论述。也有一些评论，先从现象入手，分析原因，然后提出建议或看法，将核心观点往往放在结尾。比如《收复台湾的施琅与阿勒德的左腿》的核心观点就是最后一句话。

我们还可以从更深的层次去理解观点。从内容上看，观点是新闻评论作者对新闻事件或社会现象的认识；从文本内部的相互关系看，观点是全文被论证的认识。[①]这个理解和认识很重要，实际上这也是我们判断什么是评论的观点的两个标准或者方法。

观点是一种认识、一种判断，但这个认识和判断一定不是人类已被验证的认识，或者大家都知道的常识性的认识和判断，而是高于此。比如：我认为地球是圆的；我认为杀人是错的。这是两个认识或者说判断，但前者是一个常识，后者是一个共识，毫无判断的必要。这里实际上带出了一个很重要的问题：观点是一种什么样的认识？为此，马少华介绍了美国一本书中关于"争议线"的说法。在《批判性思维与传播——论争中的推理应用》一书中，尹敕提出了这一概念，他认为，在新闻评论的阅读和写作中，实际存在着一条双方共有知识和经验的水平线。那些已经被普遍接受的内容，就是事实；而那些还没有被普遍接受的，超出一般人的认识水平的认识和判断，才是观点。这条争议线实际上就是人们的"共识线"，它是随着人类认识水平的进步而不断上升的。一些过去的"观点"逐渐变成现在的"常识"，例如，地球是圆的——对今天的人来说，只是一个客观的事实；而对于公元前 240 年的古希腊天文学家埃拉托色尼来说，它就是一个依据天文观测而做出的判断或观点。[②]

要注意的是，如果全文没有出现高于或深于事实性信息的判断和认识，那么，作者可能仅仅是在不断地罗列或者复述新闻事实，这就是典型的"以叙代论"。

新闻评论中，文本相互之间最根本的关系是论证和被论证的关系，即哪些内容是用来论证或支撑哪些内容的。比如《赵本山春晚〈捐助〉四宗罪》这篇评论，开头部分就出现了"今年春晚的《捐助》就是滥竽充数的作品"和"笔者认为，《捐助》的'罪过'有四"这两个判断，哪一个才是核心观点？有四宗罪是滥竽充数的理由，因为有四宗罪，所以才是滥竽充数。这样，我们就可以确定这个评论的核心观点是判断《捐助》滥竽充数。

另外，观点也应该是易于辨识的。新闻评论表达的是对新闻事件的认识，所

---

① 马少华. 新闻评论教程[M]. 北京：高等教育出版社，2007：18-20.

② 马少华. 新闻评论教程[M]. 北京：高等教育出版社，2007：19.

以观点就是表达这种认识的结果。很多新闻评论，标题就直接隐含了作者的观点，为了便于读者辨识观点，观点一般都应有其明显的标志，如"我们认为、我相信、我认识到、由此不难判断"，以方便读者认清作者的观点。

二、事实判断和价值判断

观点，是一篇评论中最核心的要素，是评论的灵魂和核心。读者看新闻，想看的是"发生了什么""事实和真相是什么"；而看评论，则是为了知道"应该怎么看这件事""新闻反映了什么问题"——这就是评论的观点。新闻提供事实，而评论提供判断。正如王民所说："新闻评论所讨论的问题，或属于事实判断，或属于价值判断。"[1]那么，这两种判断类型该如何区分呢？请看示例：

1. 音乐学习是不是有助于提高一个人的数学能力？
2. 北京大学的历史学研究水平怎么样？
3. 新冠肺炎疫情之后知识付费市场会不会断崖式下滑？

如果我们仔细分析，上面判断的共同点是：有关世界万物过去、现在和将来是什么的问题。这些论题属于**描述性论题**。[2]针对描述性论题的判断就是事实判断。

事实判断，因为是对事实做出的判断，事实客观存在，所以判断往往最终是可以用事实进行验证的。如果判断与事实不符，会被证实，那就是一个失败的判断和一篇失败的评论。如果事实与判断相符，会被证实，那就是一个成功的判断和评论。因为存在这种可证实或可证伪性，所以事实判断存在较大的风险，对评论者素质要求比较高。

事实判断需要扎实的细节和坚实的证据。常见的对事实的判断词，如"是不是""有没有""存在不存在""会不会""状态如何"等，就是主观认知与客观事实相符程度的一种判断。

事实判断是一种可验证的判断，因此观点的争议性相对较小。比如上述第一个问题其实是"有没有效果"的一个判断，涉及效果的测评，主要证据可能是"效果实验测评报告"，这样的问题不能全靠解释分析来解决判断真假问题，需要检验、验证过程和结果的报告。如果实验科学合理，实验结果显示学习音乐的确提高了数学能力，那么，这个判断就是真的。

第二个问题是"水平状态"的一个判断，涉及判断水平高低的标准。也就是，

① 王民. 新闻评论写作[M]. 台北：台北联合报社，1981：77.

② 尼尔·布朗，斯图尔特·基利. 学会提问[M]. 10版. 北京：机械工业出版社，2015：29.

根据北京大学历史学研究的事实和细节，依据标准进行评估，属于低、中还是高的状态，就是一个事实判断。

第三个判断是对事物发展趋势的一个判断，是一个预测性判断，这样的判断，不可能有直接的证据，只能通过过去和现在的事实去推测将来的趋势。所以，这个结论会有一定的争议性，但也可以通过扎实的证据和严密的逻辑改善预测性观点。

另外，法律判断是一种事实判断。判断一种行为是违法还是合法，不是对价值做出的判断，而是一种事实。关于司法，我们常说的一句话是：以事实为依据，以法律为准绳。评论即就行为的合法性做出判断，虽不是法官断案，但作为判断在本质上是一样的。

比如《超市"私罚小偷"同样违法》[①]就是典型的事实判断，据《北京青年报》报道，江苏省宿迁市某超市原工作人员反映，该超市抓住小偷后，会与其签订一份"和解协议书"，并处以远超过所偷数额的罚款。从2008年至今，超市总计获得了超百万元的赔偿。评论作者明确指出，超市"私罚小偷"是违法行为。这是全文的核心观点。而支撑起这个核心观点的，是三个有层递关系的分论点。它们都是事实性判断。

第一个事实性判断是：超市可不可以"抓小偷"？作者认为"可以"：

盗窃是侵犯公民或集体财产的违法行为。根据我国法律，对于正在实行犯罪，或者在犯罪后即被发觉的，任何公民都可以立即将其扭送公安机关。即便偷窃行为并没有构成刑法上的盗窃罪，仅需要进行治安处罚，群众也有将其扭送公安机关的权利。对于财产受到侵犯的超市，的确可以光明正大地"抓小偷"。

第二个事实性判断是：超市有没有权力惩罚小偷？作者判断是"没有"，并顺便做出另一个事实判断——超市"也不是能惩罚他人的适格主体"：

问题是，超市在抓住小偷之后，有权力直接惩罚小偷吗？翻看我国法律，并没有赋予特定国家机关之外的主体以惩罚之权。超市即便是"受害者"，也不是能惩罚他人的适格主体。根据报道，该超市对抓住的小偷进行"内部惩罚"，签订所谓的"和解协议"，已经成为一笔金额不菲的"生意"。

第三个事实性判断是：超市这种私罚小偷的行为是不是违法行为？作者认为"是违法行为"：

审视这种行为的实质，就是"以非法占有为目的，对被害人使用恐吓、威胁或要挟的方法，非法占用被害人公私财物的行为"。如果数额没有达到法定标准，应根据治安管理处罚法，"处5日以上10日以下拘留，可以并处500元以下罚款"，"情节较重的，处10日以上15日以下拘留，可以并处1000元以下罚款"。根据

---

① 欧阳晨雨. 超市"私罚小偷"同样违法[N]. 中国青年报，2019-08-13（2）.

"两高"司法解释和江苏省有关立案标准，敲诈勒索公私财物价值人民币 4000 元以上的，为"数额较大"；敲诈勒索公私财物价值人民币 6 万元以上的，为"数额巨大"；敲诈勒索公私财物价值人民币 40 万元以上的，为"数额特别巨大"，在不同的量刑幅度内定罪量刑。从本案情况看，根据举报人提供的"证据"，已经达到"数额巨大"的标准，理应依法调查立案，追究有关人员的刑事责任。

超市是受害者，可以"抓小偷"，但是没有法律权力惩罚他，也不是惩罚的适格主体，该超市对抓住的小偷进行"内部惩罚"，签订所谓的"和解协议"的实质，就是违法行为。这篇评论整体逻辑非常严密。

与事实判断相比，另一类判断则很不同，比如：

1. 新闻学专业应该不应该开设基础写作课程？
2. 刘文雄医生应该不应该被认定为工伤？
3. 长时间看电子书好不好？

上面三个判断或观点的共同点是：有关世界应该是什么样子的问题。这些论题属于**规定性论题**。[①]这些论题属于伦理或道德范畴，涉及对错、应该不应该、好坏等问题。对这些论题的判断，则属于价值判断。

价值判断，就是从某种价值观、情感、原则、道德、伦理、审美标准出发对事实做出判断。比如，这样做是不对的，事实应该是怎样的，某种行为是违反道德的，政府这个规定是不正当的，等等。事实上，有客观标准可以衡量，所以可以证实或证伪。而价值观、道德观、审美是多元的，不同的人对价值往往有不同的理解和认知，不同的人对道理的理解和审美水平是不一样的，不同的人对价值有不同的排序。

但是，以上结论并不意味着价值观完全没有共识。在人类历史发展过程中，已经形成了一些社会接受的共识性的价值序列或价值观，这是我们评论的基准或标准。比如，对于社会发展来说，"和平"的价值就比"战乱"更好，更有利于社会发展。比如"民主"优于"独裁"。

佩雷尔曼和提特卡提出了一个被广泛接受的价值等级，主要分为数量、质量、存在、关键和人五个等级。数量等级认为多数比少数重要；质量等级认为独特的、无法替代的、独创的事物才是有价值的，比如人的生命、伟大的艺术作品；存在性等级认为具体存在比可能性更加重要，比如你应该接受现有的工作机会，而不是等待一个可能无法实现的机会；关键性等级认为某一群体的核心比边缘部分更重要；第五个等级认为人的尊严和自主比其他价值都重要。[②]当然，这些价值等级

① 尼尔·布朗，斯图尔特·基利. 学会提问[M]. 10 版. 北京：机械工业出版社，2015：29-30.
② 爱德华·英奇，克里斯顿·都铎. 批判性思维与沟通：理性在论证中的运用[M]. 彭正梅，伍绍杨，等译. 上海：学林出版社，2018：235.

是以西方文化和价值观为基础的，但也有启发意义。比如在价值判断时，终结性价值比工具性价值更加重要，价值体系是相对稳定但也不是完全固定的。我们现在的很多价值性观点，需要以社会主义核心价值观为基础。

价值判断可能会有争议性，这种判断不可能完全说服别人，有时看法的差异性可能比较大，所以不存在标准答案或正确的观点。萝卜青菜各有所爱，我认为萝卜好吃，你认为青菜好吃，只需要提供各自的理由。当然，论证的扎实程度还是会有区别。

《疫情大考：公共卫生领域应该加速补短板》①是一篇价值判断的新闻评论：

疫情大考：公共卫生领域应该加速补短板
朱昌俊

目前疫情防控还在进行之中，但这场疫情对于中国公共卫生体系建设带来的教训和启示，已经逐步明晰。中央也明确指出，要研究和加强疫情防控工作，从体制机制上创新和完善重大疫情防控举措，健全国家公共卫生应急管理体系，提高应对突发重大公共卫生事件的能力水平。

具体来看，这场疫情发展到今天，疫情的信息通报效率问题尤其值得关注。媒体报道显示，2003年"非典"疫情后，中国建立了一套传染病网络直报系统，以便在医院接诊传染病病人或疑似传染病病人后，能快速上报、审核，卫生部门与疾控系统也能快速分析、研判疫情。但事后显示，至少在疫情暴发初期，这套直报系统并未能展现出应有作用。媒体甚至调查发现，一些一线医护人员根本就没听说过上报系统，在实际中也从未使用过。

传染病网络直报系统，作为"非典"防治后的一项标志性"成果"，在"关键"时刻却被验证处于"失灵"状态，这不能不说是一个巨大的遗憾。它的原因到底是什么，又如何对症下药加以优化，真正形成常态化运转，理当作为此次疫情防控后的一项基础性改进工作来做。

另外，疫情暴发后所出现的应急物资供应紧张局面，对疫情防控形成了直接掣肘，也需要进行反思和改进。中央也要求，应把应急物资保障作为国家应急管理体系建设的重要内容，尽快健全相关工作机制和应急预案；优化重要应急物资产能保障和区域布局，做到关键时刻调得出、用得上。

比如，有多地借鉴"非典"时期"小汤山"模式建设隔离医院。这些医院在疫情过后，如何实现妥善"储备"，确保在有需要的时候能够及时派上用场，值得思考。同时也要重视发挥市场力量对于应急储备能力提升的作用，在组织生产和资源动员方面建立长效机制。而与17年前相比，此次疫情防控一个很重要的背景，就是互联网基础设施的不断完善。在疫情防控中，如何利用好互联网基础设施的

---

① 朱昌俊. 疫情大考：公共卫生领域应该加速补短板[N]. 中国青年报，2020-03-04（2）.

平台优势和效率优势，应该有系统性、机制性的探索。

当然，不管是传染病信息通报机制的畅通，还是提升应急资源保障能力，都离不开对公共卫生投资的重视，而在公共卫生投入方面，还有很大的挖潜空间。重视公共卫生领域的投资，不仅意味着加大财政、资源的保障力度，也离不开在发展观念上植入更多的公共卫生意识，在发展质量的评价指标中，提升公共卫生的权重。

比如，当前我们评价一座城市的发展水平，可能更多是基于人口、GDP等"显性"因素，但医疗等方面的公共服务能力，同样应该获得更多的关注。另一个不可忽视的细节是，完善公共卫生体系的一个重要目的应该是加强预防。这意味着很多的投入和工作，在平时是不容易被看到的。那么，避免"不出事就得不到关注"的消极激励就很重要，这要求相关领域的考核标准应该有所优化。

3月1日，最新一期《求是》杂志发表了习近平总书记的重要文章《全面提高依法防控依法治理能力，健全国家公共卫生应急管理体系》，其中提及，针对这次疫情暴露出来的短板和不足，要"抓紧补短板、堵漏洞、强弱项，完善重大疫情防控体制机制，健全国家公共卫生应急管理体系"。从长远的角度看，此次疫情在一定程度上，是对现有的卫生和疾控体系的一次"严格"检测，其所带来的教训和启示，是全方位的，唯有在全面总结的基础上加速改错、补短板，才能真正做到"吃一堑长一智"。

"一事当前，先问真假，再说是非，后说利害，这种价值判断次序永远不会过时，在浮躁的新媒体语境中更显其价值定力。"[①]这句非常精辟的话，基本上涵盖了评论中最普遍也最重要的判断。"先问真假"，是时评所有观点和论证建立的根基和大厦。如果评论和分析不是建立在可靠的事实的基础上，那么，其他一切就都是虚妄的。在此基础上，"再说是非"就是事实判断，就是"是不是""有没有""会不会"的判断。"后说利害"涉及价值判断，即这种行为是对的还是错的，对在哪里错在哪里，是有利还是有害，利大于弊还是弊大于利，这是人们对事物在价值上的最常见的判断。

三、具体判断和普遍性判断

具体判断是就事论事，只对具体对象进行判断，比如对新闻事件的具体原因、性质、发展做出判断；普遍性判断是对一般情况进行判断，具有普遍的形式和普

---

① 曹林. 时评写作十六讲[M]. 北京：北京大学出版社，2020：288.

遍的适用性。①

《博士冒用武大校友会名义募捐，踩了哪些"红线"》②这篇评论的观点就是具体判断。作者只针对武汉大学田军博士以抗疫为由进行募捐的行为，指出这种行为是违反《中华人民共和国慈善法》（以下简称《慈善法》）的，原因包括田军博士未经武汉大学校友总会允许进行公开募捐，用个人账户接受账款，而且并非以有募捐资格的慈善组织作为主体，而是个体行为。所以，文章依据《慈善法》具体判断田军博士的募捐行为有哪些"违规"之处，并未对整体和普遍性现象做出判断。《赵本山春晚〈捐助〉四宗罪》针对具体的小品有哪些罪状进行判断，这也是典型的具体判断。

《生命的尊严高于一切》就是普遍性判断。一名孕妇难产，其丈夫竟然拒绝在剖腹产手术单上签字，导致孕妇死亡。作者写道：

悲剧发生后，人们都在追问：究竟是谁让两条生命陨落？从法律上看，医院"不签字不手术"的做法没有过错。当医生明确告知了可能发生的风险后，患者家属依然拒绝签字，医生只能尊重患者的选择权。但是，从伦理上看，医生尽管遵守了制度，却眼睁睁看着生命凋亡，其做法显得冷酷无情。③

这个段落主要做具体判断，就是：这起拒签导致孕妇死亡事件，从法律上说是合法的，但在伦理上是冷酷的。随后，作者马上由具体事件上升到普遍性层面进行了论述：

其实，任何制度都是不完美的。但是，在制度与生命之间，我们必须坚守一条底线：生命的尊严高于一切。我们应当将制度的价值指向以生命为本的理念上，而不是用在规避风险上。任何法律制度的执行，都不能以漠视乃至牺牲生命为代价。否则，就背离了法律制度的初衷。

作者并不针对具体的拒签所导致死亡的事件，而是由此上升到手术签字制度与保护生命尊严之间，由此成为两者在价值层面的选择问题，然后宏观地提出，维护生命尊严比制度更重要。

但是，针对此事的另一篇评论《不要过度阐释"拒签致死"这个特例》④，则明显是具体判断。这篇作品获第十八届中国新闻奖一等奖。

尽管对孕妇和胎儿之死充满同情，对生死攸关的失败救助心生怒火，但不得不说，这是个特例。虽然医生眼睁睁地看着一个本可以救治的生命死在医院，这

① 马少华. 新闻评论教程[M]. 北京：高等教育出版社，2007：39.

② 张天潘. 博士冒用武大校友会名义募捐，踩了哪些"红线"[EB/OL]. （2020-03-09）. https://www.360kuai.com/pc/903260e7e31725171?cota=3&kuai_so=1&sign=360_57c3bbd1&refer_scene=so_1.

③ 白剑锋. 生命的尊严高于一切[EB/OL]. （2007-11-27）. http://news.sohu.com/20071127/n253490256.shtml.

④ 曹林. 不要过度阐释"拒签致死"这个特例[N]. 中国青年报，2007-11-29（2）.

个场景让人难以接受，但医院在制度可以通融的范围内，确实尽力了——承诺减免费用，苦劝丈夫签字，请示上级领导，一次次采取手术外的急救手段。如果家属不在场，医院可以当作紧急情况处理立即手术，可家属在场并明确拒绝手术。要知道手术签字不仅意味着责任担当，更是患者对自己身份的主权体现。虽然"无签字就不能手术"导致了孕妇的死亡，但这个制度本身并没有错。

这是一个特例，特在匪夷所思的拒签上。医院已经承诺减免费用，并不厌其烦地告知了不动手术的严重性，病友甚至已经开始为他捐款——我想，一个有着起码理性、对爱人有着起码情感的人，这时都应签字同意手术，可那个偏执狂就是拒绝了。再完美的制度，也无法想象如此极端的情况，无法穷尽地考虑到生活现实所有的复杂冲突，也无法驯服失去理智的人。

作者紧紧围绕这起具体事件中的细节事实，分析指出，这是个"特例"，特在遇到了一个不可理喻的偏执狂，在场并且匪夷所思地拒签了。

更多的人则把矛头指向了"签字才动手术"的制度和医生的道德。只能说，单纯从这起特例看，如果不需家属签字就能动手术，孕妇母子也许都能活命，可换到一般情形下，那将会导致更多的医疗纠纷和医权滥用。比如，在你拒绝手术的情况下，你的胆囊或肾被医生莫名其妙地割掉。作为事后的旁观者，我们可以假想"如果医生知道变通该多好"，可手术是一种高风险涉及人命的行为，必须有刚性的制度保障医患双方的权利。

这个段落中，"单纯从这起特例看，如果不需家属签字就能动手术，孕妇母子也许都能活命，可换到一般情形下，那将会导致更多的医疗纠纷和医权滥用"。这个句子明显从个案上升到普遍情况进行了判断，来说明制度本身并没有错。

在写新闻评论时，有些文章所提出的若干判断其重要程度其实是并列的。比如，一篇评论可能判断某类现象非常普遍，然后又深入分析这类现象的主要原因是什么，最后针对这种现象提出建议。这三个部分其实分别对应着三个观点和判断：第一个是这种现象是否普遍存在；第二个观点是因果分析，原因是什么的判断也是具体判断；最后还提出建议，建议本身也是一个价值判断，一个"呼吁性观点"。[①]

比如第 12 届"中国新闻奖"评论一等奖作品《"真抓"与"假抓"》，开头就有一个判断：存在假抓现象。为了证明这个判断，作者引用了领导的话，并举了两个例子做支持论证。在列举很多假抓现象之后，作者做了因果分析：

这是因为"假抓"者非常善于造势，非常善于制造广告效应、轰动效应，善于利用"勤请示、勤汇报、勤和领导接触"的三勤效应。

---

① 马少华. 论点之后是什么[J]. 新闻与写作，2011（11）：59-61.

重点是结尾：

> 说重一点，"假抓"也是一种欺诈行为，既欺骗上级，也欺骗下级和群众。"假抓"者当中有些是无能者，但更多的则是投机者。如果让"假抓"者得逞，那就会越抓越假，越抓越空。因此，我们上上下下应该提高鉴别真假的能力，对那些"假抓"者，一经发现，就一齐喊打，绝不能让"吹牛者"得"牛"，也不能让"南郭"们充数。[①]

这个结尾中，"假抓"也是一种欺诈行为，这个观点就是一个对事实性质的认知和评价。"因此"之后，可以看成是结论或全文的核心观点，作者呼吁我们"应该提高鉴别真假的能力"，"一经发现，就一齐喊打"。这实际上可以看成"呼吁性观点"。马少华认为，在逻辑上和事理上，人们只有对新闻事实做出了判断，然后才可能在此基础上进行诉求，因此，呼吁性的观点出现在论点出现之后，就是很自然的事了。判断性的观点因为更接近新闻事实，往往更为具体。而诉求性的观点则不一定限于具体的新闻事实，所以往往在抽象层次上更高，在认识范围上更广。

四、观点的一般要求

观点是评论的灵魂，提炼出好的观点成为"评论写作"中最重要的一环，这也是初学者们头疼的一环。很多初学者在写评论时总想标新立异，但其实这是一个庸常的观点。大多数同学常常无法控制好"观点"和"常识"之间的平衡，把人人都知道的道理作为观点，这样很难写出有思辨力或者有深度的文章。

《人民日报》原总编辑邵华泽对论点提出的要求是："科学性、有新意、鲜明、全面、深刻。"[②]陈家兴提出一个更为简单的方法——第一思维否定法，即"排除自己在看到新闻报道后首先涌现出来的第一、第二个想法或观点"。[③]因为这些观点很可能是大家都能想到的观点。只有与众不同的论点才有论证、传播和交流的价值。

美国学者英奇和沃尼克在他们的书中对论点提出了如下四点要求：争议性（controversiality）、明确性（clarity）、平衡性（balance）、挑战性（challenge）。他是这样解释争议性的：如果你的论点是人们普遍接受的，那为什么还要论证？

---

① 海纳. "真抓"与"假抓"[N]. 河北日报，2001-04-11（1）.

② 邵华泽. 同研究生谈新闻评论[M]. 北京：人民日报出版社，1999：46-135.

③ 马少华. 新闻评论教程[M]. 北京：高等教育出版社，2007：44.

实际上，人们当然没有必要论证像"地球是圆的、谋杀是错的"这样的观点的。挑战性意味着论者要直面受众既有的信仰、价值观和行为方式，表达与流行观点不同的见解。[①]

朱惠民在《新闻评论应善出奇》一文中提出：论点是一篇新闻评论成功与否的关键，凡能够出奇制胜的论点，均能获得成功。具体地讲，就是标新立异，别出心裁。论点只有寻求标新立异之处，才能出奇制胜，提炼出"个个心中有，人人笔下无"的观点；否则囿于俗见、成见，落入窠臼，必然是随人之后，人云亦云，鹦鹉学舌，拾人牙慧。[②]马少华还有一个新颖的提法，就是：在表现方面，观点写作应该让读者更鲜明，更易于辨识，更易于理解和记住。[③]

《南方日报》理论评论部主任助理丁建庭指出，党报评论要追求"四度"，即有高度、有深度、有温度、有锐度：高度就是政治方向和大局意识；深度就是思想上有真知灼见；温度就是坚定的人民立场和切身的基层体验；锐度就是观点透彻生动、逻辑一清二楚、语言简洁有力、文风犀利辛辣。[④]

这些说法各有各的道理，也存在一些争论。比如，对于要求观点"科学"或者有"严格的科学性"，杜涛等学者并不认同。对于论点来说，对事实的判断或许可以用正确或错误来评判；而价值的判断却是仁者见仁，智者见智，不可能存在科学的、唯一的结论。[⑤]

总体来说，本书认为观点主要要求新颖独特、专业深刻、集中鲜明。第一个建议是，要专业，要发人深思。在认识方面，作为论点，应该是作者对新闻事件判断和认识的结果。这个结果应该超越了事实表面所陈述的内容，才有资格作为论点。或者说，论点要超出一般人的认识水平线，才有立论的必要和价值。在这一方面，论点要发人深思，要深刻，要有挑战性，就是说挑战了我们的日常认识，所以需要论证。这些要求都触及了观点的本质，就是一种判断、一种认识，一种专业的判断、一个有价值的认识。

比如，2020年3月，媒体爆出武汉市某医院的领导、行政人员所得的补助是一线医生的两倍之多，对补助的计算方式提出异议。针对此事，有三家媒体发表了相关评论：《院长补贴比一线医生多，不能欺负老实人！》[⑥]《"按权分配"刚被批，又现"抗疫补贴倒挂"？》[⑦]《按出勤天数算补助，缺乏对一线医务人员的关

---

① 马少华. 新闻评论教程[M]. 北京：高等教育出版社，2007：44-46.

② 朱惠民. 新闻评论应善出奇[J]. 阅读与写作，2007（6）：38-39.

③ 马少华. 新闻评论教程[M]. 北京：高等教育出版社，2007：43.

④ 丁建庭. 党报评论要追求"四度"：以南方日报的评论实践为例[J]. 新闻战线，2019（5）：24-26.

⑤ 杜涛. 新闻评论思维与表达[M]. 北京：知识产权出版社，2013：53.

⑥ 王钟的. 院长补贴比一线医生多，不能欺负老实人！[EB/OL].（2020-03-04）. http://news.cyol.com/app/2020-03/04/content_18411105.htm.

⑦ 熊志. "按权分配"刚被批，又现"抗疫补贴倒挂"？[EB/OL].（2020-03-09）. https://baijiahao.baidu.com/s?id=1660668453724369729.

爱》①。其中,第一篇评论的核心意思是不能欺负老实人。这是理所当然的,从标题就感觉到观点不会太深入。第二篇是一个提问句,从标题还看不出作者的观点,但仔细分析全文,会发现作者做了一个核心的因果分析,就是为什么又出现的原因:缺乏更明确细化的核算标准是又现"抗疫补贴倒挂"的原因。这个判断其实跳出了大多评论谴责官员官僚主义、欺负老实人、分配不公等常见判断,是一个有一定深度的判断。第三篇,从标题其实也可以看出,观点比较平常。细读全文,你会发现这个观点可以概括为:单纯机械地按出勤天数算补助,缺失了对一线医护人员的人文关怀。这样,三篇评论的基本观点就可以概括如下:

1. 医院发抗疫补助不能欺负老实人。
2. 缺乏更明确细化的核算标准是又现抗疫补贴倒挂的原因。
3. 机械地按天数算补助,缺失了对一线医护人员的人文关怀。

如果我们把这三个核心判断放在一起比较,哪个观点更有深度呢?显然,第二个要更深入,因为它跳出了简单呼吁和道德谴责的层面。

跳出单纯的伦理道德判断,是避免论点粗浅化的很重要的经验。遇到新闻报道,首先考虑事实,再思考影响,最后考虑道德。新手写时评,难以从专业的角度进行有价值的判断,往往会空泛呼吁应该这样、应该那样,这是提炼观点首先要避免的。

泛道德化的评论是今天口水式评论的一种,就是从伦理道德的角度空洞地进行道德说教的文章。比如评论"重庆公交坠江事件",对于女乘客撒泼毁了一车人之事,不适合简单地说:情绪失控的恶果;不讲规则多么可怕;抢司机方向盘是不道德的;泼妇骂街应该唾弃;情绪很激烈,难免做出格的事。这些都不需要论证,是大道理,我们都懂得。曹林说,一件事只有从道德层面跳出来,延伸到法律、管理、制度等其他方面,才能走向深度。法律应该规定乘客袭击司机违法,因为这会导致公共安全事故,这是法律层面;公交部门应该提升管理,保证驾驶室隔离,不受干扰,这是管理层面的问题;确保方向盘的安全,是司机应该有的职业精神,这是交通和驾驶制度层面的问题。②

今天的评论员要面对比以往更多的专业问题,比如国际政治局势、国际经济走势、PX项目的毒性大小、我国物价的高低、消防人员职业化的可行性等,都离不开专业的判断,没有足够的专业知识和长期积淀,大概只能写出表达简单好恶观感的口水式评论。曹林说,实现新闻评论的转型升级,除了改变"话语体系",还要完善"知识体系"。如果说事实是道德大厦的基座,专业就是道德大厦的钢筋。

① 敬一山. 按出勤天数算补助,缺乏对一线医务人员的关爱[EB/OL]. (2020-03-09). https://guancha.gmw.cn/2020-03/09/content_33632439.htm.
② 曹林. 时评十六讲[M]. 北京:北京大学出版社,2020:334.

让情感与理性共鸣，让价值判断与事实判断辉映，让专业表达和专业判断结合，我们的道德追求才不会是空中楼阁、表面繁荣，我们的评论才能真正涵养社会理性、夯实道德根基。比如电影《一九四二》上映后，张涛甫看到的是，这部电影是一堂国民教育课堂，是一次打捞公共记忆的机会。电影打捞出了一段惨烈的消失在公共记忆中的悲剧，唤醒我们对生命的敬畏和铭记。因为公共记忆关乎一个族群共同体的集体认知和情感，它能告诉我们现在所处的方位，同时还能昭示我们未来行走的方向。① 这是一个很有见地的观点。

叶匡政对缺乏专业和缺乏逻辑的粗浅化的口水式评论有过批评，在《时评，正在成为一种脑残文体》一文中，他写道：

假如媒体明天曝光说，某个女人长得难看，时评家们后天一定会跳出来大发议论，所使用的脑残逻辑无非以下 12 种：① 邻居家的女人长得更难看，你为何不曝光？② 虽然有点难看，但她善良纯真；③ 请拿出具体的整容意见来，让我们共同努力让她变得好看点；④ 还是有进步的，比去年长得好看多了；⑤ 这是极少数人想歪曲真相，是别有用心的煽动，究竟有何居心？⑥ 心理阴暗，连女人长得难看也要曝光；⑦ 她是伟大的中国女性，你站在谁的立场上说话？再难看我们也不能嫌弃；⑧ 这是极少数的，绝大多数中国女人长得都很美丽；⑨ 这是谣言，我负责任地说，她长得很好看，希望媒体能客观报道；⑩ 她还处在初级发育阶段，长大一点会美丽绝伦；⑪ 要有点历史眼光，她长得非常有中国特色，你没有欣赏的眼光；⑫ 没有一个人是长得十全十美的，大家无权说三道四。②

第二个建议是观点要新颖独特，给读者耳目一新的感觉。现在有很多时评，一看标题或选题，就能猜到作者的结论，甚至能猜到论证所使用的论据。时评如果套路化、模板化，就会给人一种机械的千篇一律的感受。这是初学时评写作值得重视的一个问题。新颖独特既是对观点的一个重要要求，同时也是对选题、论据和事实，包括对表述方式的要求。比如，《电影不仅是娱乐 观影也能学语文》③就是一篇能够令人耳目一新的评论。

电影不仅是娱乐 观影也能学语文
王舒成

在经历了一次漫长的"寒假"后，各地中小学尚未开学，而是以"停课不停学"的方式组织教学。作为一名中学语文教师，我认为，学习的形式和机会是多

① 张涛甫. 唤醒公共记忆的《一九四二》[EB/OL].（2012-12-04）. https://news.sina.com.cn/c/2012-12-04/035925721997.shtml.
② 叶匡政. 时评，正在成为一种脑残文体[EB/OL].（2008-11-20）. https://news.sina.com.cn/pl/2008-11-20/133016692604.shtml.
③ 王舒成. 电影不仅是娱乐 观影也能学语文[N]. 中国青年报，2020-03-06（2）.

样的，观影也是语文学习的一种，有其重要价值。在家听网课、做作业固然重要，但也可以抬起头，体会"第七艺术"带给人的快乐和美感，争取做一个更有趣、更全面的人。

2017 年发布的《普通高中语文课程标准》中，任务群"跨媒介阅读与交流"赫然在目，作为文本之外声色结合的独特媒介，电影理应成为青少年语文学习的载体。学生在观看电影的过程中，必将获得美的享受和心灵的提升。

"如何看电影"，似乎是横在普通观众面前的一道门槛。其实，不妨放宽心态，从"看"开始。绝大多数人，是把电影当作"故事"来看的，这并没有什么问题。我们从小就开始接触故事，对于叙事文学的种种"游戏规则"并不陌生，从而触类旁通用于电影观赏。因而，一个中学阶段的"初看者"不必费太多力气去了解电影的专业知识，而只从"人物"和"主题"这两个角度切入欣赏，就能收获很多。

比如，彼得·威尔的《死亡诗社》既塑造了一位充满个性和激情的文学教师形象，让所有心怀理想的师生产生共鸣，也让观众——特别是中学生观众了解诗歌教育的意义。黑泽明的《罗生门》不仅是多角度叙事文本的经典（往后催生了张艺谋《英雄》的致敬），而且经过多视角故事的讲述，着力挖掘人性中的美丑，影片结尾，农夫小心翼翼怀抱着的婴儿简直就是人性希望的象征，令观者动容。

电影是故事，却不仅是故事。传统故事都是诉诸文字，靠读者的想象填补，从而构成阅读的乐趣。比之书本，电影有观看时长的限制，而且组成的基本单元是"镜头"。在故事之外，我们不妨了解一些镜头的基本知识和美学特质。比如，从景别来说，镜头有大远景、远景、中景和特写之分，能够辨识电影中的镜头类型，了解其表达作用，进而知道导演掩藏于其后的可能意图，可以算是进入了观影的第一步。大远景一般用来表现户外的壮阔之景，如《指环王 3》中烽火在白雪皑皑的山巅传递；远景次之，用来建立环境、表现人物关系；中景一般用来推进人与人之间的对话；特写则可以精确表达人物的个性或心情，塞尔吉奥·莱昂内在他的西部片中，通常用近乎夸张的特写镜头来表现角色的眼神和内心，成为特写镜头的典范之作。

当然，光有镜头还不行，一部完整的电影是若干个镜头的组合，这些组合本身是传达意义的，需要巧妙的剪辑。我们可以回顾一下科幻电影史上那个里程碑式的镜头剪辑：库布里克的《2001 太空漫游》，猿人抛向天空的骨头在飞转之后变成了浩瀚太空里的飞行器。这处剪辑是两个时代的拼接，里面共同的东西是骨头、飞行器，它们都是人类的工具，是人类探索自然的凭借。这样的剪辑用短短几秒横跨了若干万年，多少意义喻指尽在其中。

除了"看"，现代电影都是可以"听"的。好的音乐是经典电影不可分割的部分。意大利导演塞尔吉奥·莱昂内说，他的电影有另一位重要的编剧，就是音乐。在电影中，音乐不仅是故事的背景，有的时候更是故事本身，是人物的指称，是主题意义的展现。漫威电影宇宙的《银河护卫队》用 12 首 20 世纪 60—70 年代的老歌，串起了整个故事，暗示了主人公的成长背景，使观众在无垠太空中找到了"落脚点"，让怀旧的温馨萦绕整部电影。

作为综合性的媒介，电影也是了解传统文化和异域文化的重要载体。我们在观看时要学会发现不同文化的交流和碰撞，让自己兼具包容性和理解力。在影片《饮食男女》中，李安用满桌的菜肴和一个厨房里的主客位置来说明中国家庭伦理关系的特点；《黑客帝国》这部科幻电影却由袁和平担任武术设计，使武术和武术电影不仅是"中国的"，也使"中国元素"成为美国熔炉文化的有机组成部分；迪士尼则用一部动画片来讲述花木兰替父从军的故事，在情节表达上比起《木兰辞》更加具体细微。在全人类结成命运共同体的今天，不同种族的悲欢虽不相通，电影却可以成为交流时共同的语言。

对于如何学好语文，可以有很多方法和途径，观点非常多。作者从自身学习语文的经验和体验出发，提出"观影也是语文学习的一种，有其重要价值"的观点，还是比较有新意的。看电影学习语文的重要价值体现在哪些方面呢？作者指出，从人物和主题两个角度切入，就能收获很多：可以学习镜头的基本知识和美学特质，包括镜头的剪辑；可以听好听的电影音乐；电影也是了解传统文化和异域文化的重要载体。这些内容对广播电视或影视文学专业的同学来说是常识，但从学习语文的角度看，是有开拓性的。

这样的例子还有很多，如 2021 年春节假期，实景游戏体验馆呈现一票难求的火爆场面。调查显示，2019 年中国实景游戏体验馆消费人次达 280 万，门店超过 1 万家，市场规模逼近 100 亿元。再加上《明星大侦探》等热播综艺节目助推，真人实景游戏成为文化消费新风口。与桌面游戏和电子游戏不同，在实景游戏体验馆中，人们身着戏服扮演不同角色，这种沉浸式体验让参与者更充分地融入故事，切身感受"第二人生"。作者思考之后认为"体验式文化消费"正在崛起，这其实是对一种新的消费趋势的判断，是很有创见性的观点或洞见。

随着人们生活水平普遍提高，文化需求正在发生新的变化，更具个性、参与性和互动性的文化活动受到人们欢迎，体验经济应运而生。体验式文化消费的"卖点"是提供新奇有趣的文化娱乐体验，实景游戏、VR 游戏、陶艺手工、民俗文化游、沉浸式戏剧等都属于体验式文化消费。[①]

第三个建议是观点要集中、鲜明，就是说一篇新闻评论中最好只表达一个核心观点，并围绕这个核心观点进行论证，既能够深入，同时也容易给读者留下深刻印象。如果时评中观点太多，那么就会出现两个弊端：一个是没有办法集中和

---

① 王玉玉. 体验式文化消费：正在崛起的文化新业态[N]. 人民日报，2021-02-23（20）.

充分展开论述；另一个就是让读者无所适从，不知道作者到底想说什么。比如，针对湖南邵阳学院一次性高价"引进"23名毕业返校的菲律宾亚当森大学两年制专业哲学（教育学）博士的新闻，作者非常集中地从四个方面表达了舆论围观"速成博士"的道德意义，给读者留下了深刻的印象：

舆论围观"速成博士"的道德意义[①]
刘海明

"拔苗助长"的故事不仅仅"存活"在童蒙读物中，只要稍稍留意观察，不难发现迄今它仍然以多种形式被克隆着。硕士、博士学历速成，就是揠苗助长的一个克隆版本。

近日，湖南邵阳学院一次性高价"引进"23名毕业返校的菲律宾亚当森大学两年制专业哲学（教育学）博士的新闻引发舆论关注。

去年11月，教育部已将亚当森大学列入"学历学位认证加强认证审查"名单。邵阳学院平均84万元"引进"的"速成博士"中，22人居然是"毕业返校生"。没有雅思、托福要求，整个博士项目16.8万元全包，每周几节的网课，平时作业和论文由中介帮忙联系代写（费用自理）……如此轻松的"家里蹲"读博经历，甚至工作读博两不误，"毕业"再按新进高端人才超高价被原单位"安置"，这样的"好事"想不刺痛网络舆论的敏感神经都挺难。

邵阳学院人才引进公示掀起的舆论波涛如何平息暂时不好预测，相信经历这次大型网络舆论围观，对于限制"速成博士"在内地的野蛮生长，应该具有特殊的道德意义。

舆论围观"速成博士"的第一层道德意义，在于让公众从这起事件中看到"速成博士"的把戏和人才引进的巨大猫腻。每个人心中都有一把道德的尺子，随时可以用这把尺子来度量一起舆论热点事件的是非曲直。道德尺子有自己的"善恶刻度"，严重超出道德量畴表限定的恶行必然招致众怒，必然成为舆论围观的对象。

博士学位的含金量之所以高，正在攻读过程的艰辛和学位申请者素质得以质的飞跃。然而，"速成博士"违背了教育规律，造成教育市场新的不公平，"速成博士"因其缺乏基本的含德量，自然拉响了舆论场的道德警报器。再者，涉事学院将"毕业归校"人员当作高端人才"引进"，这样的掩耳盗铃更是突破教育道德的底线。两种严重缺德的行为叠加，怎能不成为舆论围观的对象？

舆论围观"速成博士"的第二层道德意义，在于"拔出萝卜带出泥"，让更多国家和学校的"速成博士"浮出水面。按照当下网络舆情培训课程的通常说法，舆情事件的存活期为5—7天，这给受训者一个错误的印象，似乎熬过这段如坐针

① 刘海明. 舆论围观"速成博士"的道德意义[N]. 北京青年报，2022-07-24（A2）.

毡的日子就平安无事了。殊不知，道德记忆的匣子一旦打开，社会道德认知的水平随之提高，道德尺子并不会就此束之高阁，而是经常被用来度量社会事件的善恶问题。

随着邵阳学院事件成为舆论围观的对象，网友们也在提供出售"速成博士"帽子的新案例，比如：斯里兰卡科伦坡大学招一年制硕士也是在线授课；韩国的启明大学也有类似的博士项目，在这边快速取得博士学位的老师也不在少数。

舆论围观"速成博士"的第三层道德意义，在于让"速成博士"们的学位证书瞬间黯然失色。没有引起社会震惊的热点事件，特定的道德记忆可能处于冬眠状态——就拿"速成博士"来说，没有舆论围观，以不道德的方式取得文凭的投机取巧者仍然可以洋洋自得，甚至招摇过市。一场舆论围观让更多的人明白了，靠不正当手段获取的荣誉（资本）是一种与道德相对立的恶行，大多数人不会也不敢再羡慕或者效仿这样的投机行为。

更重要的是，当投机取巧者成为舆论围观的对象后，他们享受的虚假"荣誉光环"随之消逝，并成为他们的人生污点，被嵌入社会记忆当中，随时可能再度成为议论的对象。当靠欺诈方式取得的荣誉风光不再，"速成博士"产业链受到打击，这是舆论围观的道德价值之所在，是善在与恶的博弈中取得的一次胜利。

舆论围观"速成博士"的第四层道德意义，在于让"速成博士"难以在学生面前以师者自居。学高为师，身正为范。老师不仅是知识传播者，更是为人师表者。老师的尊严是通过长期正面影响学生获得的一种道德酬赏，这样的酬赏不允许师者自身有道德污点。高校教师的学历和职称是学生首先关注的对象，如果他们发现自己的教师学历是"速成"的，很快将激发他们的道德情感，对存在学历问题的教师报以鄙视的目光。

假如没有舆论围观，"速成博士"的海外光环反而将继续蒙蔽更多学生的眼睛。相反，有了这样的舆论围观，不仅邵阳学院的在校生或未来的学生开始重视学校师资队伍的学历问题，其他高校的学生也会注意自己的任课老师的学历。对于尚处于潜伏状态的"速成博士"而言，舆论围观让这个群体如坐针毡，用康德的话说，他们只能"封闭心灵"，因为自己的欺骗行为在先，为掩盖这样的欺骗，只能在战战兢兢的道德自责中过日子。

君子爱财，取之有道。求学之路，虽苦也值。速成学历，投机可以成名一时，却经不起舆论围观的风浪冲击。社会向善，当先从人类灵魂工程师做起。这个群体的道德水准高于社会平均水准，我们的社会才充满希望。（文中粗体为笔者所加）

当然，对于观点，还有其他的要求，比如观点表达应该理性、向善向美，在国家法律法规允许的范围内表达观点。观点还应该清晰简洁，容易辨识和记忆，这样才能给读者留下更深刻的印象。

五、一次话题评论的观点呈现

2020 年 3 月，我在新闻评论课上布置了一个话题评论写作作业。考虑到时值中国新冠肺炎疫情基本被控制，世界新冠肺炎疫情却在大面积暴发和蔓延的特殊时期，学生们都还在家里通过网络直播学习课程，并且在朋友圈里不断表达想回到学校上课的渴盼。无论中国，还是世界，当时最大的学习和生活话题，其实都还没有离开过正在肆虐的新冠肺炎疫情。与新冠肺炎疫情相关的体验、观察和话题，都可能成为当时学生们最关注和最希望表达的话题。

于是，我要求学生的第二次写作思考这样一个话题：新冠肺炎疫情将如何影响我们？为了启动学生的情绪并让学生开始观察和思考，我特意在课堂上播放了一段近 4 分钟的视频——《当世界的模样变成了这样……》。这是一段非常经典的视频，是由系列图片加背景配音组成的，展示的是世界各地因新冠肺炎疫情肆虐而静默凄凉的场景。我知道视频在调动情绪方面的威力。

视频结束后，我开始启发学生，让他们自己独立思考：新冠肺炎疫情可能对我们和世界产生什么样的影响？我希望他们能自己思考，最后自己提炼出一个关于未来的趋势和影响的预测性观点，并认真陈述和论证这个观点。

我特别强调，这次开始采取动态的写作和修改过程，给学生相对宽裕的时间和自由的空间应对写作，等同学们思考成熟和有了评论冲动，再提笔写作，达到为理性表达观点而"主动式学习性"写作，而不是为完成某次作业而"被动式应付性"写作。

我们每个人都有自己的思考、自己的感受、自己的经历和体验，并且对新冠肺炎疫情的影响有自己的预测和观点。我希望学生们能认真对待自己的这种感受，并将这种感受归纳形成一个观点，再寻找扎实的证据支撑你的观点。没有人能真正预测未来，所以我希望他们的观点能够有想象力，能够大胆。我要求他们能够真诚地写下自己的观点，而不是正确的、未经深思的其他观点。我建议他们尽量不要纵论国际局势，要尽可能从自身感受和观察出发，提出自己的观点。

令我感到欣喜的是，这次作业比较成功，规范的评论作品一篇一篇传到了我的邮箱里，并且被分享在公众号里，让两个班级的同学互相学习和交流。现在看起来，这种动态的分享还有另外一个作用，就是激发了学生写好评论的热情。当同学们看到其他同学的作业被分享出来的时候，他们变得更为积极主动，有很多学生开始将作品传给我，在线沟通写作的困惑。我才开始有了一种指导学生写评论的感觉。

这些作品中的一部分已经被分享在公众号"水哥写作课"里，作为学习和练习作品。它们之所以被分享并非因为写得有多好，而是作为习作，是可接受和比较规范的评论作品。

比如，陈姝荣在《什么是度过疫情最好的方式？》中说：

宅在家里，克服困难，坚持做有意义的事情，才是度过疫情最好的方式。……变化和不确定性无处不在，我们更需要时刻保持危机感，将疫情期看成自身的沉淀期，认真审视生活的意义，随时准备轻装上阵、再次出发，人生可能会走得更稳一点，走得更远一点，所走的每一步，可能对社会更有意义一点。

王思瑶《"云生活"将成为我们的日常》：

2020年不管老年人还是年轻人，都跟上了时代的"潮流"。老人网上抢菜、爸妈居家工作、孩子直播上课，全民开启了"云生活"。但是，这可能只是开始，还有更多的"云生活"将会逐渐介入我们的生活，甚至变成我们生活的一部分。我认为，许多看似只能在线下完成的生活图景，将被"搬"到线上。

常梁蕊《疫情过后，希望社会对医生更尊重》：

疫情终究会过去，但病毒将继续与人类相伴。医生们保护了我们，并将继续保护我们。整个社会，每个人，我们需要在日常生活中，在心里和行动中，真正尊重这些保护我们的医护人员。

左婷《疫情之下，生命最重》：

无论面对何种困难，我们首先应该保护人的生命。相信疫情过后各个国家都会更加珍重人的生命，生命安全高于其他利益，只有在保障了生命的前提下，其他的一切才有意义。

刘奇《憋在家里，让我懂了生活，更懂了父母》：

憋在家里的日子，我突然发现原来父母老得这么快，原来他们也有很多话不好意思说。我疯狂收集每一个快乐的瞬间，以此回击每一个糟糕的日子。

年梦宇《疫情之后，医护相关专业将迎来春天》：

疫情之后，受到医护人员崇高职业价值和社会担当的影响，医生和护士也会受到人们更多的尊重，医护人员的待遇也会有一个调高的过程，这将吸引更多的学生报考医护相关专业。医护相关专业将迎来春天。

李昀馨《疫情让我明白，谁才是真正的英雄》：

英雄是抗疫一线的医护人员，英雄是每一个为人民利益做出奉献的人，他们是我们身边的普通人，也是我们真正的英雄。

李梓琼《疫情结束，文明习惯不能结束》：

文明需要提倡，更需要行动。疫情是最严厉的警告，也是改变我们行为习惯的契机。希望每个公民将这些用沉重代价换来的文明习惯保持下去，让文明成为我们国家最好的名片。

汪婷《我讨厌自己正在变成沙发土豆》：

不管我多么讨厌做一个"沙发土豆"，可事实却身不由己。不管怎样，我已经使出洪荒之力在保持身材了，你呢？答应我，疫情结束之后，我不嫌弃你头发长，你也不要嘲笑我胖，好吗？

郑怡《如果时光能够倒流，我想说，学习是美好的，时间是珍贵的》：

要说疫情期间我最大的感触就是，感受到学习和工作是美好的，感受到时间是特别珍贵的，这也算最大的收获了吧。它颠覆了我以前对学习和工作厌恶的体验，也颠覆了年轻的我对未来时间无限的想象。

卢雪薇《疫情给了超前消费一记响亮的耳光》：

我认为，疫情过后，会有更多的人注重理财存款。所谓家里有粮，手里有钱，心里不慌。

崔宇珊《疫情的阴霾正在散去，他们的"脆弱感"却更加强烈》：

疫情让部分"我们"变得更加脆弱。这场依然没有结束的疫情，社会需要特别关爱这个群体。

吴雨桐《是时候撕掉那些贴在青年人身上的"佛系"标签了吧？》：

出生在新时代的青年往往被大家贴上"非主流""太脆弱""不敢吃苦"等一些标签，在此次疫情中，无数的青年冲上一线，他们所摆脱的不是一个个标签，他们向所有人证明了"初生牛犊不怕虎"的决心。在这场没有硝烟的战役中，我们用实际行动书写着新一代青年的责任与担当。

南星《待到疫情散去，我们不如开火颠勺，共赴春日宴》：

时间在走，我们也在成长，漫长的假期也让我收获满满，期待疫情过去的那一天，我们能在满目春光里相见。到时不如开火颠勺，共赴春日宴。

叶紫彤《疫情让我有机会看清了一些以前从未察觉的事情》：

疫情是面镜子，照出了这个世界不好不坏、最真实的一面。它让我开始愿意去相信，世界还是温暖的，并且它一直在以它最原本的面目示人。

曹凡《科技尽善，生活才能尽美》：

疫情给了我们沉重的一击：它改变了我们的生活方式，带走了许多人的生命，破坏了许多的家庭。在人们奋力抗击疫情的过程中，科技成了不可或缺的力量。科技需要有一个向善的维度，向善是科技发展的终极信仰。换言之，科技尽善，生活才能尽美。

孟晓钰《有些"云生活"看似美妙，但我还是喜欢脚踏大地的现实生活》：

我相信，疫情期间的有些云端生活只是迫不得已而已。我们每个人可能不大希望在"云生活"里活着，那样的生活是虚拟的，作为生活调味品可以，但作为生活常态就没有意义了，那也不叫生活。我想回到学校，回到同学们之间，一起闲聊，一起讨论，一起学习，也一起熬夜，那才是真正的大学生活。

王雨珊《比疫情更可怕的是，我已经习惯了"宅家生活"》：

疫情以来，"宅文化"日益盛行，很多人开始习惯了"宅家生活"，各种低欲望相关的网络论坛粉丝增多等等。我也很担心这种心态，会将原有的正常的生理需求、社交需求、自我实现的需求压抑，进而影响社会经济。但是我更担心的不是习惯了"宅着"，而是消磨了奋斗的意志。

刘嘉伟《疫情之后，医疗设施领域将得到迅速发展》：

此次疫情不仅是一次对综合国力的考验，也是一次对公共卫生领域短板进行反思和查漏补缺的宝贵机会。这意味着，医疗基础设施领域的投入将会加大，公共医疗卫生系统的短板将会补齐。

江诗佳《我们是时候该好好反思人类与自然的关系了》：

通过这次疫情，我们可以得到的启示之一就是人类活动确实对生态环境有很大的影响，或许我们应该好好反思与处理人类和自然的关系。我们保护环境不仅是在保护地球，而是在保护我们自己。

当然，这只是在公众号被分享的习作，并不是全部。[①]有一些学生的作品还很不错，比如写云上医疗、写疫情扫码可能泄露公民隐私等，只不过考虑到观点雷同等因素，没有被分享。这些作品被分享和集中起来，就凸显了另一个功能：**针对同一话题，同学们写出了如此丰富多样的不同观点，这些不同观点本身对学生就是一种很好的相互启发和认知交流契机。**我感觉，公众号交流和分享作品是一个很重要的教学环节。这一点，以前我根本没有意识到。

---

① 上述所有关于疫情将如何改变世界的思考和判断的案例，只展示了评论的标题和核心段落，但基本上是全文观点的集中体现，所有段落均来自两个新闻班的学生作业。这些作品的全文被收录在评论课程公众号"水哥写作课"。

第四章

论据

知识是确证为真的信念。只有当信念建立在充分且可接受的证据之上，这个信念才得以确证。凭借这样的证据，不仅能降低犯错的风险，也有助于我们避免偏见。[①]

——大卫·A. 亨特

新闻评论的基本功能是传播观点，而不是传播事实。但是，这些观点是建立在事实的基础之上的，观点需要事实的支撑，事实也是最重要的论据之一。

在新闻评论中，事实主要有三类：一是作为由头，在评论的开头部分，用于挑开话题，引发议论，吸引读者。二是判断对象，这是评论作者必须进行判断的事实。由头和判断对象是不同的：由头大多只是挑开话题和吸引读者的一种开篇技巧，但判断对象是评论必不可少的，是必须做出判断和评价的。三是作为论据，用来支撑和说明论点的证据性材料。[②] 论据是评论中最重要的事实。

一、论据的种类

丁法章教授把论据分为事实性论据和理论性论据：前者是表述事实的判断，后者是表述客观规律的判断。[③]事实性论据一般包括人证、物证、典型事例、历史

[①] 太卫·A. 亨特. 批判性思维实用指南：决定该做什么和相信什么[M]. 伍绍杨，译. 上海：学林出版社，2017：29-30.

[②] 马少华. 新闻评论教程[M]. 北京：高等教育出版社，2007：49.

[③] 丁法章. 新闻评论教程[M]. 4版. 上海：复旦大学出版社，2008：71-73.

资料、统计数据等。一些微信公众号或其他文学性平台，在观点类写作中，还会用到另外一种事实性论据，如寓言、口头故事、小说情节、电影情节、电视剧情节等，用来支撑自己的观点。需要注意，这类事实是人为创造的，是虚构的，不能完全否定其作为论据的价值，但还是要谨慎使用。

理论性论据包括科学理论、国家法律法规、党的方针政策、领导讲话、名人名言、格言谚语、公认的道德规范、共识性的价值观、生活常识等。理论本身是对事物的客观规律的表述，或者对社会现象的理论化总结，具有很强的解释力。

理论性论据其实远比上述列举的例子要宽泛。理论性论据最初只是公认的原理、规律、定理等。但是，在写作实践中，慢慢走向泛化，只要包含科学道理，为人们所公认或形成共识性的东西，都"具有了理论属性"，比如格言谚语。公认的道德规范可以作为理论性论据，主要在于"公认"两个字。公认就说明这个道德规范是大家都认可的，是共同遵守的，这个道德规范一定隐藏着普遍性的原理，这就是理论性。

共识性的价值观为什么是理论性论据？价值观是人们的观念，非常主观。但有一些价值观是"形成共识"性的价值观，是大家普遍认可的。常识性的东西，虽然习以为常，但既然作为常识，就一定是包含着某种深刻的道理，甚至是对某种规律的反映。

有时候，当某种感受或情绪成为一种普遍性的感受和社会情绪，那么这种普遍感受其实具有了"理论性论据"的性质。比如《2021年，我们为什么频频"破防"》这篇评论，作者在分析为什么"破防"这个词成为年度流行语，其中一个论据就是每个中国人对于祖国的伟大与安全的一种感受：

首先，新冠肺炎疫情暴发以来，我国全社会上下万众一心、积极抗疫的壮举，和动态清零、社会稳定的成果，与世界各国相比，形成鲜明对照，也让身处其中的每一个中国人切身感受到了祖国的安全与伟大。从支援武汉的"最美逆行者"，到"全民监工"的火神山、雷神山医院；从欢送抗疫英雄的热烈场景，到争先恐后踊跃报名的志愿者，类似新闻经常刷屏，"泪目""破防"的评论比比皆是。岁月静好的背后，是无数人的付出与守护，更是中国传统美德与精神的具象呈现。[1]

某种感受当然并非全部，每个人的感受程度也不一样，所以这是一个弱的理论性论据。但作者很快提供了一些事实性论据，就是经常刷屏的令人破防的新闻，支持了这个理论性论据。同时，"破防"一词能够成为流行语，本身就说明这种感受具有强大的群众基础。

再比如下面这篇评论，全文都是以自己的个人感受和经验作为支撑。作者的核心观点就是标题的意思，即"成熟意味着接受平庸依然怀抱期待"，这个详细表述在文章的最后一段："我认为是能够接受自己平庸的事实，并且仍旧对生活抱有

---

[1] 雷博. 2021年，我们为什么频频"破防"[N]. 中国青年报，2022-01-01（2）.

期待，认清生活的平淡本质，并且接受平淡的幸福。"支撑这一观点的事实均来自作者的个人经历，从小学到大学毕业，乃至回到家乡工作生活中个人的挣扎与选择。以个人经历作为论据，缺点是：经历和体验是特殊的，并不具有普遍性。

从小学开始，我都是属于"中游荡荡胜若天堂"，小康之家也未曾给我太多的拼搏努力的压力。学生时代的我就是一个闲白儿，也不能说不努力，也不能说很努力。好在运气不太差，我中考发挥还行，进入了本地的一所重点高中。我的高中同学都是各个学校上来的尖子生，于是高中三年越发没有自信，做了三年"差不多"小姐，在人生的第一个冲刺关口——高考，我掉了链子。其实，这种吊儿郎当的结局可以预见：年级倒数第 10 名，以 2 分之差无缘二本投档线。于是，我就安心二线城市家乡的一所口碑较好的三本院校就读了。

……现在的我深信几个道理：这个世界没有捷径可以走，得到和失去都是等价交换，起起落落是人生常态。理解这几点之后，我就能够保持比较淡定和坦然的人生态度了。拖延症虽然依旧有，但是慢慢自愈了；不惧怕疼痛，逐渐变得勇敢，会去正面迎接击打生活的直线球了；更加外向和包容，能够和更多不同类型的人交流了，也尝试并喜欢上了很多奇奇怪怪的食物。

一个人成熟的标志到底是什么呢？

我认为是能够接受自己平庸的事实，并且仍旧对生活抱有期待，认清生活的平淡本质，并且接受平淡的幸福。[①]

区分事实性论据和理论性证据有什么意义？接着上述两个论据的例子进行分析即可得知。第一个论据是"一种感觉"，但这个论据其实更像理论性论据，为什么？注意作者对这种感觉的表述，我国抗疫的壮举和成果，"让身处其中的每一个中国人切身感受到了祖国的安全与伟大"，作者推断，从国家安全感和民族自豪感的角度，看到抗疫的壮举和成果，国人理应有如此感受。"每一个"就强调了这种感的普遍性，普遍性的感受就是共识或一般的生活常识，其功能相当于一个"理论性论据"。

而在第二个例子中，作者描述的是自己的人生感觉，作为人类重要的认知来源，观察和体验是重要手段和途径，基于观察和体验的这种描述，是"事实性论据"。这个区分有什么价值？这两个论据，都是基于感觉或感受：第一个是基于理论的推断，第二个是基于事实的描述。清楚了这一点，那么，判断这两个论据的有效性和支持程度，就变得非常容易了。第一个论据的有效性取决于"国家安全感和民族自豪感"这个理论的解释力和普遍性；而第二个论据的有效性则取决于这个个案的典型性和代表性，最大的问题在于无法证实。

论据非常重要。写新闻评论需要有清晰的论据意识，更需要对论据有清醒的

---

① 庄四福. 成熟意味着接受平庸依然怀抱期待[N]. 中国青年报，2020-08-28（2）.

认识和理解。比如下面这篇文章，作者的观点是"布什总统第二个任期的前景相当黯淡"。这个判断在作者写评论时，是一个四年之后才能知道的预测性判断。那么，这类观点肯定没有直接的事实证明，因为事实需要在四年之后才清楚。所以，证明这样的观点，不可能还用直接的事实性论据，那么，理论性论据和逻辑就变得很重要，也很关键。在逻辑层面，其实就是演绎推理：当绝大多数美国总统第二任期的表现和前景都不怎么样的时候，单单布什总统要成为例外，其实是很困难的。这样，论证的重点就在于用坚实的事实进行归纳和统计，美国总统的第二任期大都前景黯淡。这个就容易办到了。比如文章归纳说：

伍德罗·威尔逊总统无法说服参议院批准《凡尔赛和约》，没能实现让美国加入国际联盟的梦想。

罗斯福总统没有完成让他的政策拥护者入主最高法院的计划，并且在 1938 年的中期选举中也没能肃清国会中反新政的民主党人。

艾森豪威尔总统在冷战时期的几次危机中表现不佳：1957 年苏联成功地发射了首枚人造地球卫星，而他事先竟没有察觉这一计划；他还试图用拙劣的手法掩盖在苏联境内被击落的 U-2 侦察机的间谍活动。

尼克松总统因为"水门事件"被迫下台；里根总统因为"伊朗门"丑闻和其下属遭指控而声誉受损；克林顿总统在竞选经费问题上被调查，还因为和白宫见习生的性丑闻而遭到弹劾。[①]

理论性论据也可以派上用场，即发现前景黯淡的"道理"何在？文章说，"总的来说，美国总统在他们的第二个任期内要么是江郎才尽，再也拿不出什么好政策来；要么是过分自信，为自己定下过高的目标。"这个就是因果分析，是一种因果判断。这个原因是有一定解释力的，具有理论属性。但是，证明这样的观点，你肯定不能试图去找关于布什总统直接的"事实性论据"，因为他在第二任期才准备就职演说。

不过，这篇评论的意义只有提醒功能，因为对过去事例的观察不能按逻辑推出"将来类似的事例仍会发生"的普遍性结论。这种归纳本身属于不完全归纳，所以结论是不确定的。

二、寻找坚实论据

初学评论的同学，往往对论据的重要性认知不足。有时候评论中很难找到特

---

① 社论. 美国总统：第二个任期是灾难[N]. 纽约时报，2005-01-16.

别坚实的论据，只是若干大段的自我认知、理解和阐释性的话语，或者是自我讲述的若干大段的道理。自我阐释和自我理解的大段道理并不是论据，这是对论据理解不够的表现。

一篇评论中，至少需要一两个特别坚实的论据。否则，这个评论可能证据不足，对观点的支持力度不够。比如，《国旗为谁而降》这篇评论指出，我国《国旗法》（1990年颁布）第14条第2款规定："发生特别重大伤亡的不幸事件或者严重自然灾害造成重大伤亡时，可以下半旗志哀。"这就是一个特别坚实的理论性论据。可以说，全文如果没有这个法律依据，就只是在价值层面论说"应该如何如何"了。

评论员沈彬对坚实的论据有一个说法，叫核心论据，或"高势能"论据去冲击成见，构建知识壁垒。"我会努力追求论据的信息增量，希望给读者提供他们根本不知道，或者是没有想到的内容。"[①]这个核心论据就是一篇评论最坚实的论据。

举个例子，如果你判断某校某专业就业相当不错，那么，你一定需要一个坚实的事实性论据来支持这个观点，而且这个事实性论据最好是一个关于这个专业学生就业率、就专率以及工资情况的**统计数据**。为什么？因为这是一个整体判断：就业率能说明学生就业的整体情况；就专率能说明这个专业学生从事本专业的整体情况；工资薪酬情况能说明就业质量的一个方面，但平均薪酬数据就比不上薪酬众位数，或者最低薪酬数。所以，要证明某专业就业相当不错，这些统计性数据就是坚实论据。

在其他文体写作中，有一个概念叫"典型材料"。这个坚实论据就相当于通讯写作中的典型材料，它能够以一当十，而且不可替代。其他的论据当然也经常被使用，但都是有缺陷的，比如：只提供一个就业率来证明该专业就业相当不错，但其实这只能说明就业人数比例高，不能证明就业质量高；很多高校会提供优质就业的典型，如某某签约500强企业，某某年薪150万元，这样的论据在证明"整体就业质量"方面都很有问题，哪个学校还没有几个这样的就业典型呢？其他类型的证据更有问题，比如使用"专家意见"，引用某个权威人士高度或积极评价某专业就业质量的话语，怎么样呢？不直接，而且这个评价是针对某个具体专业，还是整个高校的评价？是以往的评价，还是针对今年就业的评价？如果这个评价准确，为什么不直接提供统计数据？寻找一个更弱的高校，与本校就业情况做比较，能不能说明自己学校就业质量不错？也不行，对比只能说明本校比它高，不能说明本校就业质量高。这就是坚实论据的意义，就是**证明某个观点，一定有最直接、最有效的论据**。缺了这个论据，再多地堆砌其他论据也意义不大。

从论证方法的角度看，上面的分析也可以做另一个理解视角。证明某专业就业质量高，事实性论据就优于理论性论据，所谓"事实胜于雄辩"。同样的事实，"统计性事实"就优于"个例"。从论证方法的角度看，直接提供坚实论据进行"摆

① 南方周末. 南周评论写作课[M]. 北京：人民日报出版社，2022：58.

事实"就比"讲道理"有用。"例证法"在证明这个观点和判断时，只能作为辅助论证方法，如果只有几个例子，那是无法证明这个观点的。"引证法"作为论证方法，在证明这个观点时，其实非常弱，从引证法本身的论据要求来说，援引的说话人的身份地位对论据说服力有一定作用。比如引用更高级别官员关于该校就业质量的评价，从证据本身来说是增强的，但对这个观点而言却是"不相关"的。前文最后一个例子，从论证方法的角度看，其实是"比较论证"，比较包括"求同"和"求异"。这个比较目的应该是"求异"，就是该专业就业质量比他们学校高，但也不能直接证明该专业就业质量高，只是具有相对优势而已。

2021年1月，多所高校陆续发布了2020年毕业生质量报告，其中的毕业生薪酬情况备受关注。尤其是"某大学毕业生平均年薪18万元"一经发布，立刻点燃了舆论，在各网络平台不断被讨论。针对此事，《中国青年报》发表了题为《"毕业生年薪"不足以呈现真实生活》[①]的评论。这个标题其实就是作者的核心观点，明确提出"平均年薪18万元"并不能呈现大学生真实的就业和生活状态。为什么呢？当然需要提供坚实的论据才行。作者的核心理由其实有两个：一是数据本身的准确性问题；二是数据的特性——也是其致命的弱点，就是过分简化的问题。

我们知道，平均数会掩盖年薪的差距问题。更严重的是，这个数据的调查取证本身是有问题的，不具代表性。作者这样写道：

不过，对该数据的准确程度还是要打上一个问号。该校2020届共有8161名毕业生，调查问卷的最终有效样本为3709个，仅为45%。样本本身也不符合随机抽样与分层抽样的原则，据相关负责人透露，部分毕业生未反馈薪酬数据，而部分高薪酬的毕业生则较主动地填写了数据。如此看来，这一数据不能说完全准确。

三、论据的要求

论据有什么要求呢？**最重要的一点是没有争议。**论据是干什么的？是要证明观点的。观点之所以需要证明，是因为好观点是对我们认知的一种拓展，是认识的结果，是能发人深思的，是思考和研究的结果。也就是说，观点多少会有一定的"挑战性"，它挑战了某种认识，或者说具有一定的"争议性"，有人不认可，有人不理解，这就需要论证和支持，让大家理解和认可，觉得观点很有道理。所以，论证其实就是减少争议性的过程。正因如此，支持观点的论据一定是常识性的、众所周知的、没有争议的论据，才能支撑观点。"个人经历"可以作为论据，

---

① 吕京笏. "毕业生年薪"不足以呈现真实生活[N]. 中国青年报，2021-01-06（2）.

但因为没有办法证实，或者不具有普遍性，所以会存在一定的争议性，这会削弱论证的力量，所以它不是好论据。

马少华老师还发现了论据的另一个功能，就是：论据除了具有"对评论中的观点提供支持，增加观点的可接受程度"的基本作用，还有"丰富文章的话语层次，降低整个文章的抽象度"①的作用。这是一个很有价值的发现。马老师发现，一些同学在评论中通过引入事实论据，不仅使论证显得充分，而且降低了评论作品整体上的抽象程度。这个事实论据就是"个人经历"。在他看来，个人的经历作为论据，因为受到个人经验、视野的局限，恐怕难以论证普遍的判断。但是，在评论中，如果不是用来论证普遍的判断，它也可能产生抽象的数据论证所不能代替的感性效果。即一个论据无论是"具体呈现"还是"抽象提及"，在"质"（论证力）上不会有差异；但在心理接受的效果上会有差异。也就是说，这种个人经历的材料，在内容上是"普遍的"，在表达上是"具体的"。它是一个情感化的、具象化的论据。尤其在抽象度本来就较高的评论文本之中，它还可以起到降低整个文本的抽象度的效果。

只要翻翻《中国青年报》的"青年话题"上的评论，你就会有一种感觉：越来越多的评论写作中，实际上出现了个人经历，甚至整个评论都建立在个人经历和感受上。在2020年12月18日的"青年话题"上，讨论的议题是"我们的社交圈：越开放还是越狭小"。它源于"985相亲局"搅动的舆论热潮，这不仅仅是一个爱情话题，更是一个社交议题——网络时代，我们的社交圈越来越开放还是越来越狭窄？在讨论的几篇文章中，李奔的《"伪离职"之后，终于有时间去见朋友》全文都在记叙他自己工作中忙乱的感觉：

这就是我前段时间的状态：头脑不清醒地醒来，吃或不吃早饭，挤地铁上班，从屁股接触到工位的第一秒开始工作，直到在公司吃完晚饭，继续待一会儿，之后再回家。回到家，心里还惦记着没有完成的事情，甚至有时候它会在梦里找到我，成为实实在在的梦魇。周末见人？算了吧。我不只没有时间，还缺乏心力。相比去见朋友，有时我更想睡一觉——那种闹钟不会响，工作不会入梦，醒来头脑清醒的好觉。看过一篇文章，说缺觉让人更难提起兴趣谈恋爱，我想恐怕它影响的是人的所有社交活动。②

陈了了的《宠物社交：小猫对我施展了时间的魔法》更像记叙文，在非常个人化的叙述中，夹杂着自我的感受和体悟：

此时此刻，写着这篇文章的我，正和一只小猫幸福地生活在一起。刚见到它时，它才一个月大，圆圆的眼睛只让人觉得楚楚可怜。那时的我并不知道，为什

① 马少华. 新闻评论中的具象性因素[J]. 新闻与写作, 2017（1）：92-93.
② 李奔. "伪离职"之后，终于有时间去见朋友[N]. 中国青年报, 2020-12-18（2）.

么它那蓬松凌乱的毛发和沾着猫砂的小鼻头，乍看不算精致，却瞬间融化了我的心。直到和它相处一年多后，我才突然觉得：**它应该是会魔法吧，不然怎么能让我一见到它就有满眼满心的幸福呢？**

记得前几天，另一个养猫的朋友和我说："很多时候，我觉得人不如猫。"当时，我大概只用了不到一秒钟时间惊讶于这个惊人的论断，就立刻想起了家中小猫的面孔，不由得对朋友的想法赞同了起来。回想起来，我虽然说不出人有什么不好，但**自从养了猫，我在闲时出门 social（社交）的频率明显低了不少**。好几个阳光明媚的周末，我只想待在家里陪着猫咪，不想离开它身边半步，在那段安逸、温暖的时光中，我感受到的是零距离的信任、放松与坦然，而这些东西，在再要好的人类朋友身上恐怕也很难找到。

其实，在我认识的朋友里，像我一样，愿意把"成吨"的社交时间分配给家中宠物的人并不算少。打开微博，我们也总能看到大把的年轻网友在那里"云吸猫""云撸狗"。仔细想想，和小动物的相处时光，确实对我们原有的社交起到了一种替代作用。尽管小动物并不属于人类社会，我们和它们的交流理论上未必称得上"社交"，但在实际生活中，**"宠物社交"已经成了不少年轻人满足心灵互动需求的主要社交选择**。

剥开我自己对家中小猫的喜爱不谈，我想：之所以会发生这样的事，不仅与小动物们本身的魅力有关，恐怕也与围绕在我们这一代人周遭的社会压力有关。有人说，这是一个过度竞争到"内卷"的时代，从小到大，每分每秒，我们都在与同龄人竞争，试图胜过、超过其他人。因此，和别人打交道固然是一件能够满足社交需求的事，但同时也在潜意识中附带着某种负担。当人们感到紧张、焦虑的时候，第一反应当然是找到一个倾诉的对象，但是，**再亲密的人，也很难让我们卸下一切防备与距离，而小动物们却可以**。

养猫前，我常常陷入焦虑的情绪状态。当时，我听说冥想会很有帮助，就想学来试试。指导我的朋友说：练习冥想的入门之道就是关注自己的呼吸。可我每次尝试，思绪总会在几个呼吸后就飘散到乱七八糟的地方，让我不得其法。然而，就在我几乎已经要忘了这件事的时候，小猫咪第一次趴在我的肚子上睡着了。它软软的，毛茸茸的，就那样温暖地和我挨在一起。我看着它的小肚皮一起一伏，听着它规律的呼吸声，突然就找到了专注于呼吸的办法。倏忽之间，时下的烦恼和眼前的忧愁仿佛全都不复存在，**我突然发现，时间不仅在线性地流动，它也延展在微小如每一个呼吸中，而让我找到此时此刻的，正是小猫咪为我施展的魔法**。

其实，从小到大，在我身边的人看来，我一直是外向的。我从来都不排斥社交，也并不害怕和别人打交道。但是，**虽然朋友不少，我却依然觉得小动物能给我带来一种独一无二的交流**。在很长一段时间里，我并不知道这是为什么，但在和小猫相处的过程中，我突然好像明白了什么——这种无法用人际社交替代的幸福，可能恰恰来自于我们之间难以沟通。

记得小时候我曾在书上看到一句话，说人总有顾虑，因此除非是和恋人或婴儿，很少会和其他人四目相对。但小猫咪不是人，你知道它小小的脑瓜不会算计什么，因此怎么对视都不会觉得不舒服。同时，它们对我们也不会有人的那些要求。在它眼里，我可以是絮叨的，可以是失败的，可以是崩溃的，这些对它来说都不算什么。于是，**我可以在和小猫相处时，暂时忘记自己是一个被重重束缚捆绑的社会人，和它一起做一只快乐的小动物。**

说回"云吸猫"，养猫之前，我也热衷此事。然而，"云吸猫"和养猫终究是不一样的。对"云吸猫"的大多数人而言，喜欢猫更多的是喜欢看它们可爱的样子，作为一种释放压力的自我愉悦方式。但是，**那种独特的情感交流，只能在朝夕相处中才能体会。**如果你问我要不要养一只自己的小动物，我会确信地告诉你：去拥有，去爱吧。我不敢担保建议正确，但请相信，这100%出自我的真心。①（文中粗体为笔者所加）

全文在漫不经心的叙述中，夹杂着一些判断和思考。而说服读者的，恰恰在这些叙事的细节里。《成熟意味着接受平庸依然怀抱期待》以自己的个人感受和经验作为支撑。作者说："我认为是能够接受自己平庸的事实，并且仍旧对生活抱有期待，认清生活的平淡本质，并且接受平淡的幸福。"②支撑这一观点的事实均来自作者的个人经历，从小学到大学毕业，乃至回到家乡工作生活中个人的挣扎与选择。每个人的经历可能是具体独特的，但同时每个人的挣扎和选择也是有一定的与别人相同的境遇。我们可能会质疑这样的经历是否真实，或者是否有代表性，但作为个人人生体悟性的观点，自己的成长体验和经验无疑是最直接的证据之一，也是最具体、最有个性的证据。这类评论打动我们的，可能恰恰就是具体的个人境遇本身。

论据的第二个要求是直接跟论点相关。这个问题特别值得初学者注意。有时候，一个论据本身非常好，但是它与观点的距离比较远，也不能很好地论证观点。比如《"法学家从政"的喜与忧》③这篇评论，作者用一个"但是"做转折，并在结尾再次明确表示担忧的一面"更值得关注"，表达了作者对法学家从政现象的悲观和担忧。作者是如何论证的呢？只有一个论据——"前些年，经济领域也掀起一股经济学家从商的浪潮，一些经济学家因受聘于某行业而蜕化为利益集团的代言人，甚至逐渐丧失了民本立场"。论据本身没有问题，但论据与观点之间没有相关性。法学家从政可能值得担忧，但需要用更直接的材料去证明，不能从经济学家从商推导出来，因为二者没有直接的必然的相关性。

我的学生评论作业《与其抱怨，不如寻找机会》，是对马云在阿里巴巴内部交

---

① 陈了了. 宠物社交：小猫对我施展了时间的魔法[N]. 中国青年报，2020-12-18（2）.

② 庄四福. 成熟意味着接受平庸依然怀抱期待[N]. 中国青年报，2020-08-28（2）.

③ 傅达林. "法学家从政"的喜与忧[EB/OL].（2006-08-08）. https://news.sina.com.cn/o/2006-08-08/06379684102s.shtml.

流活动中提出的"996"的评论。"996"的说法立即遭到了网友的激烈讨伐，背后的实质是对加班文化的厌恶，以及对企业漠视员工劳动权益问题的吐槽。作者认真分析了抱怨"996"的两种人：一种是因为996模式没有加班费而感到不满；另一种是认为996模式太累，没有充足的休息时间。随后，作者提出了她的观点：我们不应该只有抱怨，我们应当撸起袖子加油干，寻找新机会让自己更加优秀。

这个观点可以拆解成两个分论点：一是"抱怨是没有用的"；二是"应该寻找新机会"。作者首先举了一个例子来支持自己的观点：

音乐天才贝多芬的成功激励着我们，抱怨是没有用的，寻找新的机会去实现自己的人生价值才是对的。 贝多芬的童年是十分悲惨的，他的母亲在他十六岁时就去世了，但是贝多芬没有因此而沉沦，他把自己的全部精力投入到音乐当中，由于他的天分和勤奋，他很快就成名了。当他沉醉在音乐给他带来的幸福当中时，不幸的事情又发生了：他的耳朵聋了。对于一个音乐家而言，最重要的莫过于听力，而像贝多芬这样以音乐为生的大音乐家却聋了耳朵，这个打击是常人所接受不了的。但他并没有因此而抱怨或者放弃，面对困难，他丝毫不惧，努力寻找更多的机会。是的，最后他走向了成功。① （文中粗体为笔者所加）

应该说，作者的这个例子在主观意图上是清楚的，就是要证明"抱怨是没有用的，寻找新的机会去实现自己的人生价值"这个分论点。贝多芬的例子是大家十分熟悉的例子，但是这个例子并不十分恰切，因为：

第一，这个例子难以支持"抱怨是没有用的"。根据作者叙述，贝多芬童年悲惨，但他不抱怨；出名后耳聋，依然不抱怨。因此，贝多芬的成功说明抱怨是没有用的，只有不抱怨才能成功。但事实上，年轻的贝多芬的成功是由于其天分、投入和勤奋，以及克服耳聋对音乐创作带来的困难。换句话说，**不抱怨并不是这个事例最核心的特征**，用这个"贝多芬不抱怨"的正面例子既不能支持反面观点"抱怨是没有用的"，也不能支持"只有不抱怨才能成功"，因为这个例子不具有普遍性和代表性，贝多芬的成功与其天分、投入、勤奋和坚持等多个因素有关，并非仅仅因为"不抱怨"。

第二，这个例子尚未被作者挖掘出来的一面，却能支撑观点的另一个方面："寻找新的机会去实现自己的人生价值"。贝多芬在耳聋之后，如何寻求新的机会重拾音乐，成为音乐大师，这恰恰是需要重点叙述和强化的部分。有资料说，贝多芬在失去听力之后，是用牙咬住木棒的一端，将另一端顶在钢琴上，利用传导来听自己演奏的琴声，继续进行创作。但事实上，贝多芬耳聋前已经积累了大量的经验，他有丰富的内心听觉和绝对音感，加之对曲式结构与和声等音乐规律的娴熟掌握，所以在耳聋之后能不依靠听力而继续创作。可惜的是，作者对此并未

---

① 水哥. 论据必须与观点直接相关[EB/OL]. （2019-05-05）. https://mp.weixin.qq.com/s/ehQu9vLF3FLhPJTIyuI_Xw.

做任何挖掘和阐释。

第三，另外一个需注意的问题是，"996"是职场人士对加班的一种抱怨，这种抱怨不同于贝多芬面对人生不幸的抱怨。两者之间关联性较弱。贝多芬人生的不幸，抱怨是不会有任何改变的，比如家境和耳聋。贝多芬的努力也不同于今日职场人士的996式的努力，他更多的是自发自愿的努力，是为改变人生境遇的努力，是对音乐疯狂热爱的一种事业成就的追求。但是，对"996"的抱怨是有价值的，如果这种行为是不合法甚至不健康的价值观，当很多人呼吁改变这种行为时，这种呼吁和抱怨就是有价值的，甚至能改变这种状况。职场中自发自愿的努力也很难与贝多芬的努力相提并论。对"996"的抱怨并没有否认年轻人应该努力奋斗，也不包含那种将工作和事业与兴趣结合起来的自愿的拼搏，而是职场人士对不断延长工作时间、不断强化工作强度的不满。

因此，在新闻评论中提出观点之后，应该慎重考虑论据。论据要与观点直接相关，并且，对论据要根据观点进行分析和阐释，使其更有效地支持观点。

论据的第三个要求是新鲜。从接受的角度来看，人们总是更易于接受那些新鲜的事实和信息。新鲜会给评论增加"附加值"，吸引读者读下去。比如《收复台湾的施琅与阿纳德的左腿》[①]这个评论的观点其实是接近于常识的一个判断，即评价历史人物应该功过两分。但是，这篇评论的价值和意义并不是贡献了一个特别深刻或者新颖独特的观点，而是提供了两个非常新颖的论据，丰富了人们的知识。两个什么论据呢？

第一个是"阿纳德的左腿"。阿纳德是美国独立战争初期的名将，他在与英军作战时左腿受伤，后来却因名利之争而一怒之下投降了英军，成了美国独立战争时期最大的叛徒。可幽默的美国人后来还是为他塑了像，纪念他在战争初期的英雄业绩。不过，美国人只塑了他为国负伤的左腿！

另一个论据是，美国的阿灵顿国家公墓里竖立着一尊著名的青铜塑像：旗帜插在硫黄岛上。它描述的是六名美国海军陆战队员冒着炮火，将美国国旗插上硫黄岛主峰山顶的场景。塑像中间拿着旗杆的那个士兵则被树立为英雄典型，但这位老兄后来出了不少丑闻，可美国人也没把这个士兵的塑像换一张脸。

论据还有一个要求是可靠。作为论据的材料一定要真实准确，可信度要高。如果是科学实验或研究报告，一定要注意研究的机构、组织的背景和信誉度，并且尽可能找到这项研究使用的研究方法，对研究结果和报告有一个基本认识和评估。如果是权威说法，则需要考察这个说法的大概时间、语境，以及说话人的身份和专业背景。如果是历史典故或历史数据，最好在经典教材和经典作品中查证一下，引用最权威的经典文献。

还有一类论据，可能来源于各类新闻报道。新闻报道中，有刚刚发生的事实，

① 乐毅. 收复台湾的施琅与阿纳德的左腿[EB/OL]. （2006-04-07）. http://zqb.cyol.com/node/2006-04/07/zgqnb.htm.

有现象描述，有统计数据，等等。但这类论据是最应该警惕的，因为媒体类型繁多，情形复杂，需要一定的媒介素养才可能比较准确地认识和判断来自媒体的论据和事实。

现在反转新闻很多，媒体的意见和观点也满天飞。媒体的统计数据往往已经剥离了语境，变成孤立的数据，这些都可能使论据不准确、不真实。一般来讲，传统的纸质媒体、较有权威性的媒体的新闻可靠程度要高一些，而网站和转载的材料容易失真。

这样说论据的可靠性，当然还是太简单笼统了。这个问题在"论据的效力评估"中还会涉及，在此先打住。

四、论据的效力评估

在新闻评论中，评估论据和论证的有效性是两个重要的问题：论据有效性是论据的质量问题，即评价论据真实准确、可靠性的问题；论证有效性是论证方法的优劣和逻辑推理方式的可靠程度评价。请看下面的例子。

2019 年我国整体经济形势下滑。因为根据国家统计局网站显示，2019 年国内第三季度 GDP 增长仅为 6%。

这个证据的可靠性如何？国家统计局的报告很权威，具有可验证性、可控性和精准性。另外，你可以登录国家统计局的网站查询和检验 2019 年第三季度 GDP 的结果。我们在看公众号文章或听对方说话的时候，一定要带着批判性思维去"质疑"对方提供理由的可靠性。下面我们集中了解各种证据类型的可靠性。

老师上课需要提供问题讨论的机会，因为太多学生缺乏批判性思维的能力。[1]

我们要不要相信这个判断？这个判断不仅需要判断证据的质量，还要看其假设或者作者隐含的前提。这个证据是"太多学生缺乏批判性思维的能力"，这是一个整体性描述，这个事实是存在的，但事实程度如何，即是"太多"还是"少数"，这个是难以测量和验证的，所以这个证据本身是有争议的。这个隐含前提是：提供讨论机会能够增强学生的批判性思维能力。如果这个前提不成立，那么，即便这个论据是可靠的，结论也是不可靠的。

接下来我们要讨论的是，几种在时评写作中经常用到的论据类型，这些类型需要作者仔细审辨，或者说需要对论据的效力做出评估。

---

[1] 尼尔·布朗，斯图尔特·基利. 学会提问[M]. 10 版. 北京：机械工业出版社，2015：138.

用直觉作为证据就是一个不太可靠的论据类型。"这个项目不要交给张三。为什么？我感觉他不靠谱。"如果将这个对话看成一个论证，那么，这个论证支撑结论的是"直觉"，作者并未提供更多事实和细节，只是"感觉他不靠谱"。所谓直觉，就是我们相信自己对某件事有直接的洞察力，却不能有意识地说出论证过程。虽然直觉或第六感有时候是准确的，但直觉最大的问题在于其私密性，我们无从判断其可靠程度。所以，直觉作为证据是不可靠的。但是，在构思和立论过程中，直觉思维不应该被剔除出去。

上文已经多次讨论过"个人经历作为证据"的问题。学生写时评，可能更热衷于个人经历。"我经常在感觉特别糟糕的时候，吃一块德芙巧克力就会好很多。如果你不开心，就吃一块巧克力吧，它有用。"这也是一个论证，支撑吃巧克力会开心的理由或论据是个人经验。个人经历包括自身经历，或者自己知道的他人经历。然而每个人都有不同的经历，所以我的经历只能为对方提供参考。也就是说，仅凭个人经历不能代表所有人（即群体），很容易出现以偏概全的问题。同样，阅读一本书，每个人的体验也是不一样的，但总是有一些大体相同的体验。鲁迅曾这样评价《红楼梦》——单是命意，就因读者的眼光而有种种：经学家看见《易》，道学家看见淫，才子看见缠绵，革命家看见排满，流言家看见宫闱秘事……但这些都不影响《红楼梦》被誉为最经典的小说。可见，个人经历作为证据不一定可靠。

不过，这并不代表个人经历不能作为证据。有些个人反思和体悟性质的评论中，个人经历反而是非常独特和个性化的证据。关于这一点前文已经有说明。

这里尤其需要警惕个案的效力。一般来说，个案或典型案例往往披着确定性事实的外衣，也常常被当作"例证法"使用，但典型案例具有很强的欺骗性和遮蔽性。举个例子，"来报名学 Python（计算机编程语言）课程吧，学员张三学习该课程后拿到了大公司的 offer（录取通知），薪资翻了 4 倍。"怎么样？这个例子确有其事，十分可靠，但并不能很好地支持或证明"你也应该报名学 Python 课程"，即便你报名学习，也不一定会像张三那样成功。典型案例是通过个人事件来证实某个结论，通常这个描述基于观察或访谈。对方通常会通过对典型案例的生动描述，来达到说服听众的目的。可是，这个典型案例具有普遍性吗？典型案例作为证据不一定可靠！

但是，在演讲和写文章中，作为"典型案例"的故事，往往比有说服力的统计数据更受欢迎。所以，要警惕那些引人注目的典型案例被人用作证明。案例常常是很有说服力的，但其说服力来自于：① 案例具有代表性；② 案例中丰富的细节会激发我们热烈的情感回应，它在事实上诉诸情感，分散我们的注意力。

在论据中，还有一类理论性论据，就是"当事人证词"。它指的是通过引述具体当事人的话，尤其是名人，来说明某个想法或产品的好坏。

与此类似的还有"专家意见"。独立影评人说"这个电影不错"，可信度比较高，至少他长期做影评，更重要的是，他是"独立"影评人，这在一定程度上确保了公正和专业。但专家说的不一定就是对的，要看专家的研究领域是否和讨论话题的领域相关，言论是否体现明显的个人偏好。如果某地质学家告诉你吃蔬菜防癌，那你最好不要信。权威或专家的意见作为证据，要辩证地去看待。

从某种意义上说，研究报告是相对比较值得信赖的论据，但这样说，还是太笼统了。在判断科学研究报告时，保持批判性思维和审辨态度依然很有必要。研究报告通常由训练有素的科研人员来系统地收集观察数据。虽然我们要批判性地看待研究结果，但是也不能武断地抛弃一个建立在科学基础上的结论。科学研究强调的是可验证性、可控性和精确性。我们依然需要根据数据来源和研究方法（数据获取方法）进行判断，包括调查方法（样本量和抽样方式）、访谈真实性等。

在科学研究过程中，我们会利用样本和测量的方法来进行研究。如何判断一个样本是否有效？可以从以下三个方面进行考察：抽样的规模、抽样的范围和抽样的随机性。[①]

在时评写作中，"引证法"是很多同学最容易使用的论证方法，而引用格言谚语更是其中的重要证据类型。格言谚语之所以能够流传下来，其中必然包含着科学道理或反映了某些基本规律，但采用时还是需要谨慎。因为俗话的流传并不严格，有很多格言谚语甚至是互相矛盾的，比如：

俗话说：金钱不是万能的；可俗话又说：有钱能使鬼推磨！俗话说：万般皆下品，唯有读书高；可俗话又说：三百六十行，行行出状元！俗话说：邪不压正；可俗话又说：道高一尺，魔高一丈！俗话说：宁为玉碎，不为瓦全；可俗话又说：留得青山在，不怕没柴烧！

所以，以格言谚语作为论据不一定可靠，一定要具体分析。

还有一类论据容易蒙蔽读者，如"统计数据"。这在新闻报道和新闻评论的论据中，都是值得注意的问题。首先，抽样方式会对数据意义产生很大影响，比如去图书馆调查阅读状况，这样得出的数据明显被夸大了。"职场中美女帅哥更有优势，薪水更高"，这个归纳的样本可能忽视了重才而不重貌的职业要求，故容易使人产生受蒙蔽的错觉。

五、论据的积累与处理

论据是为了佐证观点而选取的事实或理论，从更宏观的视野看，这是一种知识。法官判案要有证据，我们写评论要有论据。马少华认为，新闻评论的知识大

---

① 周建武. 科学推理：逻辑与科学思维方法[M]. 北京：化学工业出版社，2017：71.

体可分为"常识"和"专业知识"。我们往往可以就"常识"泛泛而谈，空泛地讲道理，但要真正有说服力，就需要专业知识了。[①]

初学时评写作，最大的困难就是论据积累不够，即便有好观点，也难以有效有力的论证作支持。所以，我给初学者的第一个建议就是要有论据意识，就是要有意识地搜集论据、积累知识。

要重视个人的观察和思考。每个人都在生活的洪流中，都在信息的浸染中，都会有一定的亲身经历。有时，因自己接触到的一些新事实、新现象而顿生感慨，产生写作的冲动，这类新闻评论占有很大的比重。我经常对学生说，要选择自己有体验的现象和问题，要保持这种评论的冲动，这会让你找到表达观点的乐趣。而兴趣往往是学习的最佳动力。比如，张向荣研究市场上流行的"鸡汤文"现象，尤其是对戴着面具的"鸡汤文"进行了认真观察，从"鸡汤文"的本质（"心灵按摩"，意即通过将深刻浅薄化，对读者进行虚幻安慰）出发，识别出"鸡汤文"的五种真面目：

一是"传统智慧型"——这类"鸡汤文"仍然秉持"美文型"的本分，但不再讲述"老百姓身边的故事"，也不关注普通人的情感体验，而是以解读或"伪解读"各类经典文本的面目出现。比如市面上许多对《孔子》《庄子》《孟子》，马可奥、勒留、叔本华著作的"感悟"，就是通过将经典文本予以庸俗化，打着"传统智慧"旗号行"鸡汤文学"之实。

二是"青春型"——主要在青少年里流行，也正因为流行的原因，其代表人物可能隔几年就会变一次。"青春型"鸡汤文的特点是突出一个"小"字——小情绪、小感动、小确幸，给涉世未深的青少年空许未来。

三是"厚黑学型"——津津乐道于古往今来的各种厚黑故事：古代将相如何运用权术、手腕，历代名人怎样升官、发财、成功——将"成功学"伪装成古人的智慧，或衍生出"职场升迁××条原则"之类。这类鸡汤文主要写给那些野心勃勃但又不踏实耕耘的人。据说目前有些购物网站，还特意把这类书打包成"人生不得不读的四本书""成功人士必读"系列进行销售，贩卖庸俗价值观，但销量却极为可观。

四是"时事新闻型"——热衷于炮制大量"美国完蛋了""日本害怕了"之类耸人听闻的标题，以时事新闻的面目出现，专门按摩一些抱有淳朴爱国心却对时事缺乏了解的人。

五是"知识干货型"——专门针对接受过高等教育的群体。当前，这类"知识中产阶层"往往具有一种"阶层下跌"的焦虑感，长期的学习生涯又催生了他们对知识的敬重。但受制于忙碌的职业生涯，他们不得不想方设法弥补短板，缓

---

① 马少华. 新闻评论教程[M]. 北京：高等教育出版社，2007：62-63.

解焦虑。于是戴着"知识干货"面具的"鸡汤文"应运而生，这类文章或是转述新知，如"一句话了解某某理论"，或是缩写书籍，如"三分钟看懂某某书籍"，搞出各种思维导图。这种抽去了血肉和思考过程的所谓"干货"充其量只是"观点"而已，不过是高级一些的"鸡汤文"。[1]

积累论据，除了需要观察和思考，每天关注重要媒体的新闻报道也是一个途径。除了评论者亲自接触到的新闻事实，来自媒体的报道也是论据的一个重要来源。这里包括两层意思：一是媒体发表的新闻会成为新闻评论写作的由头，二是新闻报道中可积累论据。报道中有刚刚发生的事实，有现象描述，有统计数据，等等。但这类论据也是最应该警惕的，因为媒体类型繁多，情形复杂，需要一定的媒介素养才可能比较准确地认识和判断来自媒体的论据和事实。曹林说，通过百度搜索获得的数字和信息很多是错误的，而且是谁都可以搜到的，属于大路货，最好还是自己建立资料库。

新闻评论不只是要注重角度、论点和逻辑，更重要的是知识和经验的积累，要有意识地培养积累知识经验的职业习惯。关于如何积累评论的知识和证据，曹林建议：① 随身带纸笔，记下碎片想法，培养专注力和深思力；② 养成建立自己的资料库的习惯；③ 习惯跟人对话，而非独自冥想；④ 为自己创造公开表达的机会。[2]

经典著作和权威机构、权威人物的材料，比如论断、原理、数字等。这些材料往往是极具说服力的。平时阅读的时候，需要注意一些历史典故、民间故事等。这个过程非常漫长，但如果平时没有积累，写评论时，面对观点就可能束手无策。

论据的处理对有些同学也是一个困扰。

处理新闻事实的基本原则是效率原则，即阅读新闻评论是为了了解观点，而不是了解事实，所以在新闻评论中，对事实的陈述要注意以下三点：一是应以更有效的表达观点为目的；二是叙述尽可能精简；三是要避免三种倾向——以叙代论、以引代论和以例代论。

具体来讲，由头要尽可能精简浓缩，而且一定要考虑使用由头的目的，由头本身一定要新鲜，或者正在热议，很吸引人。评论的判断对象必须简洁明确，并且明确为判断（观点）服务，或者以提出观点为叙述目的。对论据来说，一般没有必要叙述全过程，只需简洁交代事实本身即可。

---

[1] 张向荣. 揭开"鸡汤文"的面具[EB/OL]. （2020-03-25）. https://m.gmw.cn/toutiao/2020-03/25/content_123285540.htm.

[2] 曹林. 时评写作十六讲[M]. 北京：北京大学出版社，2020：23-27.

第五章

论证

逻辑推理的具体表现形式是论证。论证的成败取决于其所包含的推理的好坏。[①]

——D. Q. 麦克伦尼

论点、论据和论证是写好新闻评论的三要素。论点，就是作者对新闻事件的意见和观点，是新闻评论的核心。论据是用来阐明论点的材料。论证就是运用论据证明论点的过程和方法，是论据和论点之间的逻辑关系。论点是评论的核心和灵魂，解决"要证明什么"的问题；论据是支撑论点的事实和基础，解决"用什么来证明"的问题；论证是论点和论据之间的逻辑联系，解决"如何证明"的问题。

如果说论点是观点，论据是材料，那么只有通过论证才能使观点和事实统一起来，使论点和论据统一起来。论证就是运用论据阐明、证实论点的过程，也可以说是表示论点和论据之间逻辑关系的过程。本章讨论时评写作常见的逻辑与论证。

一、归纳推理及其应用

归纳推理是指从许多个别的事物中概括出一般性概念、原则或结论的思维方法。换句话说，就是从特殊知识归纳出一般知识，简称"从个别到一般"的方法，所以也称归纳论证。

根据前提所考察对象的范围不同，归纳推理可分为完全归纳推理和不完全归

① D. Q. 麦克伦尼. 简单逻辑学[M]. 赵明燕，译. 杭州：浙江人民出版社，2013：56.

纳推理（又分为简单枚举和科学归纳）。完全归纳推理考察某类事物的全部对象，不完全归纳推理则仅仅考察某类事物的部分对象。

完全归纳法：从一类事物中每个事物都具有某种属性，推出这类事物全都具有这种属性的推理方法。下面的例子就应用了完全归纳法。

直角三角形内角和是180°；

锐角三角形内角和是180°；

钝角三角形内角和是180°；

直角三角形、锐角三角形和钝角三角形是全部的三角形；

所以，一切三角形内角和都是180°。

完全归纳推理的特点：在前提中考察了一类事物的全部对象，结论没有超出前提所断定的知识范围，因此，其前提和结论之间的联系是必然的。

完全归纳推理要获得正确的结论，必须满足两个要求：一是在前提中考察了一类事物的全部对象，这就是"完全"的意思；二是前提中的所有判断都必须是真实的。

完全归纳推理不但有论证功能，对于人类发现新知识也具有重要功能，是非常重要的思维工具。完全归纳推理的前提和结论之间的联系是必然的，常被用作强有力的论证方法。完全归纳推理根据某类事物每一对象都具有某种属性，推出该类事物都具有该种属性，使人们的认识从个别上升到了一般。完全归纳思维非常容易触发，所以通常是人类总结反思知识的重要思维工具。

不完全归纳中最常见的是简单枚举。在一类事物中，根据已观察到的部分对象都具有某种属性，并且没有任何反例，从而推出该类事物都具有该种属性的结论，这就是简单枚举归纳推理。运用简单枚举法要尽可能多地考察被归纳的某类事物的对象，考察的对象越多，结论的可靠性就越大。要防止"以偏概全"的逻辑错误。

比如，"金导电、银导电、铜导电、铁导电、锡导电，所以一切金属都导电"。前提中列举的"金、银、铜、铁、锡"等部分金属具有导电的属性，从而推出"一切金属都导电"的结论。民间的许多谚语，如"瑞雪兆丰年""鸟低飞，披蓑衣"等，都是根据生活中多次重复出现的事例，用简单枚举归纳推理概括出来的真理。

简单枚举归纳推理的结论是或然的，因为其结论超出了前提所断定的知识范围。在实际应用中，举例子或例证法也经常被认为是一种论证方法，其逻辑基础就是简单枚举，因而举例论证并非强有力的论证方式，要给予足够的警惕。

不完全归纳中可靠程度较高的一种推理类型是科学归纳。它是根据某类事物中部分对象与某种属性间因果联系予以分析，进而推出该类事物具有该种属性的推理。比如：

金受热后体积膨胀；银受热后体积膨胀；铜受热后体积膨胀；铁受热后体积膨胀。因为金属受热后，分子的凝聚力减弱，分子运动加速，分子彼此距离加大，从而导致膨胀，而金、银、铜、铁都是金属，所以，所有金属受热后体积都膨胀。[①]

因此，科学归纳其实是在简单枚举的基础上，多了一个因果分析，重在寻找其原因或规律。它们都属于不完全归纳推理，前提中都只是考察了一类事物的部分对象，结论则都是对一类事物全体进行断定，断定的知识范围则超出前提。但是，多了"因果分析"，效果就会很不一样。

比如，二者推理根据不同。简单枚举归纳推理仅仅根据已观察到的部分对象都具有某种属性，并且没有任何反例。科学归纳推理则不是停留在对事物的经验的重复上，而是深入进行科学分析，在把握对象与属性之间因果联系的基础上做出结论。

前提数量对于两者的意义不同。对于简单枚举归纳推理来说，前提中考察的对象数量越多，范围越广，结论就越可靠。对于科学归纳推理来说，前提中考察的对象数量不具有决定性的意义，只要充分认识对象与属性之间的因果联系，即使前提中的考察对象数量不多，甚至只有一两个典型事例，也能得到可靠结论。

结论的可靠性不同。科学归纳推理考察了对象与属性之间的因果联系，因而，科学归纳推理的归纳强度比简单枚举归纳推理的归纳强度要大。请看下面的例子：

自 1789 年乔治·华盛顿就任美国首任总统开始，一直到现在的 200 多年里，美国一共产生了 44 任总统，其中有 8 人死于任期。唯一一位非"0 年魔咒"死在任期的是第 12 任总统扎卡里·泰勒，1849 年 3 月 5 日上任，1850 年 7 月 9 日病逝。从 1840 年到 1960 年，几乎所有在以"0"结尾的年份竞选成功的美国总统居然都死在任期！一共有 7 人。7 人中 4 人被暗杀，包括著名的第 16 任总统林肯。

美国历史上共有 11 位以"0"结尾的年份竞选成功的总统。除了前两位，即 1880 年的托马斯·杰斐逊、1820 年成功连任的詹姆斯·门罗，以及后两位，即 1980 年的罗纳德·里根、2000 年的乔治·布什，中间 7 人全部死于任期，无人摆脱"0 年魔咒"。

威廉·亨利·哈里森，1840 年竞选获胜。在职仅一个月，死于肺炎。从此开启了"0 年魔咒"。

亚伯拉罕·林肯，1860 年竞选获胜，1864 年成功连任。1865 年 4 月 15 日遇刺身亡。

詹姆斯·加菲尔德，1880 年竞选成功。1881 年 9 月 19 日即被枪击暗杀。

威廉·麦金莱，1900 年成功竞选连任。1901 年 9 月 6 日遇刺受伤，当月 14 日去世。

---

① 周建武. 科学推理：逻辑与科学思维方法[M]. 北京：化学工业出版社，2017：23.

沃伦·哈定，1920年大选获胜。1923年8月2日突发心脏病，死在酒店的房间内，死因不明。

富兰克林·罗斯福，1940年开始他的第2次连任。1945年4月因大脑动脉瘤病逝于第四个任期中。

约翰·肯尼迪，1960年大选获胜，1963年11月22日被刺身亡。

罗纳德·里根，1980年大选中获胜。里根上任后的第70天，险些被暗杀，但最终逃过一劫，也终结了美国总统的"0年魔咒"。

其后，2000年大选成功的乔治·布什也已安然度过了自己的任期。

美国总统的"0年魔咒"源于印第安人的诅咒。根据美国民间的传说，美国将军威廉·亨利·哈里森（未来的总统候选人）率领的军队在蒂皮卡诺大战中一举击溃了著名的美国印第安人首领特科抹人和他的军队，并对印第安人实施了残酷的屠杀。愤怒的特科抹人对美国人施加咒语说："我告诉你，哈里森将死。继他之后每隔20年，每个在尾数是0的年份当选的总统都无一例外地必须在任上死去。"[1]

这段文字列举了美国7位总统全部死于任期的事实，试图说明美国总统存在"0年魔咒"现象。其逻辑基础是归纳推理，而且是不完全归纳，所以这个结论是"或然"的。但是，由于作者列举了7位总统死于任内的事实，感觉很有说服力。但只要没有列举全部尾数是0的年份上任的总统，就是"简单枚举"，其结论就是不可靠的。

举例能做什么？

论证观点时，举例不可避免，但初学评论，我们对举例一定要有足够的认识和警醒。从严格意义上讲，举例很难称得上是论证方法，因为，在大多数情况下，举例并不能证明观点正确。当然，举例也并非完全无用：举例可以作为辅助手段，增强论证效力；同时，对于具体判断，以及反驳或推翻某些观点，举例会很有用。

有很多书将列举诸多事例来证明论点成立的这种方法称为"举例论证"。在不同的书里，有许多不同的叫法，比如归纳法、归纳论证、摆事实、事实论证、举例子、例证法、举例论证等。举例的逻辑思维基础是归纳推理。所以，理解举例论证需要清晰了解归纳推理这种逻辑推理方式。请看下面的例子：

中国游客在国外的文明素质整体不高，当前阶段亟待规范这些不文明旅游现象。一位在埃及旅游的中国网友发布了一条微博，微博里卢克索神庙浮雕上赫然刻着中文"某某到此一游"。在法国，去教堂都要穿着整齐并脱帽，同时禁止拍照。但有些中国人去教堂参观时总是急急忙忙，不注重自己的仪容，还随意拍照。由此可见，部分中国游客在国外的文明素质不高，这既需要个人提升自身文明素质，

---

[1] 周建武. 论证有效性分析：逻辑与批判性写作指南[M]. 北京：清华大学出版社，2016：25.

也需要国家进行硬性约束，内化于心，外化于行，将文明旅游进行到底。①

　　这段文字中有一个普遍性的判断：中国游客在国外的文明素质整体不高，但是作者支持这个判断的事实只是两个例子。很显然，简单举两个例子，通过"由此可见"，归纳出一个普遍性的判断，根本不可能。段尾还有一个限制性词语——"部分中国游客"，但是段首说的是"中国游客"，从"部分游客"到"中国游客"，这中间也没有任何分析和说明，显得比较随意，不够严谨。如果要证明的观点是一个具体判断，比如"中国游客在国外存在不文明行为"，或者"有个别游客素质不高"，则采用举例子的方法是十分有效的，因为证明的观点是"存在不存在"或"有没有"这样的具体判断。所以，举例能否证明观点，与观点本身是"特称"还是"全称"有关。请看下面的文段：

　　舜发于畎亩之中，傅说举于版筑之中，胶鬲举于鱼盐之中，管夷吾举于士，孙叔敖举于海，百里奚举于市。故天将降大任于斯人也，必先苦其心志，劳其筋骨，饿其体肤，空乏其身，行拂乱其所为，所以动心忍性，曾益其所不能。②

　　这是孟子的《生于忧患，死于安乐》的文段。孟子举了六个摆脱苦难而终成大人物的例子——舜、傅说、胶鬲、管夷吾、孙叔敖、百里奚——进而得出"天将降大任于斯人也，必先苦其心志，劳其筋骨，饿其体肤"这样一个结论。从逻辑的角度看，这个结论当然是不可靠的，它是不完全归纳，而且我们很容易举出更多的身处苦难却一事无成的人。换句话说，出身苦难和受苦受难不是成才的充分条件。另外，这个例子其实也存在"幸存者偏差"的问题，即通过挑选特殊样本、忽视大量其他样本来支撑观点。

　　因此，在时评中举例，要明确地认识到：自己需要证明什么？这个例子是否能够证明？在 2020 年 3 月新冠肺炎疫情肆虐中国武汉的时候，《人民日报》有一篇评论《更好发挥数字化抗疫作用》，其中一段中所举例子就非常贴切：

　　利用信息化手段精准防控疫情蔓延，考验着城市数字化管理能力。其中，既有成果显著的应用经验，**也有值得记取的不足**。比如媒体报道的"10 份证明文件抵不过 1 个健康码"的个体遭遇，暴露出认码不认证的"一刀切"思维，以及数据同步延迟背后的系统衔接问题。又如，健康码投入使用，但一城一码，也给城市之间人员流动带来互通互认的难题。在复工复产稳步推进、地区间产生大量人员流动的情况下，解决好这些问题，需要在政策动态调整中统筹考量。③（文中粗体为笔者所加）

---

① 公务员学习. 不会写申论？记住 6 种论证方法[EB/OL]．（2019-09-19）．https://www.sohu.com/a/341873480_367533.

② 见孟子的《生于忧患，死于安乐》。

③ 肖擎. 更好发挥数字化抗疫作用[N]．人民日报，2020-03-19（5）．

这段文字中，通过"比如"和"又如"举了两个例子。这两个例子证明的判断是"利用信息化手段精准防控疫情蔓延，有值得记取的不足"。这是一个具体判断，涉及"有还是没有"的问题，例子就很有说服力地支持了观点。

一般情况下，举例多用于支持某个小判断或分论点，整篇文章用例子作支撑的情况比较少见。《权钱结盟新阶段》就是这样一篇靠三个例子支撑起来的时评。[①]作者在第二、三、四段分别陈述了三个事例，即"120"急救中心被私人医院垄断经营、派出所挂私人公司保卫处的牌子、政府部门为私人老板儿子举办超豪华婚礼并派两百多名警察在现场守卫。这三个例子都是权威媒体公开报道的新闻事件。通过这三个事件，作者试图归纳和总结这样的观点："然而，从近期一些新闻报道，我们蓦然发现，在一些地方，官商结盟已经开始从个人行为演变成'政府行为'，并且赫赫奕奕在光天化日之下亮相。"后两段主要是官商勾结规模化、公开化的危害以及作者的"奉劝"。从认识的角度，这篇评论贡献了一个很深刻的发现，就是发现官商结盟已经开始从个人行为演变成"政府行为"，并且赫赫奕奕在光天化日之下亮相。这在认识层面是有价值的，是发人深思的，正如作者所说，如果听任官商结盟，那么，中国就有可能陷入"坏的市场经济"即"权贵资本主义"的泥淖。所以，这是一个好观点、好判断。

但这个观点是否做了有效论证和支撑呢？换句话说，三个例子能否证明"官商勾结规模化、公开化"这样的普遍判断？说实话，还是比较困难的，因为这是一个不完全归纳推理。后面再详细说明这一点。

那么，如何评估举例论证呢？

举例论证的逻辑基础是归纳推理，其实质是从部分推断整体。在这个过程中，我们需要对结论的可靠性进行评估。在逻辑学上，归纳推理的评估也叫"归纳论证的有效性分析"。

刚才的表述，其实已经涉及这个问题。比如，很多书指出，具体运用举例论证时，所列举的事实必须典型，事实论据与论点之间必须有内在的逻辑联系，否则很可能写成简单的观点加例子，使观点缺少说服力。

一般来说，评估这样的举例论证，可以从七个方面入手：① 前提是否为真；② 前提与结论是否相关；③ 结论的范围是否有适当限定；④ 有没有反例；⑤ 所举的例子数量是否足够大；⑥ 考察对象的范围是否足够大；⑦ 所举例子是否具有代表性。[②]

再来看《权钱结盟新阶段》的第一段：

官商勾结、权钱交易，这些年一直是社会大众关注的问题。一些人"空手套

---

① 鄢烈山. 中国的心病[M]. 广州：南方日报出版社，2012.

② 周建武. 科学推理：逻辑与科学思维方法[M]. 北京：化学工业出版社，2017：28-29.

白狼"的暴发，一些官员栽进监牢，就是这种勾结和交易的结果。以往关于这方面的案件通常是个人行为，即私对私的黑幕交易。然而，**从近期一些新闻报道，我们蓦然发现，在一些地方，官商结盟已经开始从个人行为演变成"政府行为"，并且赫赫奕奕在光天化日之下亮相**。（文中粗体为笔者所加）

结合前文叙述，以及文章第一段的表述，我们该如何评估这个论证的效力呢？

仔细分析后发现，作者要证明的是，权钱交易行为从"私对私的黑幕交易演变成公权部门与利益集团之间的公开勾结"。对于这个观点，隐含着两个基本判断：一是权钱结盟的性质有没有这种演变？二是这种性质的演变是不是普遍的？对于第一个判断，其实只要有一个例子就可以证明；但对于第二个判断，即便举三个例子，也是有局限的，因为这是不完全归纳推理。所以，该文能说明权钱结盟的性质发生了改变，且程度比较严重，但在说明这种现象有多普遍方面仍存在不足。这个时评的观点，显然更侧重于判断"性质"的变化，而非"数量"的变化。

如果结合评估的七条准则具体分析，大家理解这个问题可能会更深一些。

前提是否为真？这篇评论中三个事例均出自我国权威媒体的公开报道，事实层面是可以保证的。前提与结论的关联性非常强，三个事例都是公权部门与私人利益集团之间的结盟行为，这种行为显然与以往"私对私的黑幕交易"不同。

结论的范围是否有适当的限制？作者对观点的表述还是有限制的。作者明确指出，这个归纳的数量只是"近期的一些新闻报道"，而不是全国，不是此类全部事例。同时，这些现象也并非全部，而是"在一些地方"，这样，观点其实就是一个特称判断。可以看出，作者对观点的限制，其实是对归纳推理的深刻理解与灵活应用。

有没有反例？在这个案例中，作者的观点是有范围限制的，所以，这些例子只是媒体公开报道被暴露出来的案件，还有没有暴露出来的，但可以肯定，对于这种不正常现象，"反例"就是正常现象，所以分析这个案例的反例是没有意义的。

所举的例子数量是否足够大？作者只列举了三个例子，数量有限。

考察对象的范围是否足够大？范围不够大。作者明确指出，这个归纳的数量只是"近期的一些新闻报道"，而不是全国，不是此类全部事例。

所举例子是否具有代表性？这三个例子很有代表性，都是公权部门与利益集团之间的公开结盟的典型例子。作者在叙述事例时，挖掘和分析了三个事例的共同点，就是"公权部门"与"私人资本"相勾结或结盟，即"权钱结盟"，如作为国家官方医疗急救系统的"120"急救中心却由私人医院垄断经营，比如派出所挂私人公司保卫处的牌子，再比如政府部门为私人老板儿子举办超豪华婚礼并派两百多名警察在现场守卫。这种现象为什么危害巨大？因为，政府是公权的行使者，是代表和维护公共利益的，它应当超脱于各个利益集团和私家、个人之上，保持不偏不倚的立场，必须时时警惕它沦为某些特殊个人与群体的工具。若用有中国特色的政治术语来表达，它应当"代表最大多数人的利益"。而这三个事例都是公权力沦为私人利益集团的工具的典型代表。也就是说，这三个事例是很有典型性和代表性的。作者对三个事例与观点之间联系，也做了类似科学层面的"因果分析"的努力，因而大体相当于不完全归纳中的"科学归纳"，结论的可靠性得以提升。

再比如下面这两段话：

不久前结束的十届全国人大常委会第二十八次会议上，一共审议了7个法律草案，其中4个为立法案，3个为修法案。后者包括了民事诉讼法修正案草案、节约能源法修订草案和律师法修订草案。我们可以看看这些要修改的法律的实施年头：民事诉讼法，1991年通过，施行16年；节约能源法1997年通过，施行10年；律师法1996年通过，2001年已经进行了一次修订，至今仅过去6年。另有消息称，诸如刑事诉讼法、行政诉讼法、国家赔偿法等一批引人注目的重要法律，也已列入本届人大常委会的修法计划。

可以预料的是，在不远的将来，**修法就会超越立法，成为全国人大及其常委会的主要工作内容。与修法频繁相伴随的，是立法和修法的日益艰难。**《公务员法》13易其稿方获通过，《物权法》的出台则经过了8次审议，《劳动合同法》也经过了4次审议。^①（文中粗体为笔者所加）

《从"立法时代"步入"修法时代"》的这两段，其实有两个归纳推理的过程：一是以多个法律修订的事实，归纳出"在不远的将来，修法就会超越立法，成为全国人大及其常委会的主要工作内容"这个观点；二是通过《公务员法》13易其稿方获通过，《物权法》的出台则经过了8次审议，《劳动合同法》也经过了4次审议这三个事实，归纳出"立法和修法的日益艰难"的判断。

从有效性评估的角度看，举例论证容易出现三种不当。

一是特例概括，就像大家都熟悉的寓言故事"守株待兔"，就是特例，不能说明什么。再如"黄永玉一生抽烟很凶，但很高寿，可见抽烟不会对健康有大影响"。这个论证就是无效的，为什么？因为结论是普遍性判断——"抽烟不会对健康有大影响"，这需要统计层面的数据和事实去支持，不能用黄永玉抽烟这个特例去支持。

二是机械概括。这种概括忽视时间因素，机械地以样本属性为根据，对事物现在和未来做出概括。"调查表明，目前中年消费者收入的39%花在了百货商店的商品和服务上了；但年轻人的数据仅为25%。由于未来十年内，中年人口将会剧增，所以，百货商店应该加大老年人的商品和服务。"^②这个"百货商店应加大老

---

① 王琳. 从"立法时代"步入"修法时代" [N]. 北京青年报，2007-06-30（A2）. 另，材料中的《物权法》今已废止，相关条款内容已并入《中华人民共和国民法典》。

② 周建武. 科学推理：逻辑与科学思维方法[M]. 北京：化学工业出版社，2017：30.

年人的商品和服务"的结论，所使用的统计数据只是当前的数据，而未来十年中，很多因素会发生变化，故结论缺乏论据支撑。

三是最常见的错误——轻率概括。如样本太小，以不具代表性、典型性的事例归纳出普遍性的结论。举个简单例子："知识分子家庭出身的孩子都聪明，你看张三、李四、王五都聪明，因为他们的父母都是知识分子。"这当然是一个存在逻辑谬误的论证，很多初学者经常做出这样的不当论证。

二、演绎推理及其应用

逻辑的三个核心要素是：概念、判断和推理。请看例子：

所有人都会死，

苏格拉底是一个人，

因此，苏格拉底会死。

"人""死""苏格拉底"都是概念。作为概念，它有两个基本逻辑特征——内涵和外延：内涵是概念中思维对象的本质或特征，而外延是该概念的所指对象的集合或类别。比如，"人"的内涵是"会语言、会思维、会制造和使用劳动工具的动物"，外延是"古今中外不同民族、不同肤色、不同语言、不同文化所有个体构成的集合或类"。

这三句话，每句话单独看都是一个判断。这在逻辑学里一般称作直言命题或直言判断，就是断定对象具有或不具有某种性质的简单命题，一般逻辑书将其分为全称、特称和单称三类共六种基本类型，即：全称肯定/否定——所有 s 都是/不是 p；特称肯定/否定——有 s 是/不是 p；单称肯定/否定——某 s 是/不是 p。

这三句话，放在一起就是一个推理。推理就是从前提到结论的过程。在演绎推理中，只要前提正确，则结论一定是正确的。比如"所有人都会死"这个大前提正确，通过正确的演绎推理，得出的结论"苏格拉底会死"也是正确的。

演绎推理有三段论、选言推理、假言推理、关系推理等形式。在新闻评论中，最常见的应用是三段论。三段论推理的最早提出者是古希腊的哲学家、科学家和教育家亚里士多德，他也是逻辑学的创始人。

三段论可以简单理解为通过一个大前提和一个小前提推出一个结论的过程。大前提——已知的一般性规则或原理，如"人会死亡"；小前提——当前研究的特定情况，如"苏格拉苏是人"；推出结论——根据一般规则或原理对特定情况做出判断，如"苏格拉底会死"。

演绎推理，即从一般事理的正确演绎出个别事理的正确，简称"从一般到个别"的方法。演绎推理是以一般原理作为前提，对个别事物进行判断。演绎推理的基本形式是三段论，它由两个已知判断作为前提推出一个新的判断。三段论的公理是：一类事物的全部是什么或者不是什么，那么这类事物的部分也是什么或者不是什么。其实质是整体与部分的包含关系。

演绎推理是由一般到特殊，而归纳推理是由特殊到一般。二者刚好相反。比如"凡是中华人民共和国公民都应该遵守宪法和法律，张三是中华人民共和国公民，所以，张三应该遵守宪法和法律"。这就是演绎推理，推演个体张三的责任。"知识分子都是应该受到尊重的，人民教师都是知识分子，所以人民教师都是应该受到尊重的。"这也是三段论。

演绎推理的结论是必然的，但要保证这种必然性，对其推理有严格的要求和限制。比如，作为经典的演绎推理的三段论，其规则包括：① 在一个三段论中，必须有且只能有三个不同的概念；② 中项在前提中至少必须周延一次；③ 前提中不周延的概念，在结论中不得周延；④ 两个否定前提不能推出结论；⑤ 前提之一为否定判断，结论必为否定判断；结论是否定的，前提之一必须是否定的。⑥ 两个特称前提不能得出结论；⑦ 前提之一是特称的，结论必然为特称的。①

归纳与演绎的关系是相反相成的。首先，二者推理方向相反。演绎推理的方向是从一般到个别，比如"人会死"是人一般的生命规律，由"苏格拉底"是个体生命，推导出"苏格拉底会死"。归纳推理的方向则是从个别到一般，比如苏格拉底会死、孔子会死、秦皇汉武会死、唐宗宋祖会死、成吉思汗会死……这些都是个体的人，都会死，则推导出"人会死"。

其次，前提数量一个确定，另一个不确定。演绎推理前提的数量是确定且相对有限的，即"大前提+小前提"就可以进行推导；归纳推理前提的数量则是不确定的，比如要得出"人会死"这个结论，归纳推理涉及的前提可能有三个，也可能有五个，涉及的每一个人就是一个前提，至于具体涉及多少个，是不确定的。

最后，知识范围一个在其内，另一个已超出。演绎推理得出的结论所涉及的知识，不会超出大前提所提供的知识范围，如上"苏格拉底会死"，在"人会死"这个知识范围之内。归纳推理得出的结论所涉及的知识，会超出前提所提供的知识范围，比如"人会死"超出"某某会死"的知识范围。

演绎推理与归纳推理之间是紧密相连、不可分割的。归纳推理的结论为演绎推理提供了大前提。演绎推理的大前提是一般性的原理或规则，这是靠归纳推理提供的；演绎推理为归纳推理提供了方向和指导。在实际的思维与表达中，演绎之中有归纳，归纳之中有演绎，两者相互依赖、互为补充。

演绎推理在新闻评论中特别常用，它是从普遍到具体、从一般到特殊、从整

---

① 周建武. 科学推理：逻辑与科学思维方法[M]. 北京：化学工业出版社，2017：231.

体到部分的认识过程，在使用中，往往有"引证法、引用论证（引经据典）、讲道理、道理论证、演绎法、演绎论证"等众多称呼，这些方法大同小异。**演绎的本质就是引用大道理、法律法规、名人名言、格言谚语等支撑自己的观点。** 在时评写作中，引证法常常较窄，仅指引用证词、名人名言、格言谚语等。如果用常识、大道理、法律法规来支撑自己的观点，则是演绎。归谬是演绎推理的反驳应用。

写作新闻评论文章时，常常引用经典著作中的精辟论断，引用古典文献中的一些典故或民间流传的故事传说，引用大师的格言警句，引用报刊文章中的论述、观点等材料，作为论据和推理的前提，来加强和引证作者所提出的观点。在引证时，要注意准确性，切忌断章取义；引证不宜过多，以免以引代论。

其实，演绎推理在新闻评论中还有一种常见应用，就是在判断法律事实中，因为演绎推理在法律应用中非常普遍，法官往往以成文法为大前提，以案件事实为小前提，运用演绎推理得出结论，即某个具体犯罪事实应承担什么法律后果。

比如，据《中国消费者报》报道，有消费者购买"小天才"T1儿童平板电脑，能在应用商店搜索下载许多含有血腥、暴力、犯罪的游戏及广告。对此，"小天才"就上述情况以及电话手表中第三方应用软件诱导消费，在其官网回复称将进行整改。整改包括：针对反馈的问题应用立即进行下架处理，对含有不良内容的应用软件永不上架；排查应用商店的全线产品，加强 App 上架前的审核机制；优化家长端对第三方应用程序的管控功能；等等。

对此熊丙奇认为，此案例涉嫌多重违法违规：

> 这是涉及多重违法违规的经营行为。一是超出教育服务经营范围，开展游戏服务。以提供免费在线教育资源为噱头，吸引学生下载 App，结果在 App 中提供游戏服务，诱导学生充值玩游戏。二是违反防止未成年人沉迷网络游戏的规定，绕过监管，不受限制地向未成年人提供游戏服务。根据媒体报道的信息，这实质就是游离在监管之外的非法游戏经营，平板只是为提供游戏做"掩护"。三是 App 中含有色情、暴力内容，给孩子的人格发展带来很大的负面影响，走到了育人的反面。[①]

这是《儿童平板电脑含有黄暴内容，涉嫌多重违法违规》中的一段，其实也包含着多个演绎推理。每一个演绎推理都将相关法律法规作为大前提，将儿童平板电脑的违法行为作为小前提，判断其是否违法违规。比如，其中一个演绎推理是这样的：大前提是《关于防止未成年人沉迷网络游戏的通知》，小前提是"小天才"T1儿童平板电脑吸引学生下载 App，在 App 中提供游戏服务，诱导学生充值玩游戏，容易引起沉迷。推出的结论是：这违反了防止未成年人沉迷游戏的规定。

---

① 熊丙奇. 儿童平板电脑含有黄暴内容，涉嫌多重违法违规[N]. 北京青年报，2022-07-12（A2）.

三、类比推理及其应用

类比推理，即通过比较，由两个（两类）事物某些属性相同，推导出它们的其他属性也有可能相同的论证方法。它是从"个别"的前提出发，推导出"个别"的结论。类比推理是由特殊到特殊的推理过程。简言之，就是：

A 对象有 a、b、c、d 属性；

B 对象有 a、b、c 属性；

所以，B 对象有 d 属性。

这种类比思维在日常生活中很常见。比如，我国地质学家李四光，将我国松辽平原的地质结构与中亚的地质结构进行类比，发现二者的地质结构基本相同。中亚、西亚地下有石油，他推断松辽平原地下也应该有石油。结果松辽平原发现了大庆油田。

类比思维是一种特别容易触发的思维工具。鲁班用类比思维发明了锯子：丝茅草叶扁平长条，两边有齿，锋利能割物；依此形状仿制铁片，同样也能割物。

类比推理与归纳推理和演绎推理也是密不可分的，是有关系的。事实上，类比推理的第一步是归纳，第二步是演绎。比如下面的这个推理：

我新买的 R 品牌笔记本电脑将给我好的服务，因为我三个同事之前买的这三台 R 品牌笔记本电脑给了他们好的服务。[1]

"因为这三台 R 品牌笔记本电脑都给了好的服务，所以所有 R 品牌笔记本电脑都会给好的服务"，这就是归纳推理。"所有 R 品牌笔记本电脑都会给好的服务，我新买的笔记本电脑也是 R 品牌的，所以，也将给我好的服务"，则是演绎推理。

医学领域进行细胞、生理实验的研究，需要在老鼠身上做实验，这其实也是类比：因为老鼠和人在一些方面类似，所以药物在老鼠身上产生的反应，可能也会在人身上产生。仿生学其实在大量应用类比思维。发明家专门研究各种生物系统所具有的功能原理和作用机理，从而实现新的技术设计。比如，飞机、潜水艇、机器人等最初的设计思想，就是通过鸟、鱼、人等类比而受到的启发。

类比推理在时评写作中还是比较常见的。比如《乞丐乞讨和贫民捡枯枝》[2]，全文的核心思维就是一个类比，换句话说，这篇评论的核心观点和判断其实是建

---

[1] 周建武. 科学推理：逻辑与科学思维方法[M]. 北京：化学工业出版社，2017：38.

[2] 李天伦. 乞丐乞讨和贫民捡枯枝[EB/OL]. （2003-12-23）. http://news.sina.com.cn/o/2003-12-23/01091404742s.shtml.

立在类比推理的基础之上的。但是要注意，类比推理的结论是或然的，需要评估类比结论的可靠性。

这篇评论中，作者的核心观点是城市不应该禁止乞丐乞讨。怎么证明呢？作者全文都在将"乞丐乞讨"和马克思论著中的"贫民捡枯枝"二者进行比较，寻求两者的相同点。

在马克思的《关于林木盗窃法的辩论》的著作里，"贫民捡枯枝"是贫民享有的习惯权利，是社会自发产生、得到社会公认的，是合理的。作者的思路是，证明"乞丐乞讨"和"贫民捡枯枝"二者在很多方面很相似，既然"贫民捡枯枝"是合理的习惯权利，那么，"乞丐乞讨"也应该是乞讨的合理的习惯权利。因此，不应该禁止乞讨。

我们来看看《乞丐乞讨和贫民捡枯枝》核心论证的段落：

其实，在我看来，贫民也好，乞丐也好，这个"合理的习惯权利"都是应该有的。马克思说"贫民在自己的活动中发现了自己的权利"，乞丐何尝不也是这样。在天灾人祸后，人们为了生存，自然地就发现并选择了行乞这种低微的生存方式。在长期的实践中，乞讨让人渡过难关的事例屡见不鲜。这也证明，乞讨是一种行之有效的生存方式，是求生的本能抓住的最后一根救命稻草。这也正如马克思所说，"在贫民阶级的这些习惯中存在着本能的权利感"，乞丐在乞讨过程中也存在着本能的权利感。

应当说，从本质上看，乞丐乞讨和贫民捡枯枝是没有任何区别的，都是一项"合理的习惯权利"。当然，说它合理，除了马克思的论述外，还有以下几个原因。首先，允许乞讨是合乎社会进步的。社会不可能在一个社会人穷困潦倒的状态下，不允许他去乞讨，而眼睁睁地看着他死去。这是任何一个进步的社会都不允许的。在我国，现有的社会保障体系无法让每个人都能得到应有的保障。在这样的情况下，允许乞讨实际上是一种救助方式。难道我们连这个最廉价的救助都吝啬施舍吗？而且，允许乞讨还符合人们的善良风俗。许多慈善家都是乐善好施的，我们不仅没有责怪他们，反而报以特别的钦佩、赞赏，甚至提倡全社会都来做好慈善事业。而对于慈善家来说，他们在救助贫弱者的同时，也满足了他们的善良的愿望。对此，我想，我们的政府、我们的立法者不会违背人们的善良愿望而行吧？[①]
（文中粗体为笔者所加）

作为类比论证，这里其实是证明"乞丐乞讨"和"贫民捡枯枝"二者在很多方面很相似，就是寻找关键的相同点。这两段，作者其实只在"乞丐在乞讨过程中也存在着本能的权利感"这一点上，与"贫民捡枯枝"找到了相同点。遗憾的是，作者非常笼统地断定：从本质上看，"乞丐乞讨"和"贫民捡枯枝"是没有任

---

① 李天伦. 乞丐乞讨和贫民捡枯枝[EB/OL].（2003-12-23）. http://news.sina.com.cn/o/2003-12-23/01091404742s.shtml.

何区别的，都是一项"合理的习惯权利"。为什么这样说呢？真的没有任何区别吗？比如"贫民捡枯枝"的行为，发生在19世纪的德国，而且在乡村，捡枯枝不会对别人的生活造成干扰和影响，时代相差也很多；而"乞丐乞讨"行为发生在中国，在城市的繁华街道，乞讨多少会对市容和别人的生活造成干扰和影响。如果联系到这些不同，恐怕将这两者进行类比，对观点的支持力度就会有乏力感。

好在这篇评论还分析补充了三个理由，即允许乞丐乞讨合乎社会进步，是一种自我救助方式，也符合人们的善良风俗。这多少弥补了类比论证的乏力感。

需要强调的是，类比论证的可靠程度不高。进行类比的两类事物之间相关程度越高，则结论越可靠。逻辑学家金岳霖在《形式逻辑》中说："类比法的可靠程度取决于两个或两类事物之间的相关程度。如果相同的属性与推出的属性之间的相关程度越高，那么，类比法的可靠性就越大。"英国逻辑学家斯泰宾在《有效思维》中也说："类比推过头就要'不灵'。所有类比早晚都要不灵，所以谨慎的思维者总是提防出现不灵的那个点。"[1]

其实，我国古代就发现了类比推理的局限。如《墨经》中的"异类不比"："木与夜孰长？智与粟孰多？"意思是：木头占据空间，夜晚涉及时间；智慧属于精神范畴，粟米属于物质范畴；二者不同类，不可比。汉代刘安在《淮南子·天文训》中也说："物固有似然而似不然者，故决指而身死，或断臂则顾活，类不必可推。"

我们知道，在类比论证中，案例 a 成为初始类比物，被类比的事物是案例 b，被称为类似物。并且假定 a、b、c 为相似属性，d 为推出属性。那么，评估类比推理可以从以下八个方面进行：[2]

（1）相关性问题：相似属性与推出属性是否具有相关性？即 a、b、c 为相似属性，d 为推出属性，二者相关程度越高，则结论可靠程度越高。

（2）相似性问题：类比事物之间的相似性如何？A、b 之间的相似属性越多，则结论可靠程度越高。

（3）差异性问题：差异性的性质和程度如何？A、b 之间是否存在显著的差异性？比如蚂蚁和大象相似点很多，但差异的关键是体型。再比如，地球和月球相比，也有很多共同属性，如都属于太阳系星体，都是球形的，都有自转和公转，等等。既然地球有生物存在，那么月球也有生物存在。[3]可惜，月球同一地点温度变化极大，白天可上升到100摄氏度，晚上可降至零下160摄氏度，生物如何存活？

（4）结论的范围问题：结论的具体性如何？结论所做的断言是否适度？结论越宽泛，则类比的结论越可靠。

① 马少华. 新闻评论教程[M]. 北京：高等教育出版社，2007：90-91.

② 周建武. 科学推理：逻辑与科学思维方法[M]. 北京：化学工业出版社，2017：47-52.

③ 周建武. 科学推理：逻辑与科学思维方法[M]. 北京：化学工业出版社，2017：55.

（5）真实性问题：初始类似物是否真的具有推出属性？即 a 是否真的推出属性 b？

（6）可比性问题：类比事物之间是否具有可比性？世间任何两个事物之间几乎都具有某种相似性，但不能简单进行类比。本质不同的事物，也不能用表面的相似进行类比。例如："所有的灰狼都是狼，因此，所有的疑似 SARS 病例都是 SARS 病例。"这就是类比不当，因为前者是包含关系，而后者却不包含。再比如："两台电视机有相同的外形、颜色、出厂日期，价格也差不多，因此，二者图像质量也差不多。"当然不是，因为图像质量的决定因素不是价格、外形、颜色等。周建武在其书中举过一个例子：奥巴马和希特勒都曾当选为美国《时代》年度人物；都曾出版过畅销书；都拥有类似的血统（奥巴马母系祖先是德国人，希特勒祖先是奥地利人）；两人掌权时都值经济衰退期；两人都受到非洲裔美国民权运动领袖马丁·路德·金的影响；两人都是深受民众崇拜的领导人；两人都是天才的演说家……你大概已经有结论了，但是这个结论肯定会吓你一跳。①

（7）可类推问题：类比事物之间是否可类推？比如，同一个物体或不同物体在不同时间的类比，就需要考虑时间因素对样本属性的影响，不可机械类推。过去和现在的事实其实很难对未来做出概括和类推。

（8）多个事物类比的差异性问题：初始类似物中的其他相似性和差异性如何？即相对于 a 且存在推出属性 d 的其他案例，是否具有其他相似性和差异性。这要考虑两个要素：一是类比物的实例数量是否足够多；二是前提中实例的多样性越大，则结论越可靠。

评估类比推理的有效程度，一般从上述八个方面进行思考，就会有一个大概的判断。类比推理不但在评论中应用广泛，在法律中也有广泛应用。

湖北省宜昌市伍家岗区人民法院审判员冯昊在一篇文章中提到，演绎推理作为主要的法律推理方法有其局限性，而类比推理在法律推理方法上是演绎推理的重要补充。刑法虽然禁止类推适用，但是在法律适用方法上并不完全禁止，在刑法适用中正确运用类比推理而不至于陷入类推适用陷阱的关键在于两点：① 类比推理在刑法适用中只能运用于验证刑事案件大、小前提的正确性，为司法三段论提供外部证成而不能直接得出结论。② 类比推理不能超出刑法所应当具有的含义。②演绎推理是通过将事实涵摄于规范之下得出结论，实际上结论就包含在前提之中，故演绎推理所得出的结论实际上是将前提缩小范围后再陈述一遍，并未给人带来新的知识，仅仅是缩小范围后重复旧的知识而已。例如：

> 所有武器都是危险的；手枪是武器；所以手枪是危险的。

---

① 周建武. 科学推理：逻辑与科学思维方法[M]. 北京：化学工业出版社，2017：61.
② 冯昊. 论类比推理在刑事法律适用中运用[J]. 今天律师，2016（12）.

该推论的结论"手枪是危险的",并未超出"所有武器都是危险的"这一认知范围,因此,该结论仅仅是对人们已有知识的重复。例如,我国刑法规定,携带凶器抢夺,即以抢劫罪定罪处罚。某人携带盐酸抢夺,是否以抢劫罪定罪处罚?这时需要论证盐酸是不是凶器。凶器,按照字面意思,是指刀剑等用来行凶的器械,而盐酸显然并非刀剑这样的利器,亦非通常意义上的器械,因此这时仅仅依照三段论,很难推出盐酸是不是凶器的事实,故当出现有别于传统认识的新的案件事实时,仅仅依靠演绎推理很难获得满意的效果。

怎么办呢?类比推理就可以较合理地解决这个问题。当演绎推理的大、小前提并非一一对应的关系时,可以运用类比推理进行证成,推出小前提是否涵摄于大前提的结论。如判断某人携带盐酸抢夺是否依照我国刑法规定以抢劫罪定罪处罚,关键在于论证盐酸是否属于凶器。运用类比推理,我们可以将盐酸与我们通常所理解的凶器进行比较,可以看出:

手枪、机枪、大炮都对人类具有杀伤力;
它们是凶器;
盐酸因为具有强腐蚀性对人类也具有杀伤力;
(结论)盐酸也是凶器。

因此,类比推理是对演绎推理的重要补充。我们运用类比推理,能够对演绎推理的前提进行证成,确保演绎推理的正确性。

四、统计推理及其应用

统计推理是从样本过渡到总体的推理,是从总体中抽取部分样本,通过对抽取的样本进行合理分析,进而对总体做出合理判断,它是伴随着一定概率的推测。

理解统计推理,涉及对象总体、样本、统计属性、抽样和样本的代表性五个重要概念。对象总体是被调查的某群对象的全体。样本是从总体中被抽取的部分。统计属性是样本所具有或不具有的某种属性。抽样就是从对象总体中选取样本总体的过程,抽样方法对于统计推理的结论至关重要,如果抽样方式不合理,即使统计数据再准确,结论也没有说服力。样本代表性指被调查的对象能够反映其他被调查的对象的性质。

统计推理属于不完全归纳推理,其结论所断定的范围超出了前提所断定的范围,前提与结论之间的联系不是必然的,因而其结论是或然的,需要进行可靠性评估。

统计推理的评估准则如下。

一是明确结论问题：结论是什么？需要注意的问题是，论题或结论中说了什么和没说什么？是否明确了结论中的具体概念？是否混淆或偷换了概念？比如，"本品牌的手机便宜 800 元"。这个判断并没有说明"跟谁比"，是跟这个牌子以前的比，还是跟这个牌子的所有手机比，还是与其他牌子的手机比？不清楚。

二是数据意义问题：统计数据有何含义？主要考虑数据能说明什么问题，是否存在数据陷阱？是否遗漏了什么？如相关因素和比较基础。例如：这个省历史上并不是肺结核高发地区，然而最近十年因肺结核死亡的人数比例却比全国的平均值还要高两倍，这说明最近十年该省肺结核病防治水平下降了。而事实却是，该省气候适宜疗养，很多肺结核患者选择在这个省走完人生的最后一段。①

三是数据的可信度问题：统计数据从何而来？如说话人是从何种途径获取或知道这些数据的，这就是数据来源的正当性问题；统计数据是谁说的，即数据来源的权威性问题；该统计数据是如何得出的，即检验样本与统计方法。

四是样本代表性问题：样本能否真正代表总体？

五是反案例问题：是否发现不具有原样本属性的其他样本？存在或出现反例越多，则结论越不可靠。

六是数据应用问题：统计数据应用是否合理？需要评估的问题包括：说话人或作者是如何运用统计数据得出结论的？用什么方式叙述这些数据？统计数据与结论是否真的相关？或者统计数据真的能够支持结论吗？如果这些统计数据进行了比较，那么，是否提供了比较对象？提供了比较基础？这些数据可以推出什么结论？这些结论的推出是否合适？说话人有没有对数据做出引申？引申的适当程度如何？

例如，"这可咋办！广州医院产前亲子鉴定近八成非亲生？"新闻报道说，广州医学院第三附属医院每年收到 400 例左右的亲子鉴定，结果近八成非亲生。这听上去太吓人了，但事实上，八成只是做亲子鉴定的 400 个样本总量中的八成，并不代表普通大众。②

统计推理的可靠性取决于统计证据，但日常生活和经验中遇到的统计证据并不包含随机性、抽样误差、获取样本条件等因素。统计证据的科学性、可靠性主要取决于样本的代表性。

为了保证样本的代表性，人们一般从三个方面对抽样过程提出要求：抽样的规模、抽样的范围和抽样的随机性。

抽样的规模应该尽可能地大，即样本量越大，结论越可靠。很多统计调查的报道，都没有给出样本大小的信息。

---

① 周建武. 科学推理：逻辑与科学思维方法[M]. 北京：化学工业出版社，2017：68.
② 周建武. 科学推理：逻辑与科学思维方法[M]. 北京：化学工业出版社，2017：70.

抽样范围应尽可能地广。范围即样本的代表性，是总体中包括什么类型的成员，样本中也应该包含，而且比例要相当，这样样本才能代表总体的特点和状况。比如，总体中有十个类别，样本中也应该包含十个类别。样本的获取应该是随机的，这样才能保证总体中每个成员有相等的机会被选出。

随机包括简单随机、分层随机和系统随机。现在网上大量的所谓"民意调查"，其样本根本没有代表性，互联网的调查问卷，包括在线民调等，也基本没有什么代表性，其观点只是参与调查的那部分人的观点而已。比如，有记者去列车采访调查回家旅客有没有买到火车票，便去了一列火车调查采访，结果大家都买到票了。问题是，坐火车的旅客都是买到了火车票的人，这个样本排除了没有买到票的旅客。

因此，质疑统计数据作为证据的关键在于样本的代表性，而影响代表性的主要因素是样本的大小、抽样范围和抽样的随机性。我们今天生活在一个高度数据化的世界，所以对统计数据保持批判性态度，是一个基本的素养。数据应用的谬误主要有：平均数谬误、大小数字的陷阱、掩人耳目的百分比、赌徒谬误、统计不全、错误抽样谬误、数字与结论无关、数据不可比、独立数据等。[①]

平均数是反映数据集中趋势的指标。一般来说，平均数容易受到极端值的影响；众数无法反映极端值对调查对象整体水平的影响；中位数是调查数据的中点，它不能反映调查对象的数量分布情况。

过去积攒的统计数据对未来趋势的预测能力也非常有限。有个关于猪的著名的寓言，就是用来说明这个道理的：一头生活在猪圈里的猪注意到每天都有饲养员喂它食物，它收集了99天的完备数据，基于大数据统计做出预测：未来每天都有免费的食物提供给自己。在第100天，它的预测得到了证实，一个光彩夺目的大数据成功案例诞生了！但在第101天，它被送进了屠宰场。[②]

独立数据需要警惕。比如，有数据说，全国有多少……这种表述就很不靠谱。正确的表述是，据2020年国家统计局最新公布的数据，截至3月底，居民平均消费额度是多少。这是因为，有很多数据与时间是相伴而生的，没有时间限制的数据是孤立的、无效的。另外，一定要说明数据的来源机构。如果数据是由科研团体提供的，还要说明数据的抽样方式和调查范围等信息，以便读者判断这些数据是否值得信赖。绝对数字是一种陷阱，比如，只提到某校今年本科上线人数多达500人，比去年多了50人，这个数据不能说明今年招生喜获丰收。为什么？因为如果忽略了招生的总人数，这个多50人就没有意义。如果今年扩招了1000人，你才增加了50人，那是招生的大失败，而不是喜获成功。

独立的百分比也是常见陷阱。比如，某大学女同学50%都嫁给了该校的男性

---

① 周建武. 科学推理：逻辑与科学思维方法[M]. 北京：化学工业出版社，2017：81.
② 大数据观察. 大数据经典案例与谬误[EB/OL]. （2016-09-19）. https://www.sohu.com/a/114623701_398736.

老师。某大学年度调查统计显示，本校计算机系的女同学中，50%都嫁给了该校的男性老师。该消息一经公布，立即引起校内外的巨大反响，人们对师生恋、校园恋议论纷纷，很多人说这是某校的炒作。经几次调查核实，该消息确实是真实有效的。然而事实是：该大学计算机系只有两名女生，其中一名女生和计算机系老师相恋结婚。所以，50%是真实数据，但并不说明该校师生恋爱的程度高。[①]

我们还要注意，看到数据不能想当然地接受，要看数据与结论之间的相关性。也就是说，数据作为证据能否支持结论？比如：我国的戏剧工作者中，只有很少的比例在全国30多个艺术家协会中任职，这说明，在我国艺术家协会中，戏剧艺术方面缺少应有的代表性。这个论证是有漏洞的，因为我国的戏剧工作者中，只有很小的比例在全国30多个艺术家协会中任职，并不意味着在我国艺术家协会中戏剧工作者只占很小的比例。体现戏剧艺术家在艺术家协会中的代表性，依据应该是"在艺术家协会中任职的戏剧工作者的比例"，而不应该是"戏剧工作者中有多少比例在全国艺术家协会中任职"。[②]

再比如赌徒谬误，人们常常根据一个事件在近期不如期望的那样经常出现，推断将来它出现的概率会增加，这就是统计推理谬误。根源是人们误认为博彩游戏中互相独立的事件之间存在因果关联。统计学里有一个"大数定律"的概念，是指一种情况发生的频率有其稳定性，它总是接近某个常数，这个常数就是该情况随机发生的概率。但是每一次投掷硬币确是一个独立的事件，其前后并没有因果上的关联。不能说你前几把牌都输了，后面这一把赢的概率大。其实每一把牌输赢的概率都是50%。

五、其他论证方法

先说说比喻论证，就是用比喻来阐明事理，即用同一类型的通俗、浅显、易于理解的事理来论证比较深奥、复杂、不易理解的事理。

有的问题的道理比较抽象，不容易讲清楚，往往用"比方说""打个比喻说"，用一个恰当的、生动的比喻就能把道理讲清楚了。用喻证法往往可以化繁为简、生动具体地说明抽象的道理。毛泽东同志写的评论文章中，常常用"孙行者"比喻八路军、新四军，用"铁扇公主""白骨精"比喻日本侵略者和国民党反动派，说明妖精再厉害也逃不过"孙悟空"的火眼金睛，或比喻说明日本帝国主义已经"黔驴技穷"，等等。

[①] 知与谁同. 大数据热中的冷思考[EB/OL]. （2017-08-01）. https://yq.aliyun.com/articles/195584.
[②] 周建武. 科学推理：逻辑与科学思维方法[M]. 北京：化学工业出版社，2017：88.

这里要特别强调，比喻虽然被很多学者称为一种论证方法，但这种论证方法有很大的缺陷。列宁说："打比方不是证明，任何比喻都是有缺陷的。"范荣康在《新闻评论学》中说："'以喻代论'是值得注意到偏向。恰当的比喻能使论证更加生动，但比喻毕竟是比喻，可以以喻证法作为一种辅助的论证手段，却不能用比喻来代替论证。"方武认为："比喻论证中的喻体，归根到底只能使被论证的论点更易于理解，而不能直接证明论点的正确性。"①

比如《"高压线"会不会停电？》②，文章全篇被一个比喻支配，始终以"高压线"比喻新出台的"法官20条"，而不是在论证，因为高压线和法官惩戒制度并不具备同样的性质和规律。这其中实际上包含有一定的类比成分。大家想想，二者触碰就会危及生命（一个是生物层面的生命，一个是政治生命），但二者不可类比，所以二者不具有任何论证作用。二者的最大不同是什么？高压线本身不是作为规则或规范存在的，它是输送电力的，没有病谁会去触碰高压线呢？而"法官20条"本身是作为规范存在的，所以经常会有人违反。这就是为什么触碰高压线身亡的人很少，但违法乱纪的贪官却很多。

从方法的角度看，其实在时评写作中，有很多的叫法，但基本方法都来自归纳、演绎和类比等逻辑推理方式。

比如，有些书总结了"比较论证"。俗话说，有比较才有鉴别。比较是一种重要的思维方式。事实上，比较只是一种手段。使用比较，如果是对比，就是突出差异性，给读者留下深刻印象，但差异性本身并不支撑观点。比较，如果是求同，则其实是"类比"，目的是推出类比的另一个事物也具有某种属性。所以，比较本身并不是论证方法，但"比较"在分析事物时特别有用，主要有横向比较和纵向比较两种手段。这种方法被毛泽东概括为"古今中外"法。"古今"就是纵向对比，即将同一地域的不同时间的事物进行比较。"中外"就是横向对比，即将同一时间、不同地域的一事物与另一事物进行比较。通过比较差异，进而分析这种差异形成的原因，形成有价值的结论，这是对比类评论写作的一般思路。

比如李思辉的《阅读本该比刷手机更有诱惑力》③，核心观点是劝年轻人多阅读、少玩手机，就采用了"古今中外"法。

同样是电子产品消费大国，韩国、日本、法国等国家年轻人的整体阅读量比我们高得多，各种时兴的电子产品并没有消解他们的阅读热情。问题关键在于如何避免沉迷于电子产品，影响阅读时间。

在笔者看来，对于部分学生因沉迷手机电脑而减少阅读的情况，与其批评电子产品的"诱惑"，不如努力营造阅读的氛围，培育阅读的习惯，让读书也成为一

① 马少华. 新闻评论教程[M]. 北京：高等教育出版社，2007：92-93.
② 马少华. 新闻评论教程[M]. 北京：高等教育出版社，2007：11.
③ 李思辉. 阅读本该比刷手机更有诱惑力[N]. 中国青年报，2018-04-24（2）.

件富有诱惑力的事。在欧美一些发达国家，地铁里随处可见捧着书籍阅读的年轻面孔，日本的地铁里很流行便于阅读的口袋书。因为很多人在安静看书、翻书，乏味的旅途也有了书香气。而在国内一些城市，地铁里低头划拉手机成了一种时尚，有谁若拿出本《人间词话》来读，竟有些格格不入的尴尬，这难道正常吗？（节选，文中横线和加粗部分为笔者所加）

比如这两段文字，就是横向对比，即"中外"法，将我国与欧美发达国家的读书状况进行了对比，凸显了中国年轻人的阅读量低，阅读氛围不佳。

1929 年胡适曾这样劝人读书："每天花一点钟看十页有用的书，每年可看三千六百多页书；三十年可读十一万页书。十一万页书可以使你成一个学者了。可是，每天看三种小报也得费你一点钟的工夫；四圈麻将也得费你一点半钟的光阴。看小报呢，还是打麻将呢，还是努力做一个学者呢？全靠你们自己的选择！"搁在今天，大抵要换个说法：亲，每天 P 图、打游戏、刷手机只能让你爽一时，阅读却可以使你"气质美一世"。是埋头刷手机不读书以致"面目可憎"呢，还是在阅读中变得美美哒呢？全在你自己的选择。

再比如上面这段文字，就使用了纵向对比，即"古今"法，同样是劝人读书，过去和现在有不同的劝法，这种写作增强了文章的历史纵深感。

其他常见的手段，如分解、合成、解释，都非常有用，尤其是在分析事物时。有学者将分解分析看成是一种论证方法，将解释看成是一种"定义法"的论证方法。在有的书中，将"算账法""两面提示"等方法看成增强说服力的一种论证艺术。

比如，**分解分析**。新闻评论的对象往往是复杂的新闻事件、社会现象和社会问题，评论者难以直接做出判断。在这种情况下，将复杂事物分解为简单、明晰的几个部分，分别做出判断，往往是一种很有效的论证方法。[1]分解分析是将复杂事物分解为各个属性、部分、方面分别加以认识和研究，即把复杂的事物整体分为若干简单的要素进行认识的一种思维方式。比如《单纯提价不治本　强化监管是正途》[2]这篇评论，很难从整体上判断水价上涨是否合理，那么，作者将水价上涨的目标进行分解，然后分别进行了判断。他说，目前的水价改革迫于两个不同的压力而发轫，追求着两个不同的目标：第一个压力是供水企业的经营压力，第二个压力是资源压力。这两个压力都指向了提价，其用意却完全不同。一个是为了让消费者多掏钱，以解决企业亏损问题。另一个目标则是为了激励民众节约水资源。作者进而指出，不能把一个社会性的公共目标与部分企业商业经营目标混淆在一起。如果涨价确实是解决中国水资源短缺的问题，那么公众还可以接受；

---

[1] 马少华. 新闻评论教程[M]. 北京：高等教育出版社，2007：93.

[2] 秋风. 单纯提价不治本　强化监管是正途[EB/OL]. （2006-04-27）. http://news.sina.com.cn/c/2006-04-27/14238 805691s.shtml.

但如果要让民众为目前公用事业企业的经营性亏损埋单，则恐怕很少有人乐意。为此，作者分别指出相应的解决方案建议。可见，全文都建立在这个分解的基础之上。

再比如**厘清概念**的方法，即通过对概念含义的解释和辨识，来阐明观点，纠正谬误。许多新闻评论对事物进行判断，往往也是从辨析和厘清概念开始的。比如《是管理者 就不能再做经营者》的确全篇建立在对概念的辨析上：

"把防汛当成产业来抓"错就错在：公益性的事业，尤其是关系到国计民生的公益事业，是绝对不能变成产业的。

所谓"产业"，是个经济学概念，它所追求的是利益的最大化，社会效益则退居其后。反观武汉市防汛部门的"产业"思路，说到底，不就为了那数百万元的"资助"吗？

"产业"需要有独立产权的资本和资源，并以出售产品或服务而获利。而防汛办没有什么资本，国家拨款是专用于防汛的；防汛办更没有资源可谈，河滩是为可能出现的大洪水留着的，如果说有所属的话，那也是属于国家，防汛办只有管理权，绝没有出让的权力。

……产业需要的是"经营者"，防汛需要的是"管理者"。防汛部门的职责是依法把防汛工作"管理"好，而不是把部门的经济效益"经营"好。①（节选）

这是一篇驳论性的新闻评论，作者判断的对象是武汉防汛部门"把防汛当产业来抓"这样一个口号。作者紧紧围绕"产业"这个概念的内涵和外延进行了辨析，并提出自己的观点："产业观念"不符合政府部门应当追求的社会效益的方向。

算账法是运用数据的计算来进行说理。具体来说，可以通过统计、对比、推演、折算等方式，使乏味的数据变成有味的东西，让抽象的道理变得生动形象。②比如《从"最昂贵的死亡"看医院"胆量"》中有一段，作者直接算账摆出数据和事实，有力回击了天价医疗费不合理的问题。

在我看来，这起"最昂贵的死亡"称得上是某些地方医疗暴利的一个"极品"。可院方对此有着自己的看法，声称"医疗费不是多收了，而是少收了"。可我不明白，对报道中的一些数字，院方又如何解释？比如，患者住院66天做了588次血糖分析（平均每天8.9次）和299次肾功能检查（平均每天4.5次）。对此，我想稍微懂点医疗常识的人都会有疑问：对病人的单向检查每天需要重复这么多次吗？再看输液，某日的输液量竟多达78 604毫升。医疗常识告诉我们，即使是心脏功能极其强健的人，一天之内也不可能承载如此之大的输液量，更何况是一位患了癌症的老人？最令人不明白的是，患者住院66天，医院竟然收了88天的钱——这

① 盛大林. 是管理者就不能再做经营者[N]. 中国青年报，2002-02-01（2）.
② 胡文龙，秦珪，涂光晋. 新闻评论教程[M]. 北京：中国人民大学出版社，1998：163-166.

样的收费合理吗？对如此有违医学常识的治疗、检查，院方能不能给出个说法？是操作失误，还是别的什么？^①

怎样看待这五百多万元的天价医疗费，这种算账的方法无疑优于文字表述的论证过程。另外，有学者还将"两面论"作为一种批评的艺术，如果对评论对象的行为一味地否定，很可能会起到相反的效果。^②如《我们怎样表达爱国热情》，既肯定"爱国主义是对祖国最纯洁、最高尚、最神圣的感情。爱国是一种尊严，更是一种信念。爱国主义是我们的民魂，也是我们的国魂。面对一些涉及国家利益的大是大非的问题，用一定形式来做出理性的表达是爱国热情的具体体现。"同时也指出，"但是，仅仅表达义愤是不够的。采取一些有违法制的过激行动也无助于问题的解决"。"历史的经验告诉我们，爱国既要有热情的表达，更要能够从维护国家和民族利益的大局出发。爱国需要激情，更需要理性；在表达义愤的时候，难免有一些过激的言辞，但义愤的宣泄不应超越法律，非理性的无序举动不仅无助于揭露日本右翼的真实面目，反而会授人以柄，给右翼分子攻击中国、欺骗日本民众增加口实，甚至伤害一些真心与中国友好的朋友。"这就是两面提示的说服效果。

① 尹卫国. 从"最昂贵的死亡"看医院"胆量"[EB/OL]. （2005-12-02）. https://www.qingdaonews.com/content/2005-12/02/content_5680950.htm.

② 韩立新. 新闻评论学教程[M]. 郑州：郑州大学出版社，2008：228.

第六章

阅读

批判性阅读不是不假思索地接受题干论证的观点，更不是被动地接收信息，而是批判性地分析题干的论证是否恰当有效，有哪些论证缺陷和问题。……批判性阅读的过程中，首先要在阅读和思考过程中提炼出作者的论点、论据和论证方式，然后对此提出疑问，并客观地评价文章的论证。[①]

——周建武

我们已经讨论了新闻评论写作中最重要的三个环节：论点、论据和论证。这三个环节是时评的核心技能，怎么强调都不过分。我在导论里提到，学习评论写作，还有一个重要的方法是阅读，就是批判性阅读。这里的批判性阅读是一种文本细读，是分析性的，重点是研究经典作品的论证方法和过程，大概相当于文本论证的有效性分析。周建武说，批判性阅读不是不假思索地接受题干论证的观点，更不是被动地接收信息，而是批判性地分析题干的论证是否恰当有效，有哪些论证缺陷和问题。批判性阅读的过程中，首先要在阅读和思考过程中提炼出作者的论点、论据和论证方式，然后对此提出疑问，并客观地评价文章的论证。

因此，笔者在这里专门安排一章内容，讨论如何阅读经典新闻评论。

如何读？不是简单地一篇一篇阅读，而是分析性阅读，或者批判性阅读。批判性思维是一种理性的思维过程或思考行为，特点是反思和质疑，其基本理论预设是：在理性和逻辑面前，任何人或思想都没有对于质疑、批判的豁免权。将这种思维方式应用到新闻评论作品的阅读中，就是"批判性阅读"。

批判性阅读是从论点、论据和论证这三个关键要素开始进行分析。比如，看

---

① 周建武. 论证有效性分析：逻辑与批判性写作指南[M]. 北京：清华大学出版社，2016：134.

到一篇新闻评论，你首先要准确找出作者的观点和结论是什么，作者支持这个观点的理由和证据有哪些，这些论据与观点的相关性如何，这些论据的效力如何，行文过程中词语意思表述是否明确清晰，推理过程中有没有逻辑谬误。对这些问题如果你都进行了质疑和分析，并有了自己的基本判断，那么，你就可以对作者的观点进行一个大概的评判了：这个观点有没有被有效论证和支持？你同意或不同意，理由是什么？这个观点是否新颖独特，对你有没有启发？

批判性阅读对提高阅读能力、独立思考能力和文章的鉴赏评价能力都非常重要，它是一个不断质疑并且挖掘真相的过程，是对作者观点及其论证有效性的评估，而这对新闻评论的学习和写作尤为重要。

众所周知，阅读是学习的一种重要途径。美国的莫提默·J.爱德勒和查尔斯·范多伦一本正经地写了一本书——《如何阅读一本书》，专门教人们如何阅读。该书将阅读分成基础阅读、检视阅读、分析阅读和主题阅读四个层次，作者所指的检视阅读是系统化略读技巧，分析阅读是寻求理解，主题阅读是最高级的、最复杂、最系统化的比较阅读。[①]不过，阅读一本书是与阅读一篇文章有很大的不同，但这些阅读的基本思路和方法还是有启发意义的。如分析阅读就是综合评析一篇评论，而主题阅读就是针对某一主题，比较多篇评论写作的得失。

徐兆荣更有针对性地提到阅读评论的方法，他称其为"评析"。评析当然是更为详细系统的阅读。他提到基本的"评析方法"有全面评析、重点评析、比较评析和专题评析四种。[②]这一章，笔者将以此为方法，提供几篇评论作品的评析或阅读范例，供同学们参考。

一、如何综合评析

徐兆荣指出，全面评析是就一篇评论作品的各个方面进行全面权衡、评价，就是对一篇新闻评论作品的选题、标题、立论、说理、论述、结构、辞章、文采等各个方面做出全面的考察，立体的反思，评述其特点、优劣，总结其经验与不足。[③]全面评析其实就是综合评析，笔者在这里叫综合评析或文本细读式综合评析。这里的文本细读，不是一种研究方法，而是一种详细分析新闻评论作品的阅读方式。

《国旗为谁而降》发表在1998年12月2日《中国青年报》"冰点时评"一个不起眼的版面的边角上。但是，这几乎是一篇二十多年来，每逢重大灾难性事件，

---

① 莫提默·J.爱德勒，查尔斯·范多伦. 如何阅读一本书[M]. 北京：商务印书馆，2004：16-21.
② 徐兆荣. 实用新闻评论写作教程[M]. 北京：北京大学出版社，2014：235.
③ 徐兆荣. 实用新闻评论写作教程[M]. 北京：北京大学出版社，2014：235.

需要讨论国旗是不是应该降半旗志哀的一个绕不过去的评论。作者提出了一个几乎被人们完全忽略的观点：应该"为 1998 年特大洪水灾害的死难者降半旗志哀"。这个观点是当时的一个非常了不起的"发现"：这么重要的一条法律条文，竟然没有被应用过。作为评论，它成为经典有其必然性。这篇评论所表现出来的说理逻辑和法律素养，是值得初学评论者反复琢磨的。

同时，开头还有一点值得称道，就是开门见山，干净利落。作者从"九江大堤决口封堵处也于近日开始拆除重筑"起笔，然后总结概括"洪灾过后，诸多善后事宜有条不紊地进行"这个正在进行的事件，非常顺畅和自然地用"但现在回想起来，有件事被忽略了"作为提示，提起自己的观点："按照《国旗法》第十四条的规定，为 1998 年特大洪水灾害的死难者降半旗志哀。"

通读全文发现，这篇评论中，作者提出的核心观点是，"为 1998 年特大洪水灾害的死难者降半旗致哀"。对于这样一个观点，该如何证明呢？

首先是法律依据。可以说，这个观点最初来源于作者注意到的一条被尘封的法律——1990 年通过的《国旗法》第十四条规定，发生特别重大伤亡的不幸事件或者严重自然灾害造成重大伤亡时，可以下半旗志哀。

《国旗法》明确对四类人士逝世，没有任何限定，直接"下半旗志哀"，但在四类人士之外，条文是这样的："发生特别重大伤亡的不幸事件或者严重自然灾害造成重大伤亡时，可以下半旗志哀。"这个条文的难点在于，第一，法律并没有对特别重大伤亡、严重自然灾害造成重大伤亡做出明确具体限定；第二，法律规定的用词是"可以"，而不是"应该""必须"；第三，下不下半旗，在什么日子和场所下半旗，国务院具体负责决定和实施。

郭光东为自考生讲"国旗、国徽和国歌"这节内容时，当讲到"对于严重自然灾害造成重大伤亡时，也可以下半旗志哀"的一瞬间，脑子里突然联想到当时最大的新闻事件——抗洪救灾，觉得 1998 年特大洪水灾害死了几千人，国家应该按照《国旗法》的规定为他们下半旗。但是，从法律层面，仅仅引用法律条文并不足以说服读者。因为，第一，法律并没有对特别重大伤亡、严重自然灾害造成重大伤亡做出明确具体限定。

但是，作者说：

今年我国发生洪水的河湖之多，时间之长，水位之高，损失之大，为历史罕见，更为《国旗法》颁布以来所仅有，当属"严重自然灾害"；洪灾中，人员死亡达 3656 人，当属"造成重大伤亡"。[①]

这当然是一个比较和价值的判断。是不是严重？是不是重大伤亡？作者将 1998 年洪水与历史洪水进行了比较，非常简洁地陈述了四个事实：河湖之多，时

---

① 郭光东. 国旗为谁而降[N]. 中国青年报（冰点时评），1998-12-02.

间之长，水位之高，损失之大，为历史罕见。这是从历史和时间层面做的一个比较。但重要的是，作者在价值层面做了判断："应该属于"。

第二，法律规定的用词是"可以"，而不是"应该""必须"。作者回应说，"但如果一次灾害死亡 3656 人还不能适用这一法条的话，不知这一规定几时才能派上一回用场。"其实，作者批评的是，这个标准不应该定得太高，以至于只是一条"沉睡"的法条。所以，作者起初投稿的标题是《被遗忘的法条》，潜台词是"这个法条不应被遗忘"。事实上，法律条文需要一定的伸缩，定得太低太死可能会造成"下半旗过于频繁"，但定得太高可能面临"沉睡"，从法律制定的角度讲，当然不希望一条法律永远无法适用，但法律也一定不希望一个条款就一定需要实施。

第三，下不下半旗，在什么日子和场所下半旗，由国务院具体负责决定和实施。这个最终决策部门是国务院。作者请求的是，这个法条不应该被遗忘。也就是"发生特别重大伤亡的不幸事件或者严重自然灾害造成重大伤亡时，可以下半旗志哀"。这就是作者开始直接给总理写信，后来想以公开信的方式呼吁国家降半旗志哀的原因。

所以，在法律层面指摘这个遗忘，其实也只是一个个人判断和个人期望。但至少说明，在法律层面下半旗是合法的，是有法律依据的。但文章的说服力量，还在后面的论证，即跳出法律层面。

第一个道理是，下半旗是现代政治文明的体现，是国际惯例，是常识。这当然是个很大的道理，但这个道理是有效的，中国不可能独立于世界之外，中国不可能无视现代政治文明，不应该放弃这个凝聚民族精神的机会。

事实上，国旗不仅是国家主权和民族尊严的象征，也是民族精神和民族凝聚力的体现。而下半旗正是一种由中央政府以全体国民的名义举行的哀悼仪式。它不但能给予死难者的亲人以莫大的精神慰藉，再次体现抗洪斗争中全民族的强大凝聚力，而且更有助于增强每个公民的国家观念和爱国情感，使人真切地感受到自己是祖国大家庭的一员，从而激发为国奋斗的热情。[①]

第二个说服力更强了。如果我们仔细剖析，其实，在这两段中，作者有一个基本判断或观点：在法律层面，"这项立法反映了社会进步"；但在实践层面和观念层面，下半旗的对象还仅限于逝世的国家重要领导人，其他几类对象尚未予以充分重视。这是一个非常重要的判断，作者是怎么证明的呢？他提供了三个非常有力的证据：一是我国还从未有过为一般民众下半旗的先例；二是洪灾刚过的 9 月 21 日，我国依法为不幸因病逝世的杨尚昆同志下半旗志哀；三是 3656 名普通民众在洪灾中死亡则几乎与此同时，却没有下半旗志哀。

将这三个事实并列起来，就形成了一种反差和对比，这种对比非常厉害，是

---

① 郭光东. 国旗为谁而降[N]. 中国青年报（冰点时评），1998-12-02.

一种无声的表达、沉默的表达，却也是尖锐的表达，有一种更具冲击力的力量。同时，作者还将中国和国外类似事故放在一起进行了对比。这其实是增强论证非常重要的一个手段，用到了类比思维。两者都是重大自然灾难或交通事故；两者都有重大伤亡；两者都是独立的现代国家，降半旗志哀是国家惯例；既然德国为 100 人死亡的事故降半旗志哀，那么，中国也应该为 36 倍死亡人数的灾难降半旗志哀。

需要特别指出的是，这篇评论表述的语气、立场、态度是经过权衡和精心选择的。作为一个法律专业的大学生，能有如此透彻的理解和清晰的表述，实属不易。这篇评论的观点是尖锐的，是有很强挑战性的，同时这个观点又是深刻的，很有启发意义的。作者善意地建议，其立场是真诚的，是站在为"有助于增强每个公民的国家观念和爱国情感"和"体现国家对普通公民生命的珍重"的立场上写评论的。尽管其结论有法可依、有情有理和无可辩驳，但作者的语气却是平和理性的，甚至是特别谨慎而谦逊的，为政府没有降半旗向美好和善良的方面开脱说，"我宁愿看成是有关部门的一时疏忽"，而不是质问。其后，紧接着用一句话提醒：

倘若今后再有我们不愿发生的重大伤亡，请切记关注《国旗法》的相关法条，以下半旗的仪式寄托全国人民的哀思，体现国家对普通公民生命的珍重。[①]

语气似乎很轻，但其实这个结尾干净利落，不仅仅是一个提醒，更重要的是进一步指明，下半旗志哀是国家对普通公民生命的珍重。文章戛然而止，却意味深长。

全文不足千字，语言简洁朴素，却有动人的力量。

事实上，当我们对一篇新闻评论能够进行如此阅读的时候，其实我们对新闻评论写作的基本理论、基础知识以及技能技巧等方面已经相当娴熟了。也就是说，刚开始我们可能难以思考到这种程度或深度，但只要我们总能在阅读过程中发现自己的不足，进而查阅和补足这方面的欠缺，长期积累下去，最终就能达到这个程度。这个过程本身就是最重要的学习方式。

二、如何重点评析

重点评析就是针对一篇作品某个突出的方面进行评析，需要找出最主要、最突出的特点部分进行评述分析。[②] 对新闻评论而言，阅读的重点永远放在论点、论据、论证和逻辑的严密等方面，稍微注意一下结构和语言等问题，但这不是分

[①] 郭光东. 国旗为谁而降[N]. 中国青年报（冰点时评），1998-12-02.
[②] 徐兆荣. 实用新闻评论写作教程[M]. 北京：北京大学出版社，2014：235.

析的重点。**这种方法大概相当于文本论证的有效性分析。**

笔者以细读《消费者高价索赔，到底算不算敲诈勒索罪？》[①]为例来说明重点评析。这是一篇专业的评论，作者系同济大学法学教授金泽刚。从标题看，作者重点回答了"到底算不算敲诈勒索罪"这个问题。也就是说，对这个问题的回应和判断，就是作者的核心观点。通读全文，发现第五段中提出"如果行为人是为了获取自己权利范围内的财物，即使是使用了一定的胁迫手段，也不应认定为敲诈勒索罪"。其后的所有段落都在集中论述这个观点，在结尾中，作者进一步强调"不宜轻易对高价索赔者以敲诈勒索罪施以刑罚"，这就更清晰明确地说明，作者的核心观点是：消费者高价索赔不应该被认定为敲诈勒索罪。

那么，这个核心观点是如何被找到的？主要是标题的提问方式，其实是提醒读者，作者论述的问题和重点；前面的段落大都在介绍高价索赔的案例和事实，属于判断对象。提出"不应认定"的判断之后，所有段落在围绕这个论点进行论证和支持，坚实地分析和论证了观点，其关系是论证与被论证的关系。另外，核心观点在结尾往往会有所回应，要么重申核心观点，要么就核心判断提出建议、展望等。所以，通过标题、判断对象、论述段落的相互关系，以及结尾的建议与呼吁，可以非常肯定地确定这个核心观点。

通过这个个案，我们当然不能总结出一般意义上寻找观点的方法。但至少这个案例给核心观点很多启发。因为观点是评论的核心，所以，无论写评论，还是分析阅读评论，首先要明确其核心观点。

一般来讲，可以从以下五个方面考虑核心观点：一是标题。评论的标题比较特殊，往往直接表明作者的态度、立场和观点，或者提示、暗示观点。二是通过判断对象确定核心观点。新闻评论写作，一般有很强的针对性，往往针对评论对象做出判断、表明观点。文章的叙述过程中，可能会有枝蔓，会有偶然联想等内容，但总有判断对象，就像射箭，总有个目标和靶子，这个就是判断对象。核心观点一定是对判断对象的判断。三是寻找标志语。一般评论都会通过标志语表明自己的核心观点，评论的核心观点往往关联一个核心论证，而论证则是由观点和理由组成的，是一种支持关系。这种支持关系往往是由"因为什么，所以什么；既然什么，那么什么；由此可见等"这一类表示论证和推理的提示词标识的。所以，寻找这种标志词有时候会很有用。四是迅速排除不可能是观点的句子和段落，减少干扰。比如看到大量数据，或者陈述某个事实，或者解释说明某个背景，等等，就属于排除之列。五是关注结构。评论的结构与核心观点有一定的关联。熟悉结构会让你更快、更准确地理解和找到作者的核心观点。一般来说，开头和结尾容易出现观点。

[①] 金泽刚. 消费者高价索赔，到底算不算敲诈勒索罪？[EB/OL].（2018-03-12）. https://news.sina.cn/2018-03-12/detail-ifyseyac9853764.d.html?oid=3822740890774350&pos=3.

以《消费者高价索赔，到底算不算敲诈勒索罪？》为例，核心段落是这样的：

一般说来，认定是否构成敲诈勒索罪的关键点包括是否具有"非法占有"目的（主观），以及实行威胁恐吓的手段（客观）。如果行为人是为了获取自己权利范围内的财物，即使是使用了一定的胁迫手段，也不应认定为敲诈勒索罪。①

为什么这是一个核心段落？因为这个段落集中回应了标题的问题——算不算的问题。不但回应，而且这个段落还是一个核心论证，是全文最关键的部分，是一个演绎推理。

只有"非法占有"目的（主观），以及实行威胁恐吓的手段（客观）才构成敲诈勒索罪；

消费者高价索赔（在主观上）是为了获取自己权利范围内的财物，（客观上）即便有一定的胁迫，但并非威胁恐吓；

所以，消费者高价索赔不应认定为敲诈勒索罪。

看，这就是一个典型的演绎推理。作者明确地告诉我们，消费者高价索赔认定为敲诈勒索罪依据不足，故不合理。但是，这个观点仅仅靠这样一个演绎推理，说服力还是有限的，因为对读者而言，这个演绎推理的小前提是需要进一步论证的，是需要解释分析的。

剩余的篇幅都在努力论证这个小前提，即**为什么在主观和客观上都不符合敲诈勒索罪的要求**。第六段归纳分析说：

这两起高价索赔案均以有罪起诉，但最终的判决结果殊有不同。争论的核心问题在于，若商家信誉受损，其原因是消费者告发，还是自己过错在先，对于消费者的权益与商家的商誉，司法保护究竟应该站在一个什么样的立场，进行怎样的利益平衡，无疑非常重要。

这个归纳，其实是一个含有价值判断的发问：司法保护应该站在什么样的立场，进行怎样的利益平衡？显然，作者站在保护消费者权益的立场。但是，价值判断只是"应然"的理想状态，并不能改变什么。作者所要解决的，其实是从法律的角度判断消费者高价索赔是不是符合敲诈勒索罪。要判断这一点，根据法律，关键在于主观上的"非法占有"目的和客观上的威胁恐吓手段。

当然，对于新闻评论作品，找到核心观点才是第一步。写评论，除了提出一个好观点，更重要的在于，深入论述这个观点，让读者接受观点。否则这个观点就得不到认可，得不到传播，这个评论就失去了交流的意义，失去了写作的意义。

那么，作者是如何论证这个观点的呢？根据演绎推理，这个罪名要成立，必

---

① 金泽刚. 消费者高价索赔，到底算不算敲诈勒索罪？[EB/OL].（2018-03-12）. https://news.sina.cn/2018-03-12/detail-ifyseyac9853764.d.html?oid=3822740890774350&pos=3.

须满足两个基本条件：一是在主观上有"非法占有"的目的；二是在客观上有实行威胁恐吓的手段。

关于是否为"非法占有"，作者分析说，"他作为消费者的权利的确受到了侵害，其主观上希望给予有过错的商家以严厉的经济惩罚，加上法律没有限制赔偿数额，所以认定其具有非法占有的目的依据不足。"支撑这个判断的其实是三个原因：一是消费者权利受到了侵害；二是其主观上有惩罚商家的目的，而不仅仅是获取赔偿；三是我国法律对消费者赔偿数额没有限制。这个因果分析是令人信服的，不过，这三个理由中的前两个好理解，第三个对于非法律专业人士，恐怕没那么容易理解。所以，在展开论证之前，作者对此就做了一番详细的铺垫。

根据我国《消费者权益保护法》规定，经营者提供商品或者服务有欺诈行为的，应当按照消费者的要求增加赔偿其受到的损失，增加赔偿的金额为消费者购买商品的价款或者接受服务的费用的 3 倍；增加赔偿的金额不足 500 元的，为 500元。但这一规定仅对商家有约束力，对消费者没有约束力。

也就是说，消费者可以超额索赔，消费者可以要求赔多少，法律并没有做出限制。根据"法无禁止皆自由"的原理，消费者进行高价索赔理当在其权利范围之内。至于说商家给不给赔，司法是否支持，则是另一回事。①

这个论证的逻辑非常严密，是大论证套小论证，小论证中包含更小论证的典型代表。比如，在这两段中，作为结论的是"消费者进行高价索赔理当在其权利之内"。为什么这样说呢？

"法无禁止皆自由"；
我国《消费者权益保护法》对消费者超额索赔没有任何限制；
所以，消费者有进行高价索赔的自由。

这又是一个演绎推理。

如果再详细分析，前一段里也是一个推理，结论是《消费者权益保护法》对消费者没有约束力，为什么？因为我国《消费者权益保护法》规定，3 倍赔偿是针对经营者的，并不针对消费者。这是从大观点一直往前溯源。

顺便说一句，在这个理由之后，作者为了强化这个观点，其实还使用了归谬法：如果仅仅因为索赔数额过大，就认为涉嫌敲诈勒索，那基于敲诈勒索罪对于数额起点要求本身就较低（1000 元至 3000 元为起点），则大多数消费者索赔案都可能涉嫌敲诈勒索罪。这对于维护消费者权益显然十分不利。

归谬法是一种特别有力的反驳方式，其逻辑基础是演绎推理的三段论，就是：假定对方观点是正确的，然后推演出一个十分荒谬的结论，最终反推大前提是错

---

① 金泽刚. 消费者高价索赔，到底算不算敲诈勒索罪？[EB/OL].（2018-03-12）. https://news.sina.cn/2018-03-12/
detail-ifyseyac9853764.d.html?oid=3822740890774350&pos=3.

误的，即对方观点是错误的。逻辑学的三段论告诉我们，只要大前提正确，结论一定是正确的。作者反驳的是什么呢？是"因为索赔数额过大，就认为涉嫌敲诈勒索"这个因果判断。下面我们来还原一下这个三段论：

如果索赔数额过大，就涉嫌敲诈勒索；

我国敲诈勒索罪数额过大的起点为 1000～3000 元，大多数消费者索赔案可能超过 1000～3000 元；

那么，大多数消费者索赔案都可能涉嫌敲诈勒索罪。

这显然不是作为刑法的敲诈勒索罪的立法目的。这个结论显然是不可接受的，对消费者极为不利。而且，作为刑法的敲诈勒索罪，如果如此容易触犯，那可能这个起点的确太低了。所以，这个归谬反驳的是数额起点太低的问题，是法律规定不合理的问题。正是因为这个问题存在，所以作者推论说，如果手段合法，仅仅因为索赔数额过大，就认为涉嫌敲诈勒索也是极其不合理的。

再来看第二个理由，即高价索赔在客观上是不是威胁恐吓。高价索赔的手段往往是曝光、投诉等方式。第一，向有关部门投诉是《消费者权益保护法》明确规定的合法手段，不存在暴力强迫之说；第二，基于新闻本身的监督功能，消费者提出向媒体曝光是法律赋予的监督权利，不能定性为胁迫或者恐吓。消费者求助于媒体本身并不违法，这种方式也不具备强制力，与敲诈勒索中的"胁迫""恐吓"有着本质区别。

这种对比分析非常有说服力。消费者投诉曝光与敲诈勒索中的"胁迫""恐吓"二者有何不同？前者行为主体是消费者，后者行为主体是犯罪分子；前者行为是消费者合法的权利，后者却是违法行为；前者不具有强制性和极端危险性，后者却是强制的，有撕票的可能。所以，两者虽然都有"威逼胁迫"的意思，但性质、强度等均不同。这就强有力地反驳了第二个分论点。

再回到文章的核心段落，看作者如何进行核心论证：

只有"非法占有"目的（主观），以及实行威胁恐吓的手段（客观）才构成敲诈勒索罪；

消费者高价索赔（在主观上）是为了获取自己权利范围内的财物，（客观上）即便有一定的胁迫，但并非威胁恐吓；

所以，消费者高价索赔不应被认定为敲诈勒索罪。

行文至此，作者已经坚实地论述了自己的观点。作者对可能的质疑，也做了回应。比如曝光行为可能会侵犯经营者的商业信誉，作者说，经营者完全可以以其他罪名控告消费者，但这与敲诈勒索犯罪已是两回事。结尾，作者进一步总结，单纯的高价索赔并不违法；如果索赔手段违法，那就依法制裁就是，但认定敲诈勒索罪就不当了。

所以你看，这篇评论的论证逻辑非常严密，语言非常简洁准确，很有专业水准。这篇文章的论证层次较为复杂，如果用论证结构图，就比较清晰了。但本文重点评析的是文章的论证和逻辑，从论点到论据，以及论证，至于其余的则没有涉及。

三、文本对比分析

训练作品阅读分析能力，还有一个较好的方法，就是：将两篇同题时评放在一起进行比较分析，看两篇评论哪一篇更能说服你，然后仔细分析为什么它更能说服你。这样的阅读训练也非常有用。徐兆荣称之为"比较评析"①，即对不同媒体、不同作者的同一题材作品，或者同一媒体、同一作者的不同作品，进行类似"合并同类项"的对比分析评判。

我们知道，在时评写作中有一个重要的原则，那就是对你提出的观点要有逻辑地进行论证。这是因为，如果没有提供事实和依据，如果没有分析判断和推理，观点就仅仅类似于空洞的口号而缺乏力度。在马少华老师的教材中，"对观点的论证"被看成是新闻评论文本层面的伦理规范之一。

下面笔者将两篇关于同一选题的新闻评论放在一起对比分析。这两篇评论分别是《镇长手指群众称"搞死你"，真是"口头禅"？》②和钱凤伟《"搞死你"不应是官员对民众说的口头禅》③。将这两篇评论对比分析，可以清晰地看到：新闻评论中有没有论证，有多少论证，效果大不一样。也就是说，对观点的论证程度直接决定着说服的效果。

这两篇评论的开头都用了两个段落，简要叙述了新闻事件。一条短视频在社交媒体上广泛传播，视频中，一位身穿蓝色半袖的男子，手指镜头，警告视频拍摄者不要将所拍视频发布到网上，否则"搞死你"。当晚，广西柳州市柳江区政府发布通报称，进德镇在组织对岜公塘湿地公园项目区内下街屯土地清表时，受到民众阻工，该镇长覃某某在劝导不予配合的民众的过程中，因情绪激动，口不择言，"不慎带出口头禅"。

《镇长手指群众称"搞死你"，真是"口头禅"？》这篇文章中，作者在第二段叙述结束时明确提出自己的判断：对此，我深表怀疑。也就是说，作者不认为

① 徐兆荣. 实用新闻评论写作教程[M]. 北京：北京大学出版社，2014：235.
② 李蓬国. 镇长手指群众称"搞死你"，真是"口头禅"？[EB/OL]. （2018-04-29）. https://www.sohu.com/a/229930786_501987.
③ 钱凤伟. "搞死你"不应是官员对民众说的口头禅[N]. 新京报，2018-04-30（A2）.

指着民众说"搞死你"是"口头禅"。为什么？这需要提供事实和理由，需要论述。作者从一个常识的概念出发，口头禅就是日常工作和生活中经常说的话。基于这个常识性的概念认知，作者使用了一个充分条件的假言推理：

如果"搞死你"真是覃镇长的"口头禅"，那么，他必然在日常工作和生活中经常对身边的人说过，包括他的上级领导。倘若真是这样，难道上级领导都欣然接受，从不提醒？特别是作为一把手的镇委书记，难道也从不批评教育？这样的"大度"难道不是纵容吗？[①]

作者推出：因此，我不相信堂堂一镇之长会把"搞死你"当作口头禅挂在嘴边。

在逻辑学里，充分条件的假言推理有两个基本形式：肯定前件式和否定后件式。这是一个否定后件式的假言推理，公式是：

如果 p，那么 q；

非 q；

所以，非 p。

这段论述还可以看成是"归谬法"反驳，就是先假定对方的观点是正确的，然后加以引申、推演，从而得出极其荒谬可笑的结论来，以驳倒对方的论点。在此案例里，作者先假设"搞死你"是口头禅，那么，他必然在日常工作和生活中经常对身边的人说过，包括他的上级领导。他经常对上级领导和同事说"搞死你"，显然有悖常理，不大可能，因此反证"不可能是口头禅"。360百科中关于"归谬法"有这样的表述：归谬法是运用充分条件假言推理否定式进行反驳的一种论证方法。它以被反驳观点（判断）作为充分条件假言判断的前件，然后通过否定由该前件合理引申出来的虚假或荒谬的后件从而否定被反驳观点（判断）。

既然"搞死你"不可能是口头禅，那么，只剩下另一种可能，就是"搞死你"只针对群众或下级。在此次事件中，面对"不予配合的群众"，这位官老爷特别上火，才会手指群众并说出"搞死你"的恐吓话。

如果"搞死你"是恐吓话，这是官员对民众的恐吓。而"搞死你"这种恐吓涉嫌违法，所以作者提出"也应依法惩处"。这是作者提出的第二个小判断（观点）。为什么应依法惩处？作者使用了很有力的一条证据：《中华人民共和国治安管理处罚法》（以下简称《治安管理处罚法》）。《治安管理处罚法》第四十二条规定，"写恐吓信或者以其他方法威胁他人人身安全的"，处五日以下拘留或者五百元以下罚款；情节较重的，处五日以上十日以下拘留，可以并处五百元以下罚款。

为了增强说服力，作者还提供了一个类比论证：

日前，"消费者网购给差评，被卖家威胁'血洗全家'"事件引发热议，事后，警方根据上述法律条款，决定对恐吓者拘留五日。同样的道理，既然覃镇长公然声称要"搞死"别人，当面以语言威胁他人人身安全，且有视频为证，也应依法惩处，又岂能"批评教育"了事？①

消费者网购给差评被卖家威胁"血洗全家"，结果卖家被拘留五日，"同样的道理"，镇长手指群众称"搞死你"也应依法惩处。我想，这里的"同样的道理"是"一方对另一方进行恐吓威胁"这个本质层面上，这两件事情有可比性。但是，也应警惕这种类比可能出现的问题，如店家和消费者之间的关系、官员和民众之间的关系可能不同，被恐吓造成的伤害和影响程度也不一样。当然，在该文中，论述已经完成，这个类比只是一个辅助论证。但是添加的这个事实对读者的印象却很深刻。最后，作者自然地提到：应从中看到涉事官员对群众和法治缺乏敬畏之心，不宜一味姑息纵容。

相反，《"搞死你"不应是官员对民众说的口头禅》感觉论证不够，最后的力道也差了很多。作者在第三段有一个很好的判断：所谓"不慎带出口头禅"，其实是试图把威胁说成是一时的口不择言。这个判断其实也明确否定了"搞死你"是"口头禅"的说法，但奇怪的是，作者并没有对这个很好的判断进行论证，反而将论题转向下面这句话：身为官员，岂能对民众说出如此"口头禅"？

这里，作者的论题已经不是"这是不是口头禅的问题"，而是"官员应该不应该说出这样的口头禅的问题"。这里出现的问题有两个：第一，是不是口头禅的问题，是一个事实判断，如果是的话，涉及官员的道德问题、价值观问题和官员队伍形象问题；如果不是的话，这种赤裸裸的恐吓，甚至涉及官员违规等法律问题，这是一个重要的根本性的判断，作者有判断却没论证；而应该不应该出现这样的口头禅的问题，是一个价值判断，是一个避重就轻的判断，滑向了对官员道德的批判。第二，论证容易泛泛而谈，缺乏力度。

于是，作者论证了身为官员，岂能对民众说出如此"口头禅"的观点。作者是如何论证的呢？他使用了一个众所周知的大道理，语言文明是起码的行为规范。文明用语，原本就是官员最起码的行为规范。如果"搞死你"只是平时的"口头禅"，则这个镇长的素养与一个官员的要求，实在是相去甚远。

除了这个比较有效的论证，就只剩下口号式的道理了。作者建议：身为官员，需要牢记公仆身份。并分析说，把"搞死你"当作口头禅，大概是平时就不把民众放在眼里的衙门做派的一个细节体现。这反映出一些地方政府对官员的监管缺位，他们才敢如此对民众不尊重。这本是一个很有见地的分析，但作者并没有进一步论证，也许这是一个无须论证的分析，但同时也表明，"身为官员不应该说出

---

① 李蓬国. 镇长手指群众称"搞死你"，真是"口头禅"？[EB/OL]. （2018-04-29）. https://www.sohu.com/a/
229930786_501987.

如此的口头禅"并不是一个好观点，因为这也无须深入论证。

最后作者建议，"当务之急是要把全方位的，尤其是来自民众的监督制约落到实处。"这个逻辑是清楚的，分析也是不错的，但难免空泛。也许作者有很多顾虑，很多话基本点到为止，但给读者的印象是泛泛而谈的论证乏力感。

四、多文本专题评析

批判性阅读除了对比分析，还可以进行多文本综合鉴赏和评析。这种综合鉴赏和评析对学生认识和理解时评的要求非常高，对观点论证和写作提升是很有帮助的。

比如，我们可以将《中国青年报》《新京报》和光明网这三家媒体的同题时评放在一起综合评析。事件大致是这样的：2020 年 2 月 13 日 6 时许，湖北省仙桃市三伏潭镇卫生院医生刘文雄在家中猝死。他在 1 月 12 日至 2 月 12 日共接诊患者 3181 人。由于刘文雄并非感染新冠肺炎病毒，也未在规定的工作时间与地点死亡，2 月 20 日仙桃市人力资源和社会保障局做出不予认定工伤决定。目前，刘文雄家属决定向相关部门申请行政复议。

这个报道在当时引起舆论关注。在新冠肺炎疫情防控的决胜期，作为奋战在一线的医护人员，因过劳猝死家中却不被认定为工伤，伤害了公众的朴素的社会情感。因而这件事也被《中国青年报》《新京报》和光明网这三家媒体关注，并分别以《过劳猝死家中的医生 咋就不能认定工伤》[①]《医生猝死家中，疫情工伤认定宜综合考量》[②]《湖北一医生猝死未认定工伤，此时就别机械操作了》[③]为题发表了新闻评论。笔者将近期关于此事的三篇评论放在一起进行对比分析，反思这三篇评论在论证层面的得失，因为这种得失可能会影响到观点的说服力和论证的有效性。

这三篇评论的判断对象都是医生刘文雄猝死家中没有被认定为工伤的报道。关于工伤的认定，当前主要有两个重要法规：《工伤保险条例》规定，在工作时间和工作岗位，突发疾病死亡或在 48 小时内经抢救无效死亡的，视同工伤；人力资源和社会保障部等三部委 1 月 23 日联合下发的通知则规定，医护及相关工作人员

① 于立生. 过劳猝死家中的医生 咋就不能认定工伤[N]. 中国青年报，2020-02-28（2）.

② 欧阳晨雨. 医生猝死家中，疫情工伤认定宜综合考量[EB/OL].（2020-02-27）. http://js.people.com.cn/n2/2020/0227/c360299-33832578.html.

③ 光明网评论员. 湖北一医生猝死未认定工伤，此时就别机械操作了[EB/OL].（2020-02-26）. https://guancha.gmw.cn/2020-02/26/content_33593841.htm.

因履行工作职责，感染新冠病毒肺炎或因感染新冠病毒肺炎死亡的，应认定工伤。因此，这个观点论证的关键其实在于判断该医生猝死家中在多大程度上接近或符合工伤认定的法律条件。

《过劳猝死家中的医生 咋就不能认定工伤》发表在《中国青年报》2020年2月28日的"青年话题"版。认真检视作者在前五段中提供的"因为"的内容，即支持"所以"的理由：刘文雄处于加班加点"超饱和"的工作状态，他一共接诊3181人；他忙于一线接诊工作，最终过劳突发急性心梗去世。基于这两个理由，作者在第五段通过"既然……那么"的表述，初步推出"机械地对其做出不予认定工伤决定，那就明显不宜"的分论点。

既然他加班加点，工作场域从医院延展到了家中，工作时间从"法定8小时"延长到了"8小时"之外，那么，忽视实际情形，机械地对其做出不予认定工伤决定，那就明显不宜。

在此基础上，第七段直接提出"应视同工伤"的核心观点：

所以，在防疫抗疫特殊时期，刘文雄因加班加点超负荷工作，下班在家亦处于在岗状态，应"视同工伤"。并且，由于他是殉职，所在医院还应按相关政策，及时给他申报烈士，予家属以抚恤。[①]

这个核心观点由"并且"勾连成为两个判断或者两层含义：一个是应视同工伤；一个是应给他申报烈士。这事实上成为包含两个观点的复合论点。考虑到文章详略和侧重的安排，核心判断是前一个观点。根据上述两条法律法规，该医生并不符合工伤条件。但作者支持这个观点的核心理由其实就是：虽然不符合工伤条件，但他在抗疫一线，而且猝死时"处于在岗状态"，不应该机械套用法律。作者其实承认刘医生并不符合工伤条件，但从情理的角度表达了一种希望。

光明网《湖北一医生猝死未认定工伤，此时就别机械操作了》也是如出一辙。作者也承认刘文雄医生未被认定工伤，依据的是其并非感染新冠肺炎，也未在《工伤保险条例》规定中的工作时间与地点死亡。也就是说，作者承认在法律层面刘医生是不能认定工伤的。

那么，作者为什么又做出了"因此，此时不宜机械操作，应考虑到情势之紧张，医务人员面临的风险之大，对因疫情而牺牲的他们，我们应当有个体面的交代"的判断？作者极力想证明的是，刘文雄的去世与新冠肺炎有联系，"从常理来看，去世与工作的关联可谓十分紧密"。什么联系呢？该医生一个月接诊3181名病人，这个工作量已经明显处于超负荷状态。正是这种超负荷状态给他的身体和精神带来压力，作者判断说"而这种压力与猝死正存在直接的因果关系"。所以将

---

① 于立生. 过劳猝死家中的医生 咋就不能认定工伤[N]. 中国青年报，2020-02-28（2）.

特殊时期超负荷工作而猝死的人——即使不是在工作岗位上去世——计入工伤，并不会"坏"了平时的规矩，绝对没有成为"坏例"的可能。

可见，光明网这篇评论依然是从情理的角度出发，觉得"应该认定工伤"。但是，从情理角度论证本身是一个弱的论证。工伤认定是一个严肃的法律问题。只要符合法律认定的条件，就要依法认定；不符合条件，则不能认定工伤。对法律规定，在抗疫特殊阶段，批评它"机械"，呼唤"灵活"和"人性化"裁量，是可以理解的，但是，这种灵活和人性化的宽松度，也许恰恰是平常生活中我们可能最反对和深恶痛绝的，因为这有损法律的严肃性和制度的刚性要求。

这么说，当然不是否定情理上有这种要求的合理性。这也正是这件事引起关注的原因，是在抗疫关键阶段，作为医院发热门诊的接诊医生，在家中过劳猝死，无论如何应该给予肯定和补偿。但是，这种肯定和补偿并非只有"认定工伤"这一个途径，不认定工伤也不意味着不进行其他的补偿，更不意味否定与病毒作殊死鏖战的一线医护人员的奉献。事实上，很多倾斜性政策已经开始补偿抗疫一线医务人员。而且，两篇评论中所说的"对于其中殉职者，只有及时给予工伤赔偿和抚恤，才能告慰逝者及家属"，"只有及时给予工伤赔偿"事实上排除了"工伤"之外的其他的补偿方式。这也削弱了论证的力量。

《新京报》的《医生猝死家中，疫情工伤认定宜综合考量》是最有说服力的一篇。作者没有抛弃情理这个层面，认为应该为医护人员提供"弥补"与支持。同时，人力资源和社会保障部、财政部、国家卫生健康委员会《关于因履行工作职责感染新型冠状病毒肺炎的医护及相关工作人员有关保障问题的通知》的目的，也是给予高职业风险的医护人员以支持和关爱。

但是，作者首先是从法律层面论述的，他提供了一个比较有力的法律层面的补充规定：2014 年 6 月 18 日，最高人民法院出台的《关于审理工伤保险行政案件若干问题的规定》。这个规定对《工伤保险条例》中的若干规定，做出了扩张解释，只要是"与履行工作职责相关，在工作时间及合理区域内受到伤害"的情况，就应在法律支持之列。在此情况下，我们就没有理由不把接诊 3181 名患者的刘医生的在家发病，视为"在工作时间及合理区域内"的工伤。也就是说，依据这个补充规定，刘医生是"可以依法认定为工伤"的。这才是最有力的一个论据。如果再加上"情理上也应该"，那么，我们就很难辩驳这个观点。

这样比较起来，光明网的评论论据其实是不足的，说服力最弱。《中国青年报》的这篇评论，说服力却比较强，主要原因在于，作者除了从"情理层面"论证，还用了一个类比推理，这个类比推理的论证强度虽然比不上从法律层面直接论证，却极大地增强了这篇评论的说服力：

这不禁令我想起一起"同类项"案例。2011 年 11 月 16 日凌晨，海口市琼山中学教师冯芳弟因通宵阅卷过劳，突发心梗猝死家中，不被认定工伤，亦曾引发争议。家属继申请行政复议又提起行政诉讼，讼争一路从区级人民法院、市中级人民法院、省高级人民法院进行到最高人民法院。最终，最高人民法院 2017 年 11 月 29 日做出裁定：应视同工伤。最高人民法院认为：在家加班工作期间，也应当属于"工作时间和工作岗位"，并指出："为了单位的利益，（员工）将工作带回家，占用个人时间继续工作，其间突发疾病死亡，其权利更应当受到保护，只有这样理解，才符合倾斜保护职工权利的工伤认定立法目的。"[①]

因为这两个事件很相似，严格意义上都不符合工伤相关法律条文，二者都是加班过劳而死亡，都没有认定工伤而引发争议，而且刘医生所处的时间点更为特殊，是抗疫关键阶段。既然教师冯芳弟后来被认定了工伤，那么，刘文雄就没有理由不被认定工伤。这个类比的可靠程度是很高的。另外，最高人民法院关于在家加班工作期间，也应当属于"工作时间和工作岗位"的这个解释，其实也具有了某种法律意义上的证据的作用。这个解释不可能只适用于教师冯芳弟而不适用于刘文雄。因而，《中国青年报》这篇评论在这个层面上也是难以辩驳的。

当然，这三篇评论出现的时间节点是比较特殊的，是抗疫的关键阶段。在这个关键阶段，普通大众在情感上是不愿意或者不能接受不认定工伤的。当地的人力资源和社会保障部应该看到公众的这种情绪，并及时进行其他的补偿，比如有评论员建议因公殉职申请烈士。在这个法律和情理的冲突中，不意味着工伤认定条件就没有不合理的地方，但是，作为威严的法律，不能因这个特殊事件引发法律和伦理的冲突，就提出修改法律。

现实生活中法律和伦理发生冲突并不鲜见，如果一个人过失杀人，杀掉的是一个十恶不赦的坏人，那么民间的舆论和呼声就会同情甚至支持法院轻判。但俗话说得好，法不容情。法律的尊严在于，任何人都没有权利剥夺别人的生命，哪怕是正当合理的理由，也不能改变杀人这个违反法律的基本事实和严重犯罪的性质。

所以，对刘医生"应被认定工伤"这个观点的论证关键，其实在于判断该医生在多大程度上接近或符合工伤认定的法律条件。从情理上来论证和支持"应该被认定为工伤"，并不是一个有力的、好的理由，只能算是一个辅助的理由或论据。如果因为情理而破坏了法律制度的规则，也就损害了法律和制度的尊严。所以，对这个观点，首先应该寻求法律条文上的依据。

我当然不是否定情理上有这种要求的合理性，这也正是这件事引起舆论关注的原因，在抗疫关键阶段，作为医院发热门诊的接诊医生在家中过劳猝死，无论如何应该给予肯定和补偿。但是，这种肯定和补偿并非只有"认定工伤"这一个途径，不认定工伤也不意味着不进行其他的补偿。另外，再补充一点，《中国青年报》的评论表明，如果多增加一个有效的论证方法或推理方式，其说服力也会增强。

[①] 于立生. 过劳猝死家中的医生 咋就不能认定工伤[N]. 中国青年报，2020-02-28（2）.

第七章

结构

表明一件事物的结构是说出它的各个部分以及各个部分之间的相互关系。[①]

—— 罗素

一、评论结构及其一般要求

什么是结构呢？有人说，结构是事物的各个组成部分之间的有序搭配或排列。结构关注的就是整体与部分的关系。[②]

杨荫浒在他的《文章结构论》中说："结构一词，始用于建筑上，是建筑学中的一个术语。从广义上讲，结构是指事物内部各部分之间的组织、联系和配合，它是事物形成不可缺少的因素。"罗素在他的《人类的知识》中指出，表明一件事物的结构是说出它的各个部分以及各个部分之间的相互关系。这指出了结构的最重要的两个问题：各个组成部分，以及各个部分之间的相互关系。对文章而言，结构就是文章的组成部分，以及各个部分的相互关系，比如并列关系、层递关系等。

有学者指出，结构就是文章的组织方式和内部构造，其基本内容是：中心和顺序、层次和段落、过渡和照应、开头和结尾、详写和略写。[③]结构的本质是一种

---

① 伯特兰·罗素. 人类的知识[M]. 张金言，译. 北京：商务印书馆，1983：303.

② 王琳，朱文浩. 结构性思维[M]. 北京：中信出版社，2016：8.

③ 孙元魁，孟庆忠. 议论文研究与鉴赏[M]. 济南：山东教育出版社，1992：95.

关系——反映文章不同要素之间的关系，如时间关系、空间关系、因果关系、并列关系和递进关系等。

我们经常评价时评"言之有序"，其实就是说时评的段落次序和结构问题。时评是观点写作，对时评而言，结构就是围绕观点，把相关材料和内容有主有次、有前有后、有条有理、有头有尾地组成一个有机整体，构成一个完整篇章。从本质上讲，结构是我们认识和反映世界的认知次序和逻辑顺序，是评论者思想水平和思路的外化。

结构为什么重要呢？梁启超说过，好文章需要思想，更需要系统地写出思想。好文章是拿几种好思想有条理地排列起来的。如一块玻璃、几根木棍，杂乱堆放在一起不能成为窗户，要按照一定顺序装起来才是窗户。一堆音乐符号，没有结构和顺序，也是一堆杂乱的音符，不会成为音乐。文章也是这样，读者第一眼看到文章，首先注意到的是文章的标题和结构，简单清楚的结构是保证观点表达效率实现的重要条件。

但是，我更喜欢一个说法：结构问题其实是一个"有控制地把信息一口、一口地喂给读者"的过程。[①]对新闻评论而言，结构就是一句话、一句话，一个段落、一个段落地表达观点，并论证支持观点的过程。这个过程或者结构，其实更为具体地说，分为外部结构和内部结构。外部结构是从段落的外在形态和自然结构而言，可分为开头、中间和结尾等可见部分。而内部结构，则是从文章内部段落之间内容反映出来的思维和逻辑，本书称之为论证部分的结构。比如提出问题——分析问题——解决问题就是层层递进的一种逻辑思维。它反映了我们认识客观世界的逻辑顺序和认知规律。

那么，好的新闻评论结构有什么要求呢？

一是布局合理。[②]即确定先说什么后说什么，详说什么略说什么，选择哪些材料和观点，它们之间如何配合、衔接与过渡等等，以使文章各部分之间相互协调，总体布局恰当合理。

其实，布局问题是结构中相对宏观的一个问题，就是文章大体的框架和组成部分。比如，不管如何开头，但你总要介绍评论对象，即文章对什么进行评论和判断。有人说，观点本身就包含着判断对象，但第一句就亮明全文"核心观点"，还是有点突兀。所以，开始的段落还是需要交代判断对象。

从宏观的角度看，一定要针对判断对象提出核心观点，文章中至少有一两句或一个段落集中表述或阐释这个核心观点。当然，这个观点可以出现在相对靠前的位置，比如开头一两段里；或者出现在相对靠后的位置，比如结尾的两三段里。

① 康拉德•芬克. 冲击力：新闻评论写作教程[M]. 北京：新华出版社，2002：85.
② 本书关于结构一般要求的"布局合理、层次清晰、逻辑顺畅"这三个说法，来自：胡文龙，秦珪，涂光晋. 新闻评论教程[M]. 北京：中国人民大学出版社，1998：116-120.

文章中至少应该有这么一个段落，或者完整的句子，这就是核心段或者对核心观点进行解释的拓展性句子。

不管是靠前还是靠后，文章的重头戏都应放在支持和论证观点上，可以摆事实，可以讲道理，可以做逻辑推演，这部分至少需要两三个段落，在分量和布局上才算比较合理。观点若靠前，则结构以并列和总分结构居多，并列的各个部分就是论证部分；观点若靠后，则结构以递进和分总结构居多，作者往往在两三段论述和分析之后归纳总结出核心观点。

最后，需要一个结尾重申观点、提出建议、表达愿望、展望未来，甚至感慨抒情。这样显得有头有尾。这就是宏观布局——如何安排文章大的组成部分。作者需要有一个清晰的认识和理解，才会在安排段落和先后顺序时得心应手，游刃有余。

有时候，可能某个部分过于详细，局部超重，导致其他部分可能会压缩或过于简略，这是宏观布局思考不周造成的。比如有学生在《活埋 79 岁瘫痪母亲践踏了人性的底线》作业中，提起一个同类事件，就是"渭南弑亲骗保"案，并用 400多字的篇幅介绍了这起案件的详细经过和细节。其实，这种详细介绍完全没有必要，用一两句话概括事件，简化叙事感觉会更好。我建议学生修改为：

然而这样的事情却并非孤例。三年前，生活受挫的小杨为了迅速生财，在为父母购买多份保险后，将双亲毒死，然后伪造煤气中毒的现场，这就是渭南弑亲骗保案。还有更早的北大吴谢宇弑母案，以及 2012 年沈学勇击杀双亲案。最近，58 岁儿子活埋 79 岁母亲案，再次令人震惊。

二是层次清晰，即合理安排评论各部分、各段落间的层次关系，可以使评论的结构"纲举目张、层次分明"。

初学者有时候对这个问题理解不深，容易出现先后逻辑不当、衔接过渡不自然等结构问题。比如，在一次批改学生作品时，我发现作者写了一些对策和建议之后，才分析这种现象的原因。这样做在逻辑上就是不当的，应该是先描述现象，然后分析引起这种现象或问题的原因，最后针对原因提出针对性的对策和建议。

在学习写作的过程中，尤其在时评的段落安排中，有些同学是没有过渡和衔接概念的，还有些同学将新闻报道中的"跳笔"写法搬过来，采用短段落、多分段、一段一个信息点，这种写法破坏了时评思维的线性逻辑和完整性。我给学生的评价是"评论的段落太碎"，就是这个问题。而且写评论比写消息更注意段落的衔接和过渡，比如并列结构，一般会用结构、句式统一的表述对分论点加以标识，或者使用"首先、其次、再次"之类的标志词；如果是递进结构，段落之间会有承递关系，经常用"既然……那么……"之类的词语进行关联，使段落连成一个整体。

比如 2021 年 3 月，我看到一位同学的评论作业，作业标题是《请停止受害者有罪论》。她关注了货拉拉事件，写得很用心，语言非常流畅，语气理性而平和。但是，读完之后，仍然给人一种感觉：段落太碎了。比如：

尽管司机在许多环节上存在失责，但他没有一个行为直接导致了女孩的坠亡，女孩的死只跟她的决定以及行为有直接的因果关系。

司机的态度、做法以及行为，离致人死亡还有相当一段距离。

司机事出有因，没有恶意，无法预判女孩的行为，也受困于当时的情境，最终却被法院认定涉嫌过失致人死亡，面临3年以上的量刑。

新闻评论与新闻报道在标题方式、语言风格、结构安排、段落分割等多个方面有不同的要求，或者说有长期形成的约定俗成的写作规范。这种规范是在实践中为适应不同表达目的而形成的。新闻报道的核心目的是告知，即告知读者客观世界最新的变动状态，就是"最近发生了什么事"。这种以"告知"为目的的信息传递类文本，其段落本身是提倡简短的。比如，采用短段落，多分段；一段一个信息点，一段只说一层意思；一个人的引语最好独立成段；等等。实践证明，短段落的好处是简洁有力，跳跃性强，容易形成节奏感，也符合人们快速接受信息的心理。另外，国外还有"新闻跳笔"的说法。这种笔法的要义在于，不刻意追求段落之间的前后衔接和过渡，而且尽量采用短段落和多分段。

但是，新闻评论有完全不同的写作目的。新闻评论的核心目的是"说服"，即表达对某新闻事件的判断和观点，并且用坚实的理由和论据去支持，让读者接受他的观点。所以，评论的段落要按照推理和论证的思维逻辑来安排，可以是几个分论点并列，也可以是从描述现象、分析原因到最后提出建议这样逐层深入的方式安排段落，段落之间讲究前后衔接和过渡，段与段之间最好能显示思维和逻辑的承递关系。而且，新闻评论写作具有"收敛性思维"的特点，要围绕核心观点进行论述。这种情况下，段落要相对完整，段落之间要有承递，那种极短的跳跃性极强的小段落，就会显得特别凌乱，特别跳跃，影响了思维表达的连贯性。读者阅读也会有同样的感受。

大多数评论的写作，段落长短基本是适中的。我们偶尔也会看到一些段落特别短的评论，这与每个写作者的表达习惯有关。比如《认为余华教作文就是"文学已死"，是对文学的误解》这篇评论，整体段落就特别接近新闻报道的段落习惯：

认为作家出席商业性质的教培活动，意味着"作家走下神坛"和"文学已死"，是对文学的误解。

尤其是一些"作家同行"的哀鸣，更是一种小圈子化的表现。这种小圈子化，看似将作家与文学神圣化，实则是一种故步自封。

首先可以确认的是，余华以北京师范大学文学院聘任教授的身份，开讲中学作文并不存在"资质"问题。

但即使仅以作家身份对孩子们提供意见，同样不存在问题。

作为中国最知名的作家之一，余华的代表作《活着》销量已超过两千万册，新作《文城》同样受到热捧。

也正因此，某些网友才会觉得余华站台一事"掉价"，认为"余华教人写作文，就好比张艺谋教你拍短视频"。[①]（节选）

这种段落安排明显受到新闻报道的影响。这对以传递信息和告知为目的的新闻报道来说，是非常简短且有节奏感的表述方式。作为观点表达的文本，这种段落未必符合新闻评论相对严密的逻辑思维习惯。

当然，随着网络新媒体的渗透，尤其是大量公众微信号作为文字展示平台之后，文体的段落总体上有变短的趋势。这与手机阅读的屏幕有关，而且写作规范本身也会在实践中不断调整，但这种段落对新闻评论来讲未必合适。

时评的结构布局应考虑文章的具体内容，根据所要分析的事物或所要论述的问题的实际情况、内在逻辑联系和发展变化规律，围绕论题和中心论点组织安排评论的观点、材料和先后顺序。

三是逻辑顺畅。以逻辑推理为主的新闻评论，应该讲究其结构布局的逻辑性。这种逻辑性既要符合事物发展的客观规律，也要符合人们认识事物的思维规律。比如，文章主体部分如果是归纳推理，则最好先从分论点或特殊事例的介绍开始，然后分析和归纳，推出结论，即文章的核心观点。同样的道理，如果是演绎推理，文章主体部分的框架搭建要考虑两个前提（大前提和小前提）的问题：大前提是推演的基础，是被认可的重要原则或法律、原理、规律等；小前提其实是分析和关联，就是将大前提与你的文章结论关联起来的部分。

比如，判断某行为或某人该承担什么法律后果和处罚时，就会用到演绎推理。我国是成文法国家，法官以成文法为大前提，以案件事实为小前提，运用演绎推理得出结论。这一法律推理结构又被称为司法三段论，它通过一个大前提（法律规范）和一个小前提（案件事实）得出结论，即某个具体犯罪事实应承担什么样的法律后果。

结构布局应考虑受众的实际状况，根据他们的文化水平、接受能力、认识规律和心理需求，安排评论的逻辑思路和前后布局。[②]

二、开头与结尾

新闻评论的结构一般可分为内外两层：外层结构包括开头、论述部分和结尾；

[①] 叶克飞. 认为余华教作文就是"文学已死"，是对文学的误解[EB/OL].（2021-03-13）. https://baijiahao.baidu.com/s?id=1694098665978200978.

[②] 胡文龙，秦珪，涂光晋. 新闻评论教程[M]. 北京：中国人民大学出版社，1998：117.

内部结构是文章的论证结构，反映的是论证部分不同内容或段落之间的关系。

先说说开头。胡文龙认为，评论的开头方式主要有：开门见山，提出议题；开宗明义，亮出观点；摆出由头，引发议论；凸显矛盾，展开交锋等。开头要求简明扼要，新颖活泼，引人入胜。评论的结尾方式包括提炼归纳、关照呼应、启迪思考、引发联想。结尾要求要言不烦，简洁凝练，余音绕梁。①

当然，我更喜欢马少华在其新版教材中总结的说法："一般来说，应该摆在开头的无非是两类：一类是叙事，包括作为评论对象的新闻事实和作为由头的新闻事实、归纳的问题、要批驳的观点；另一类是判断，包括结论、部分结论和阶段性的判断。"②这的确是一个涵盖范围更广的总结。

新闻评论的开头的确是一个值得讲究的地方，因为开头是一个优势位置，既承担着吸引读者的责任，也影响着全篇的节奏。就吸引读者而言，如果说标题是吸引读者的第一个要素，那么评论的开头就是第二个要素了。好的开头往往起着引人注目的作用。有鉴于此，评论写作者总是把如何开好头看得很重要，花心思琢磨，尽力将其写得顺畅、精彩。当然，文无定法。评论开头也因人而异，因文有别。

消息的结构特点包括导语、倒金字塔等，这是非常符合新闻阅读的特殊节奏的。实际上，通过大众传媒传播的新闻评论也有类似的要求。在新闻报道中，导语和倒金字塔的结构恰恰是按照新闻事件的不同要素的价值大小排列的，把最重要的事件的结果和高潮放在开头。新闻评论的"高潮"是什么？当然是作者认识的结果——观点，是新闻评论作者对新闻事件的看法和评价。

正如消息倒金字塔要求把最重要的认识写进导语一样，新闻评论也要把最重要的认识和得出的结论（作者的观点）尽量写在文章开头，即开门见山。开门见山，不见得就是开头第一句话即亮明观点。《从青黄不接到茁壮成长》一文，谈的是人才问题。开篇第一句话就写道："科技要发展，人才是关键"，把所论述的观点鲜明地亮出来。这是因为文章评论的对象是众所周知的现象，而不是某个需要介绍的新闻事件。再如《莫以学历压人才》一文，是篇针砭时弊的评论。开篇第一句话写道："要广开才路，就要打破以学历论人才的狭隘观念。"这种亮观点的开头对读者而言是很有传播效率的方法，但是，在写新闻评论时，最好先用三言两语介绍评论对象，然后立即提出核心观点，这叫开门见山。从评论的写作规律来讲，当读者不知所评何事时，直接亮明观点就会显得有点儿突兀。

一般来说，开头介入要简洁迅速，不要有太多叙事。如何开头呢？当然有很多方法，一般来讲，前面的一两段里必须介绍判断对象，就是对什么事或者什么现象进行评论。在这个基础上，可以有很多灵活的处理方式。

---

① 胡文龙，秦珪，涂光晋. 新闻评论教程[M]. 北京：中国人民大学出版社，1998：129.
② 马少华. 新闻评论教程[M]. 2版. 北京：高等教育出版社，2012：132.

比如，有些开头需要解题。尤其是标题里有特殊含义或者难懂的词组、短语时，要先解题。如《"亲其师，信其道"》评论，作者考虑到读者见题恐不解，便先解释这个标题："'亲其师，信其道'，此乃中国教坛上的一句古训。亲者，亲近、喜爱之意也。只有亲近、喜爱老师，才能对其所道笃信不疑，潜心研习。"

开头还可以提问题，以引起读者的注意。如《"没有自由，只有它由"》开头写道："世上的自由，是绝对的自由，还是相对的自由？这个问题时时困扰着一些人，应该、也必须认真搞搞清楚。"问题提得尖锐、明确，引人思考。在这方面，毛主席的《中国社会各阶级的分析》一文为人们树立了榜样。该文开篇写道："谁是我们的敌人？谁是我们的朋友？这个问题是革命的首要问题。"其实，开头提问题依然是引起读者关注的重要方式，问题一定要提示文章的核心观点，提出问题后应立即交代判断对象，不要铺陈叙述很长时间，才让读者知道所评何事，否则便违反了传播的效率性原则。所以，开头第一段最好非常简略地交代评论对象，让读者明白作者要对什么事情或什么现象进行评论，这样读者才不至于感觉迷茫或突兀。比如：

经过半年多的考察和筛选，7月底，三名法学家何家弘、宋英辉、赵旭东分别被最高人民检察院任命为副厅级官员。据说这在最高人民检察院历史上还是第一次。（8月7日《民主与法制时报》）①

这个开头非常简短地交代了判断对象。虽然不能写成"八股文"，但是，作为时评的初学者，这种简略直接地交代评论对象的开头方式，还是值得学习的，也符合评论的阅读习惯。因为，从阅读逻辑来讲，一开始在读者不清楚判断对象的情况下，任何观点都是虚空的。正文才是读者接受观点的理由和依据的呈现和论述。

消息是不注重结尾的，倒金字塔结构是重开头、轻结尾的结构方式，但新闻评论是传播说服性信息（观点）的文本，结尾处于整个阅读过程的最后环节——决定读者最终可能保留的印象。受众最易记起的就是开头和结尾出现的论证。

一般来讲，评论的结尾会重申观点，或提出建议，或表达愿望，或提出更深的思考，或表达感慨等，可以根据文章需要而灵活安排。比如结尾表达建议与希望：

所以，就西安奔驰事件，唯有"举一反N"，将其上升到全行业的一次自我检视，也推动针对整个维权环境下的反思与改进，方不辜负这场全民关注。接下来，也希望多些制度"撑腰"，少些"不闹不解决"式维权。②

---

① 傅达林. "法学家从政"的喜与忧[EB/OL]. （2006-08-08）. https://news.sina.com.cn/o/2006-08-08/06379684102s.shtml.
② 与归. 又见"坐引擎盖"：正视"模仿维权"的痛点[N]. 新京报，2019-04-19（A3）.

比如结尾提出更深的思考：

当然，医学也是一门探索科学，而探索则意味着风险。在生死边缘，如何让医生做出最利于患者的选择，而不是最利于法庭举证的选择，这不仅取决于医生自己，还取决于社会大环境。如果医患互信，医生往往不惜代价，铤而走险；如果医患互疑，医生则过度防卫，不愿冒险。[①]

再比如结尾还可以概括、重申观点：

我的观点很简单：收复台湾的施琅，即上《恭陈台湾弃留疏》使台湾开府的施琅和阿纳德的左腿一样，还是值得敬重的。[②]

结尾还可以回答全文提出的问题：

"一个党，一个国家，一个民族，如果一切从本本出发，思想僵化，迷信盛行，它的生机就停止了，就要亡党亡国。"解放思想永无止境，实事求是当无禁区。为了民族复兴和人民幸福，一切不合时宜的条条框框都应冲破，一切阻碍民主与法治进步的禁锢均应摈弃。唯有如此，改革开放才能取得一次又一次新飞跃。这是对邓小平最好的纪念和告慰。[③]

还有一点，结尾不要再提出新的观点了，否则来不及论证，而且可能对已经论证了的论点造成干扰和分散。

三、论证部分的结构

新闻评论的正文部分，其主体是论证部分，主要有以下三种结构。

1. 并列结构

并列结构，即段与段之间是并列关系的结构方式。这种关系可能有两种情况：第一，全文是归纳推理，论证部分的段落通过列举几个典型的案例进行归纳，而这些典型案例之间是并列关系；也可能是先分论再总论的结构方式，即在开头开门见山、跳开话题后，围绕论题，逐层应用材料证明论点，最后归纳出总论点的结构方式，那么这些分论点之间也是并列关系。第二，还可能是演绎推理，开头直接提出核心观点，然后通过几个分论点进行演绎，而这些分论点之间是并列关

---

① 白剑锋. 生命的尊严高于一切[EB/OL]．（2007-11-27）．http://news.sohu.com/20071127/n253490256.shtml.

② 乐毅. 收复台湾的施琅与阿纳德的左腿[EB/OL]．（2006-04-07）．http://zqb.cyol.com/node/2006-04/07/zgqnb.htm.

③ 财新. 什么是对邓小平最好的纪念[J]. 新世纪周刊，2014（32）：20.

系，这其实也是总分结构。

艾丰发表在《人民日报》的《名牌是民牌》（1995-10-09），就是一种将总论点分解为两个以上并列的分论点，然后分别进行论证的结构方式。全文将"名牌是民牌"这一中心论点分解为四个分论点：民定、民创、民护、民享。整体结构是典型的并列结构，因为四个分论点之间是平行关系。开头第三段，作者说："我想，有一位企业家的话，最简明地说出了这个问题的实质——名牌是民牌。"这里其实借用企业家的话表明了全文的核心观点，是总论点。前三段可以看成开头部分。正文部分或者叫论证部分主要由四个段落组成，作者对其做了认真思考和精心设计，用了四个小标题，其表述、句式结构基本一致，都位于段首，很好地起到提示作用：名牌是"民定"的；名牌是"民创"的；名牌是"民护"的；名牌是"民享"的。最后一段是结尾，作者进一步总结和重申了核心观点：名牌——"民定""民创""民护""民享"，所以说它的实质是"名牌是民牌"。

当然，大部分并列结构的评论不可能这么齐整，结构这么匀称。但我们依然可以判断出其主体论证段落之间的平行关系。

这样的例子有很多，《让世界更美好——庆祝上海世博会开幕》的结构也是并列式的，全文分别阐释了"世博给了我们欢聚的机缘""世博给了我们梦想的力量""世博启迪我们对未来的深刻思考""世博也给我们难得的学习机会"四个方面的意义。最常见的是论述"为何""如何"等文章，几个建议、几个原因之间也是并列关系。比如反讽式时评《如何大修恭王府才能重现盛世王气》[①]，全文有四个"建议"：一定要找到奕䜣的直系后裔，弄个盛大仪式；一定要找个外国的设计师主持重修工程；一定要追加投资；单是修恭亲王府是不够的，北京的王府多着呢，都要修。

再比如《官员自我批评的"全套学问"》这篇评论，它的结构就是并列结构。对读者而言，这种结构眉目清楚，读者的注意力只需要放在几个方面的内容上，而无须注意文章前后的承递关系和逻辑，这也算一种有效率的表达。

2. 递进结构

评论的递进结构反映的是评论者对事物的认识深度。一般有两种情况：一是不同的论证材料之间具有前后支持的传递关系——前面的论证支持后面的论证，最终得出论点。这种结构实际上由两个以上各自完整的论证前后相连而成，每一层都有确定的判断或结论。前一个论证的过程得出的结论，成为后一个论证过程的前提。每一层分析都建立在上一层分析的基础之上，既是对上一层意思的补充，又是对上一层的深化。例如《居民身份证更是公民权利证》。

---

① 郭松民. 如何大修恭王府才能重现盛事王气[EB/OL]. （2005-12-23）. http://zqb.cyol.com/content/2005/12/23/content_1222804.htm.

从"居民身份证"的名称来看，尽管看起来只是一个身份证明，表明一个人的户籍所在地，但是，其仍然是以"公民"为前提的，也就是说，身份证首先明确了一个人是中华人民共和国的公民，然后才能通过身份证件表明这个公民的户口所在地。没有"公民"的前提，就谈不上"居住地"的问题。"皮之不存，毛将安傅"，把"居民"和"公民"割裂开来，只认可"居住地"身份而忽略"公民"的身份，这是公民意识淡漠的表现。

既然认可身份证中的"公民"身份，那就必然要认同其"权利"含量。公民是指取得某国国籍，并根据该国法律规定享有权利和承担义务的自然人。中国的宪法和法律对公民的权利和义务都有详细的规定，公民领取了居民身份证，表明其应该承担相应的义务，同时也应当享受相应的权利。[①]（文中粗体为笔者所加）

二是不同的论证材料之间并不一定有严格论证关系。由一层论证进入另一层论证，两层论证在事理上前后相继——如由事实到价值，由具体到普遍。比如下面的段落：

之前，微信方面以此类文章涉及夸大误导，按照《网络信息内容生态治理规定》《微信公众平台运营规范》等规定，删除相关文章近100篇，封禁3个主体下的50个违规公众账号，对于昵称涉及不正确使用国家名、地名的70个账号，也统一清除昵称。

曾有声音认为，写一些捕风捉影、子虚乌有的爆料文章，其实是一种常见的微信公众号"营销现象"，不见得有什么具体的危害后果，按照《治安管理处罚法》，处以拘留、罚款等处罚，就算是打了板子，以示惩戒了。

但是，编造、传播虚假信息，已经涉嫌违法犯罪，并不是说来一场"大扫除"，由平台把相关文章删除、账号封禁等，或者治安处罚，就可以万事大吉。

更何况，在新冠肺炎疫情防控的非常时期，类似编造虚假的新冠肺炎疫情信息，在信息网络或者其他媒体上传播的行为，会产生"裂变"反应、"放大"效应，带来难以估量的社会危害性。比如编排海外华人"太难"，就可能会在留学生等群体中制造恐慌，产生误导，对他们的决策造成干扰，从根本上来说也不利于新冠肺炎疫情防控。

两高、两部《关于依法惩治妨害新型冠状病毒感染肺炎疫情防控违法犯罪的意见》中，就专门对"依法严惩造谣传谣犯罪"做出明确规定，并"条分缕析"编造、故意传播虚假信息等行为的"入罪门槛"，目的就是要从严打击，平复社会心态。

从薛某的所作所为看，在主观上存在编造、传播的故意行为，于果上造成公众恐慌心理，影响抗疫大局，达到"严重扰乱社会秩序"临界点，已涉嫌编造、故

---

① 新京报社论. 居民身份证更是公民权利证[EB/OL]. (2005-03-10). http://news.sohu.com/20050310/n224630628.shtml.

意传播虚假信息犯罪，**被追究刑事责任并不冤枉**。①（节选，文中粗体为笔者所加）

这是文章中的几个关键段落。段落之间的承递关系非常清晰，并且有明确的提示词。作者先摆出"曾有声音认为"编造、传播虚假信息，拘留处罚就可以了的观点，立即用"但是"转折，指出编造、传播虚假信息已涉嫌违法犯罪，然后再用"更何况"提示了更进一步的理由，即虚假信息传播带来巨大危害，最后，结合依法严惩造谣、传谣犯罪的有关条款，作者得出结论：被追究刑事责任并不冤枉。这些段落前后是递进关系，是逐步深入的，而且有清晰的"连接词"承接，保证了思维的连贯和统一。

当然，大部分结构并不是特别严整的并列式或者递进式，往往是复合式的，即在递进框架里有并列的段落。对于结构的写作，做到清晰简洁和顺畅阅读只是一个基本要求，并不需要特别严格的八股式的规范。只要大的原则符合读者的阅读习惯，能够让读者快速接受作者的观点和论证过程，就是好的结构。比如，《隐瞒行程后确诊 暴露防境外输入短板》②一文就没有拘泥于某些固定的结构形式，作者的思维很缜密，论说过程也很流畅。尤其请同学们注意段落之间的连接词。

隐瞒行程后确诊 暴露防境外输入短板
夏熊飞

3月11日12时40分，郑州市确诊1例境外输入新冠肺炎病例，系郑州首例境外输入性确诊病例。据悉，患者郭某鹏近期存在出入境情况，经向其核实，郭某鹏拒不承认。民警经调查核实了其出入境轨迹，立即将信息上报，并积极联系社区工作人员，将郭某鹏送至二七区集中隔离点进行观察，其间郭某鹏出现发热症状被送至医院，随后确诊。（《新京报》3月11日。）

隐瞒境外行程，并且入境后未严格落实"隔离观察""如实申报"措施，其间多次乘坐公共交通工具，出入办公场所，也极有可能造成交叉感染，让郑州乃至河南疫情结束的日期后延。后果不可谓不严重，也难怪确诊消息公布后，郭某鹏在网络上遭到了大量网友的口诛笔伐。

根据刑法的规定："拒绝执行卫生防疫机构依照传染病防治法提出的预防、控制措施，引起甲类传染病传播或者有传播严重危险的，处三年以下有期徒刑或者拘役；后果特别严重的，处三年以上七年以下有期徒刑。"也正是依据这一规定，郑州市公安局大学路分局已依法对郭某鹏立案侦查，案件也正在进一步调查中。

对郭某鹏的立案调查当然是及时有效的，也能让其深刻认识到自己行为的严重危害。可这终究只是事后的补救举措，**而且对这一单独病例可能造成扩散风险**

---

① 欧阳晨雨. 炮制"华商太难了"被追刑责，一点都不值得同情[EB/OL].（2020-04-04）. https://www.bjnews.com.cn/opinion/2020/04/04/713161.html.

② 夏熊飞. 隐瞒行程后确诊 暴露防境外输入短板[N]. 中国青年报，2020-03-13（2）.

的抑制，不会有明显改善，接下来能做的就是做好密切接触者的筛查与观察，避免事态进一步恶化。

在妥善处理郭某鹏案与形成震慑效应的**同时**，**也很有必要**正视个案所暴露出来的可能普遍存在的防境外输入方面的短板，并尽早补上。**尽管**，对于入境人员都需要主动申报境外行程与身体状况，并且会严格进行体温检测，**但**这种申报更多还是基于入境人员的自觉与如实，可郭某鹏案例的出现，**却表明**单纯依靠入境人员的自觉存在不小的安全漏洞。**不可否认**，绝大多数入境人员都做到了自觉如实申报个人情况，**可**一旦出现瞒报、谎报的情况，**后果将**不堪设想。

所以，在特殊时期也应有特殊的举措应对，入境人员信息的确认在个人申报的基础上，**还应有**管理部门的快速核实。在信息技术如此完备的今天，完全可以依法依规通过对入境人员交通轨迹查询、与国外机构共享信息等方式，来避免主观瞒报、谎报境外行程行为的发生。

而且，有必要实现入境人员信息的及时通报与共享，实现各地联防联控，避免与郭某鹏案类似的情况再次出现。这方面常态机制的建立，除了有赖于各地的主动协作外，国家层面也很有必要进行统筹与调度。境外输入病例的问题不容小觑，在严防死守、科学防控与补齐短板的前提下，**还要再次呼吁广大入境人员必须严格遵守**"如实申报""隔离观察"等措施，这既是对全社会负责，更是对自己及家人负责，瞒报、谎报不仅害人害己，也必将遭到法律的严惩。（文中粗体为笔者所加）

3. 特殊结构

有些文章的结构整体上是对比性的，全文都是在对比分析中展开说理和论证的，并非只是某些段落的对比。典型例子如《真抓与假抓》。

《真抓与假抓》一文有大量篇幅在做对比，将真假现象详细对比并呈现出来，其作用是：一是论文观点有了坚实的证据和基础；二是通过对比这种修辞，其实强化了读者的印象和感受。

让人难以区分的是，"假抓"不是不抓，而是和"真抓"一样在抓。一样的招招呼呼，一样的忙忙碌碌，一样的跑上跑下，一样的辛辛苦苦。如果不下一番功夫，**就很难分清谁是在"真抓"，谁是在"假抓"，谁是在"做事"，谁是在"做戏"**。

"真抓"者开会，"假抓"者也开会。"真抓"者重视的是会议的效果，"假抓"者重视的是会议的形式，关心的是会议的消息见没见报纸，上没上电视，并想方设法让上上下下都知道，自己已经积极行动，正准备大干一场。

"真抓"者讲话，"假抓"者也讲话。"真抓"者讲的是根据本地的实际情况，应该解决的具体问题和应该采取的具体措施，是自己应该承担的具体任务和责任。而"假抓"者讲的则多是套话、空话、照本宣科的话和要求下边干的话。

　　"真抓"者抓先进典型，"假抓"者也抓先进典型。"真抓"者抓的典型是给下边看的，而"假抓"者抓的典型是给上边看的；"真抓"者抓的典型是经得起时间考验的，"假抓"者抓的典型却多是"现使现抓"、昙花一现的。

　　"真抓"者下去检查，"假抓"者也下去检查。"真抓"者下去，是下到最基层，找问题，找死角，找仍然不满意的地方，然后再对症下药。"假抓"者检查，多是小车未动，通知先行，专门去看那些已经摆好了的"漂亮"场面。

　　"真抓"者总结工作，"假抓"者也总结工作。"真抓"者注意总结经验教训，"假抓"者惦记的只是搜集工作成果；"真抓"者关注的是下边的反映，"假抓"者注重的是上边的评价。所以，汇报工作时，"假抓"者往往讲得更加头头是道，口若悬河。

　　同样一项工作，"真抓"者往往用100%的力，而"假抓"者却只用50%的力，但他却常给人一种更卖力、更辛苦、效果也更显著的感觉。这是因为"假抓"者非常善于造势，非常善于制造广告效应、轰动效应，善于利用"勤请示、勤汇报、勤和领导接触"的三勤效应。所以，"假抓"者当中，也时不时有人被提拔，被重用，被评先。[1]

　　以上几段是这篇评论的主体部分，完全是并列对比的结构，当对比结束后，再进行简单分析，最后提出一个简短的建议就很有力，已经无须过多分析和阐释了。

　　因此，我们上上下下应该提高鉴别真假的能力，对那些"假抓"者，一经发现，就一齐喊打，绝不能让"吹牛者"得"牛"，也不能让"南郭"们充数。[2]

四、新闻评论的节奏

　　在评论结构方面，中国人民大学的马少华老师是第一个在其教材中严肃思考结构节奏问题的学者，他将评论写作的直观经验融合到教学思考之中，对此有较为深入的思考。

　　马少华指出，新闻评论的段与段之间也存在一种内部的节奏，这种节奏对于传播和接受产生着重要影响，也是写作的一个客观结果。就像音乐有舒缓与急促的交替一样，在新闻评论中，判断与论证的内容比较繁密，就会给人造成急促的感觉，而包括背景介绍等叙述性的内容则会给人造成舒缓的感觉。新鲜的内容会给人急促的感觉，已有的经验就会造成舒缓的感觉。文艺化的文字更舒缓，而论

---

[1] 海纳. "真抓"与"假抓"[N]. 河北日报，2001-04-11（1）.
[2] 海纳. "真抓"与"假抓"[N]. 河北日报，2001-04-11（1）.

证性的文字则更急促。过长的文字、过细的叙事等就会"过缓";太过于密集的判断、频繁的转折等就会感觉"过疾"。"缓急相间",一张一弛,也符合读者阅读的心理节奏:如果过缓,连续几段持续叙事,议论总是不出现,可能会使读者失去耐心;如果过急,持续地议论,密集地推出论点,则可能会使读者应接不暇,"跟不上"作者的议论。结构体现的是一个评论者的逻辑思维是否严整和清晰,而节奏则体现了一个评论者的语言的驾驭控制能力。①

评论的节奏与论点相关,以传播并论证论点作为作者的目标;以期待并理解论点作为读者的目标。以上述两个目标作为评价作品展开进程的标准,我们就会感到,一些评论的节奏可能过于缓慢。尤其是开头和结尾,在节奏把握上需要特别重视。比如有评委评价一篇参赛评论说"入场"太慢和"出场"太急。②

综合几次作业练习,我认为初学者在结构上比较容易出现两种不良倾向,即开头叙述和铺陈过多,半天还没有触及观点和核心,这样可能由于节奏过于缓慢而失去部分读者;另一方面,展开论述的时候,又往往没有深入下去,就急于收尾,这其实就是某评委所说的"入场"太慢和"出场"太急。

比如在评论课堂上,《愿你心里种满鲜花》这篇评论作业,开头部分有五段:

任何暴力,都不应该因为年龄的问题被原谅,不管是十岁还是一百岁,都不能够成为你欺负别人、欺负动物的理由。

有研究表明,人和小动物的相处之中,人会释放出压力和紧张的情绪,从而能减轻孤独和沮丧的感觉,也可以减轻精神和心理上存在的压力。而狗狗也能做医生,"狗医生"是一个动物治疗项目,通过选拔性格温顺的狗狗,让它们去慰问病人、老人以及一些特殊儿童,比如自闭症的孩子。那些孩子在与狗狗接触后,甚至可以模糊叫出狗狗的名字。

生活真的很苦,但是,在我看来,这个世界上最温柔、最暖心的就是孩童和动植物。

可是,在这个世界上,总会有人变着法去欺负和虐待孩童和动植物。

近日,山东理工大学学生范某虐猫事件被曝光,得到了大众的广泛关注,但此后,有多名网友反映,范某只是虐猫链条中的一环,其背后有更大的虐猫群体。周筱赟说,由于中国大陆地区没有《保护小动物法》,拍摄出售虐猫视频的行为,目前也同样很难找到合适的法律法规来规范。③

这篇评论的评论对象是山东理工大学学生虐猫事件,但这件事直到第五段才开始提到,在判断对象之前的一些段落,在逻辑上就显得不够顺畅,同时,这个

---

① 马少华. 新闻评论教程[M]. 2 版. 北京:高等教育出版社,2012:143-146.
② 马少华. 新闻评论教程[M]. 2 版. 北京:高等教育出版社,2012:146.
③ 王瑜同学的评论作业,修改后在公众号"水哥写作课"以《愿你心里种满鲜花,愿世间陪伴在我们身边的小动物都能被温柔以待》为标题刊出。

开头介入正题有点慢了，就是某评委所说的"入场太慢"。

第二个问题就是"出场太快"。比如学生课堂作品《我想成为一只有分辨力、清醒和节制的"网虫"》：

手机生活的内容非常丰富，也在不断影响我。在即将到来的 5G 时代，移动数据传输的增强，想必会应用到更为重要的生活中，人们应该正确地使用互联网技术。在技术上实现了高度的开放互动，网民可以随时随地实现表达自我、分享心情、索取信息、拓展社会关系。但是，在海量信息和大量不实不准确的各种信息的包围中，如何成为一只有分辨力、清醒和节制的"网虫"，是每个大学生迫切需要思考和求索的问题。

这是文章的第六段，在罗列了大量网络生活的现状描述的基础上，作者提出了一个很好的问题，即"如何成为一只有分辨力、清醒和节制的'网虫'，是每个大学生迫切需要思考和求索的问题"，可惜的是，文章没有展开却结束了。在我的建议下，作者进一步修改了评论，主要在核心句之后添加了几段拓展性的句子，对核心句展开论述和支持，深化了论证。

问题在于，手机和网络 App 已经占用我个人的太多时间。大部分时间，我的脑袋里被各种信息塞得满满的，什么时候，这些信息才能被质疑？被思维审思？被大脑整理？甚至被消化内化，形成自己思想的一部分？我甚至可能没有自己的思想，没有对信息的加工整理和内化，有的只是被大量碎片化信息不间断地喂养。

我想说的是，在海量虚假甚至垃圾信息和大量价值多元化的信息包围中，如何成为一只有分辨力、清醒和节制的"网虫"，是每个大学生迫切需要思考和求索的问题。

如何才能不真正沦为一只可怜的"网虫"？我觉得，分辨力、清醒和节制是三个不错的建议。分辨力能让我质疑和审思，分辨那些鸡汤的、虚假的、带节奏的、过分感性的、偏激甚至极端的各种叫嚣和喧嚷。清醒能让我认识到，大部分手机信息对我的生活并不起任何作用，或者没有多大意义，有许多直播课程所提供的信息未必就比书本和网络丰富，淹没在手机信息里，还不如与身边的朋友聊聊天，去现场看看，感受感受，去跑跑步，体验体验，因为有太多东西只是"知道"并不能解决任何生活实际问题，只有"行动"才能解决。而节制就是放下手机，给自己留出空间，哪怕发发呆，静下心来想想自己的未来，完全不必用信息将自己填满。[①]

这个修改，在思路上就是分析问题，然后提出对策。而对策又分别对应"分辨力、清醒和节制"三个方面。这在结构上就是层次清晰，逻辑顺畅。

---

① 宋昊燃. 我想成为一只有分辨力、清醒和节制的"网虫" [EB/OL]. （2020-04-21）. https://mp.weixin.qq.com/s/0Ne2SQix9niIsslzoeqqwA.

第八章

样式

对报道体裁的分类和命名是"追认式"的。理论阐述总跟在实践的后面，当一种新闻实践获得关注后，那么它通常也就会得到一个名称。这种命名方式带有"流行"色彩，很少顾及名称与名称之间能否接洽。[①]

——王辰瑶

本章主要涉及新闻评论写作的常见体裁。写作的文体是一个种类繁多、含义宽泛的领域：古代散文就有序跋、奏议、典志、辞赋等；新闻文体包括消息、通讯、深度报道、特稿等；行政公文包括命令、决定、通告、请示等；文学文体如小说、诗歌、散文等。单就新闻评论而言，虽然都是表达观点的文章，但不同的体裁，在写作层面会有不同的要求，有时候彼此会相差非常大。比如写时评和写述评之间，写社论和写编者按之间，依然有一定的界限和大家认可的相对一致的边界。这种边界就是体裁的约束作用。所以，初学写作，一定要有文体意识，就是"写什么要像什么"，报告文学要有报告文学的样子，诗歌要有诗歌的样子。

但是，新闻评论的样式或分类，历来都是一个众说纷纭的话题，不同的学者依据不同的标准，将新闻评论分成不同的类型。这种现象非常正常，比如有学者研究我国新闻报道的体裁，发现其分类混乱而令人困惑，便提到一个可能的原因：对报道体裁的分类和命名是"追认式"的。理论阐述总跟在实践的后面，当一种新闻实践获得关注后，那么它通常也就会得到一个名称。这种命名方式带有"流行"色彩，很少顾及名称与名称之间能否接洽。[②]在新闻评论的体裁分类中，也存在类似的困惑。

---

① 王辰瑶. 模糊而有意义：谈谈文字报道体裁的分类与命名[J]. 新闻与传播研究，2015，22（1）：119-125.
② 王辰瑶. 模糊而有意义：谈谈文字报道体裁的分类与命名[J]. 新闻与传播研究，2015，22（1）：119-125.

　　比如按照媒体类型和传播符号的不同，有学者将新闻评论分成报刊新闻评论、广播新闻评论、电视新闻评论和网络新闻评论。国内大多教材也基本按照此分类成章，形成新闻评论写作指南。这种分类在逻辑上似乎是自洽的，依据也是统一的，而且简洁，从新闻观点的论证的角度看，作为文字、作为声音和作为影像的手段在表达观点方面的确有很大的不同。同时，网络更像一个平台和信息池，将各种形态的评论纳入其中。值得注意的是，网络评论在形式（如特殊短评、网络跟帖评论）、语言（更为灵活自由，可诗可喷，直抒胸臆）、空间（海量空间，不受版面和时段限制，可文字、可图、可影像，也可融合或聚合）都有其特殊的一面，但大部分评论与报纸、电视评论并无特殊之处。再比如，"述评"是一种特殊的评论形式，但报刊和电视都讲"述评"，从"边述边评"的角度看，它们都属于述评，却放在两个不同的符号体系中去讲。

　　再比如，范荣康把新闻评论分成五类：社论、评论员文章、短评、编者按和专栏评论。[①]这个分类总体侧重于评论本身的特征和结构，抛开了作为媒介和符号对新闻评论的影响。问题是，在今天这个众声喧哗的时代，公民写作苏醒了，大量公民时评通过报纸、微信公众号、网络等平台和渠道改变了"观点的市场"样貌，极大丰富了观点写作的现状。那么，这部分公众写作的评论叫什么？似乎没有被包含进去。

　　还有学者从评论的辩论方式，将评论分为立论性评论、驳论性评论和释论性评论。立论性评论就是自己立一个观点，自己证明；驳论性评论就是驳斥一个错误的观点；释论性评论往往以重大新闻事件、思想理论或方针政策为论述对象，以阐释、说明为手段，以帮助人们释义解惑。如果将立论和驳论再细分的话，那么，除了解释，评论还具有教育、监督、交流等更多的功能，怎么只单独强调解释这一功能呢？

　　看起来，怎么分类都有道理，也有不足。马少华老师对电视评论的类型总结出一种分类方法，即从"谁在说"和"怎么说"两个维度，（从评论主体上）将评论分为主持人评论、参与式评论；（从评论结构、节奏等表现形态上）将评论分为报道型评论和交流型评论。[②] 这是对电视评论类型的一个新的分类尝试。

　　笔者尝试从另一个视角，即评论主体的身份不同，将新闻评论按照不同评论主体，即以"谁在评论"为依据，把新闻评论大致划分为官方评论、专业评论和大众评论三种类型，如表8-1所示。

① 范荣康. 新闻评论学[M]. 北京：人民出版社，1988：187.
② 马少华. 新闻评论教程[M]. 2版. 北京：高等教育出版社，2012：274.

表 8-1　新闻评论的类型

评论类型	评论主体	特　点	常见评论样式
官方评论	社论委员会、本报评论员、特约评论员	代表编辑部，权威性、政策性和方向性很强，选题重大	社论、本台评论（广播电视）、评论员文章、特约评论员文章
专业评论	有专业背景的专家、学者，以及职业评论员、主持人、漫画家	主要为社会精英和知识分子，评论作品有深度、高度、锐度，专业性较强	电视述评、主持人评论、专栏评论、"评论员评论"、新闻述评、漫画评论
大众评论	普通公众、网友、节目普通嘉宾、评论类自媒体人	丰富多样，众声喧哗，是最复杂、最喧嚣、最接地气、形式最多样的评论	时评、跟帖留言、微博评论、读者来信、参与式评论

　　官方评论的特点是权威性和选题的重大性，评论主体多为社论委员会、本报评论员、特约评论员等，常见的评论样式如社论、本台评论、评论员文章、特约评论员文章等。

　　专业评论的特点是深度和专业，评论主体多为有专业背景的专家、学者，以及职业评论员、主持人等，常见的评论样式如电视述评、主持人评论、专栏评论、新闻述评等。

　　大众评论的特点是丰富多样，众声喧哗，是最复杂、最喧嚣、最接地气、形式最多样的评论，评论主体多为普通公众、网友、节目普通嘉宾、评论类自媒体工作者等，常见的评论样式如跟帖留言、微博评论、读者来信、参与式评论等。

　　需要指出的是，这只是理解新闻评论的一种角度，不同评论样式之间并不存在清晰的边界，比如某专家并不是职业评论员，偶尔作为连线嘉宾客串和参与某些评论节目进行评论，属于专业评论，但如果他作为一般网民，对某新闻报道进行跟帖评论，考虑到其评论特点，依然可看成是大众评论。这种分类还有一个问题，就是像电视述评、新闻述评这样的形式，其评论主体既可能是主持人，也可能是专家或评论员。但好处是不再按照文字、视频等表达符号进行分类，因为符号只不过是表达观点的外在形式，评论的核心是观点，是评论对象的判断，这个判断可以用文字表达，也可以用图片的形式表达，如一些报纸的漫画，更可以用声音或影像的方式表达。

一、官方评论

　　在本书中，"官方评论"特指评论主体是集体或社论委员会等集体创作的评论，主要是社论（本台评论）和评论员文章，以及编辑部文章等。从评论主体的角度看，有一类评论非常特殊，它代表集体的意见和声音，在党报系统主要指社论和评论员评论；在一些商业性平台或媒体中，它属于比较严肃的代表编辑部的集体意见。

1. 社论

在所有评论类型中，社论是最特殊、最权威的一种言论形式，其特殊之处在于，社论是代表编辑部、电台、电视台和网站、平台发言的，是集体的意见和声音。所以，社论和评论员文章作为评论体裁，其政治性、方向性和政策性最强，在整个言论体系中，代表"官方"。所以其不但地位显赫，而且对于健康的舆论生态来说，官方的意见和声音对任何媒体或平台来说，都是不容忽视的权威声音。一张报纸，一个电台，正因为其"官方"的意见，才显见其媒体的立场、旨趣和追求。同时，对重大事件，非"社论"这种"官方"的重头评论不可。

在一些商业性平台或媒体中，社论逐渐时评化，但依然保留了社论的一些基本特征，如话题的严肃性、重要性，观点经媒体平台审定或同意。但在党报体系里，包括党报的网站、客户端等在内，社论是最权威的，代表编辑部，同时代表"同级党委和政府"的声音，是名副其实的党的"耳目喉舌"。所以，社论的写作要特殊得多，一般来讲，从写作层面讨论，大概最主要的特点就是论证略显不足，而解释、说明、指导、鼓动、宣传有余。正因如此，社论被定义为代表报刊、通讯社、广播电台、电视台等媒体编辑部就当前国内外重大事件、问题表明立场的权威性言论。社论是新闻媒体的旗帜和灵魂，也被称为"党报的元帅"。它可以发出号召、提出任务、阐明政策、表明态度、辨明是非、指导实践。[①]

社论写作方面，用词宏大有时难免空洞，视野高瞻远瞩，多为指导、要求、说明。在选题上，多属于严肃、重大，关注国计民生、政策措施的大事要事。在编排上，一般报纸的社评出现在专门的评论版面上，且一般在评论版面的头版头条上，用大字号加以强调。在规范上，社论一般不署名，需要有严格的程序和要求，一般由社论委员会集体讨论决定选题，共同修改。

一般来说，社论的特点包括内容和形式两个方面：内容方面，选题重大严肃，权威性、政治性、方向性很强；形式方面，位置放在评论版面的头条，视觉感强，标明社论或社评；代表媒体而非个人；位于评论版面头条，一般不署名（也有使用集体笔名的情况，比如"仲祖文"是"中共中央组织部文章"简称的谐音，"任仲平"是"人民日报重要评论"简称的谐音，"钟轩理"是"中央宣传部理论局"简称的谐音）；社论的语言要庄重典雅。

社论的制度性特征表现在：一是代表媒体而非个人；二是选题写作都有固定的机构和程序。因而，社论写作的口气往往是"我们认为""我们的判断是"；同

---

① 胡文龙，秦珪，涂光晋. 新闻评论教程[M]. 北京：中国人民大学出版社，1998：213.

时由"社论委员会集体讨论"是社论写作一项基本制度。[1]《人民日报》社论在写作层面，语言庄重严肃，规整典雅。在论证层面，仔细研读社论，你会发现社论的论证大多表现在：第一，解释说明，主要是解释事件实质，说明当前形势。第二，宣传倡导，主要以青年人为对象，常常以"我们"作为第一人称，不署名，以党委、编辑部身份直接同青年对话，更亲切、直接有效，易被青年接受。第三，呼吁号召被作为辅助性论证方式来使用，呼吁号召式的语言风格起到了统一思想、统一行动的作用。所以，社论是党真正的"舆论喉舌"，直接表达党的意见和声音。

《人民日报》有两类社论最值得注意，一类是礼仪庆典类社论，二是政策阐释性社论。前者用词宏大，热烈喜庆，重在鼓舞士气，凝聚人心，典型的如纪念建党 70 周年社论、庆贺奥运会开幕的社论等；后者重在解释政策，阐释意义，如《开创青年工作新局面的纲领性文献》就是《人民日报》的一篇评论员文章，主要阐释了胡锦涛同志在 2012 年"五四讲话"的地位和意义。

我国社论在长期的实践中形成了一种基本特征：庄重、规整、平衡和稳定，而且主要遵循政治逻辑，讲求政治正确，在理据的使用上有一个突出的特点，即偏好如下三类：一是现行政治方针、政策、法律、法规、规章制度；二是领导人的讲话；三是当前提倡的政治理念，比如群众路线、廉洁自律、立党为公、执政为民、依法治国等。[2]

广播社论主要是通过口播评论的方式进行。这依然是广播评论中权威性最强的，代表广播电台和同级党委政府意见的一种重头评论。以声像为符号的电视评论中，本台评论相当于报纸的社论，它的数量较少，篇幅一般较短，权威性、政治性很强，非常严肃，常常采用口播式满屏文字或播音员出镜的方式，或者播音员小框与文字相配合。比如 2010 年的中央电视台（以下简称央视）本台评论《中国力量　世界赞叹》，开头第一句话就是"巨大的地震灾害震塌了东汽生产厂房，但震不垮坚强的东汽人"。[3]这相当于报纸的社论，其播出方式是满屏文字，播音员播读文字稿。这个评论主体是播音员，因为整个广播评论和电视评论中，只有一个播音员在播音。当然，社论文稿属于集体商定或集体创作，或指定某人代集体创作。

这些评论稿件包括本台撰写的本台评论和广播电台、报刊、通讯社提供的评论文字稿等，它们的体裁形式和写作要求与广播评论没有根本的区别。但电视的口播评论，除了声音，还有自己的特点。首先，播音员的活动图像出现在荧屏上，播讲评论时不仅展现直观的服饰穿着和发式首饰等，还伴有面部表情、手势等非语言传播符号。其次，口播评论往往配有背景画面和活动图像、照片、字幕、图

[1] 马少华. 新闻评论教程[M]. 北京：高等教育出版社，2007：160-162.

[2] 顾建明，石敬琳. 中美社论写作方法的异同[J]. 采写编，2015（3）：4-5.

[3] 央视本台评论. 中国力量　世界赞叹[EB/OL].（2010-05-12）. http://news.cntv.cn/program/xwlb/20100512/104779.shtml.

表以及漫画、速写等形式的背景材料。

2. 评论员文章

评论员文章是报刊、通讯社、广播电台常用的中型的重头评论，具有重要的导向功能和喉舌作用。它与社论没有严格的界限，必要时可以升格为社论，它反映和代表编辑部的观点和倾向，具有一定的权威性。[①]

它与社论的相同点主要有：第一，社论与评论员文章在文体上都属于评论，是重要的报纸文体，具有舆论引导功能。第二，社论和评论员文章在内容上都反映重要事件、政策或精神。社论和评论员文章的选题主要是围绕国家、行业、社会新近发生的重要事件，举行的重要会议，出台的最新政策或领导的重要指示等。如在中国共产党成立95周年之际，《人民日报》发表社论《永葆党的生机活力》，紧接着又围绕习近平总书记"七一"重要讲话，刊发了一系列评论员文章。这都是围绕重大事件撰写的评论员文章。第三，社论和评论员文章在写作风格上都讲求文字精练、逻辑清晰、结构完整，都具有舆论导向功能，文字格式具有相对统一的写作范式。在文字方面，二者都强调文字精练，因为这样更能准确地表达思想。在逻辑性方面，二者都强调层次分明，以便读者能更清楚地了解到其中的内涵。在结构方面，二者都偏向于采取类似议论文的写作方式，即先阐明观点，再展开论述。

二者的不同点在于：第一，社论代表的是媒体（本社、本台、本刊）的观点，而评论员文章代表的是评论员的观点。当然，评论员的观点也要经媒体（本社、本台、本刊）认可，只是不直接代表媒体发声。因此在署名方面，社论往往不署名，评论员文章则要署上"本报评论员"。第二，社论的立意往往更高，评论员文章略低一筹。第三，社论出现的形式主要是一篇独立的文章，而评论员文章很多时候以系列文章的形式刊发，如"一论""二论""三论"等。社论的分量虽然很重，但一般只有一篇，只是概括性地进行论述，很多具体的观点需要再进行深入阐述。这个时候，适合采用评论员文章的方式。[②]评论员文章的形式包括三类：本报评论员文章、本报特约评论员文章和观察家评论。[③]

电视评论中，除了本台评论，还有特约评论员评论。比如深圳卫视"直播港澳台"栏目中，2010年1月12日海地发生地震后，两岸同时宣布向海地派出救灾队员和医疗物资进行救助，主持人开场之后，就请出特约评论员刘和平先生，整个评论是由刘和平主导和展开论述的，评论结束，主持人出场总结，节目结束。整个节目中有两个身份：主持人和特约评论员。这时候，主持人只是主持、串词、

[①] 胡文龙，秦珪，涂光晋. 新闻评论教程[M]. 北京：中国人民大学出版社，1998：231.
[②] 黄婷婷. 报纸社论与评论员文章写作异同分析[J]. 中国报业，2017（7）：72-73.
[③] 胡文龙，秦珪，涂光晋. 新闻评论教程[M]. 北京：中国人民大学出版社，1998：231.

把握节目节奏和提问等，特约评论员才是评论主体，对事件进行评论，所以是**特约评论员评论**。再比如央视特约评论员评价环保一刀切事实，屏幕上明确打出特约评论员杨禹，标题是《治污反对"不作为""滥作为"》[①]的短评，从其评论主体的角度看，是特约评论员评论，短评虽短，但提出了响亮的观点：强力治污不等于一味关停，环保"垂直管理"改革必须加速加深，遏制污染不只是环保部门之责。三个小观点，非常有层次。

3．编者按

需要补充的是，还有一类特殊的评论，就是**"编辑评论"**，通常叫**"编者按"**。**评论的主体是报社或网站的编辑**。编者按是特别短小的一种特殊评论，它依附于新闻报道或作品，是媒体编辑人员所添加的评介、批注、建议或说明性的文字，特别轻便灵活。

从功能上，编者按主要可分为说明性和议论性两类。说明性往往是编者对报道所加的说明或提示性的文字，具有介绍作者身份、交代事件背景、说明有关情况、表明刊载目的等作用。而议论性往往是评价和议论的文字，简要揭示文章主题，判断是非，表明态度，启发思考，等等。

编者按的位置比较灵活，有文前按语，也称"编者按""编前话""阅读提示"等类似说法，有时用楷体、黑体等字体加以区分。其特点是内容扼要，文字简明，直接表明编者的看法和观点。也有文中按语，直接用小括号加编者进行区分，直接对文中句子或段落进行解释、补充或说明等，比较自由。也可以放在文末，叫"编后按语""编余""编辑后记"等，甚至报刊上经常出现"采访手记""记者感言"，是依托报道补充的议论或抒情性的文字，也具有编后按语的功能，但这类文字并非编辑所写。编后按语的作用主要是补充和深化报道。总之，文前按语重在强调和提示，文中按语重在注释、说明，文后按语重在引申、生发。

二、专业评论

在时评的写作中，有专业知识的社会精英和知识分子是意见性文章的重要评论者。"专业评论"的评论主体多为有专业背景的专家、学者，以及职业评论员、主持人等，常见的评论样式如电视述评、主持人评论、专栏评论、新闻述评等。本节就主要的样式进行简单说明。

[①] 央视特约评论员评论. 治污反对"不作为""滥作为" [EB/OL]．（2017-08-23）．http://news.cctv.com/2017/08/23/ARTIQnehYIq2px4yrA63YOS6170823.shtml.

1. 主持人评论

主持人评论是广播、电视评论中比较特殊的一类评论方式，因为主持人本身是以报道新闻为主的，但在个别节目中，的确出现了主持人出镜发言和直接评论的现象，比较典型的如《焦点访谈》节目，是主持人点评事件。在新闻报道中，主持人负责提问记者报道事实和现场，负责提问专家学者对事件影响、意义等进行评价。但是，**当主持人直接评论事件的时候，这就是主持人评论**。比如，2015年4月13日的《焦点访谈》的主持人是劳春燕，节目前面约7分钟都是报道和呈现事实，是河南郑州占用绿化带违建楼房的事件，对事件的来龙去脉进行了详细报道，并且采访了很多事件涉及主体，采访了国家行政学院法学部主任胡建淼对此事的看法，与一般电视新闻报道并无二致。但在结尾，作为主持人的劳春燕直接站出来，对此事进行了简短评论：

政府部门是相关法规的执行者，但是这会儿呢，又成了直接的违法者，自己查自己，当然查不清。而这类自己查自己总也查不清的案件，其实还有不少。这说明，这类问题有一定的普遍性。解决好这类问题，既关系着群众问题，也影响着依法行政、依法治国的理念。严格执法，需要政府首先做好表率。[①]

从新闻报道的角度看，作为节目主持人，在节目中直接对事件做评论是不合适的。所以，这样的节目其实可以看成"**主持人点评式**"的电视评论。这期《焦点访谈》的第二段节目关注了保健品当作药品卖的现象，节目开始也是劳春燕简单开场之后，从方方面面报道一起此类事件，结尾同样是劳春燕进行了直接评论，指出相关监管部门失职，并提醒广大消费者吃药听医嘱，开药去医院。所以，这是一种主持人评论的类型，即主持人只是在节目开始和最后做简单点评。[②]

还有一类"主持人评论"与此很不一样，整个节目中，主持人与评论员合为一体，而且作为评论员的身份更重要，评论更详细，对事件的剖析更深入，这类评论节目可看作"**主持人主评式**"的主持人评论，典型的如辽宁卫视的《老梁观世界》。在这个评论节目里，评论思维是第一的，是推动节目发展的重要因素。其语言非常口语化，但基本是一篇长评论，有评论对象的介绍，有观点，有论述和支持，并且通过大量电视画面呈现了证据，提高了可观看性。这与《焦点访谈》的以报道为主的思维完全不同。

2. 评论员评论

顾名思义，评论员评论的主体是评论员。不过，这里的评论员是一种职业行

[①] 劳春燕. 自管自建难自拆/饲料变"神药" [EB/OL]. （2015-04-13）. https://tv.cctv.com/2015/04/13/VIDE1428930260307440.shtml.

[②] 劳春燕. 自管自建难自拆/饲料变"神药" [EB/OL]. （2015-04-13）. https://tv.cctv.com/2015/04/13/VIDE1428930260307440.shtml.

为，不包括普通公众写的评论。也就是说，只要是偶尔写了几篇评论，就不是职业评论员。只有职业评论员的评论，才是本书所说的评论员评论。

当前报社、网站和电视台，基本都有自己的职业评论员，从事专门的新闻评论写作和产品制作。第一类是**社论和评论员文章**。主要是首席评论员或特约评论员撰写的，有时候也可能是总编、评论部主任或专家、观察家等，主要负责报社或网站的社论和评论员文章的撰写。这种评论写作要求作者站位高，政策和理论水平高，常常是"命题作文"，被媒体社论委员会指定撰写。这是从评论主体角度而言，关于社论和评论员文章的写作及其特点，前文已介绍过，此处不再赘述。

第二类是**专栏评论**。专栏评论是指在媒体固定版面、特定专栏中发表的评论，主要有两种。一种是在媒体固定版面开辟的评论专栏，如《人民日报》的专栏"人民论坛""今日谈"，《南方周末》的"自由谈"等。历史上比较有名的个人专栏被评论界称为"北有杨柳青，南有街谈巷议"。"杨柳青"是1988年2月《河北日报》一个版面上的一个言论专栏，专栏主笔是储瑞耕，曾被评为"第二届全国百佳工作者（新闻）"。"街谈巷议"是1980年2月在《羊城晚报》上主要由微音主笔的个人专栏，其评论立论敏锐，因敢于鞭挞丑恶现象和不正之风而扬名。

另一种是媒体为专栏作家开设的专栏评论。它是资深评论员或作家等在报纸和网站上开设的个人专栏。在这些专栏评论中，显然专栏作者是职业评论员的身份，而且有一种周期性，每周固定时间在固定的位置发表观点、评论时事，写作有一定的个性风格。从评论主体的角度看，这种评论也是评论员评论。部分专家学者也可以开设专栏写评论，这时候，他的身份是评论员，是有专业知识的评论员，是一种职业行为。比如《华商报》曾经开设过"秋风专栏"等个人专栏评论。这种个人专栏风格独特，现在有些网站也以"评论员评论"命名，比如华声新闻网站上有一个专栏，叫"评论员评论"，白生、吕海峰等开设有专栏。再比如科技时评网站上，科技日报社副社长，中国科技大学兼职教授、博士生导师房汉廷和科技日报社副总编辑、高级记者郭姜宁两人就开设了"评论员评论"，定期写评论文章。

一些专家学者甚至作家以开设专栏的方式，在媒体或平台上固定写专栏评论。这类评论的主体是专家学者，是在某一领域有长期研究的资深专业人士，常常对一些现象和问题发出专业而有深度的观点和评价。比如北京大学的贺卫方、赵晓、汪丁丁等，清华大学的秦晖，中国人民大学的张鸣，中国社会科学院的党国英，复旦大学的葛剑雄，上海交通大学的熊丙奇，等等，都是近年来在媒体上十分活跃的专家和学者。以"光明时评"为例，秉承"直面热点、理性述评、针砭时弊、激浊扬清"理念的"光明时评"专门设立"网评专栏"，有杨三喜、李勤余、熊丙奇、佘宗明等众多著名专栏作者入驻。比如《南方周末》的"自由谈"，刘瑜、熊培云、沈宏非、薛涌等都是该专栏作家。

第三类是**时评**，写作者多为媒体固定的职业评论员。在报纸和网站上，除了少数大众和业余爱好者的评论，绝大多数时评是由媒体长期建立的相对固定的评论员撰写的。建设一支媒体自有的评论员队伍，好处是相对固定，能够保证评论版面或网站栏目相对稳定的稿源，而且能够保证时评写作的质量，这是大多数报纸和网络媒体的普遍做法。

3. 漫画评论

漫画评论的作者为漫画家或有漫画基础的作家和评论员。漫画评论是以图像为传播符号的一种特殊的评论形式，多针砭时弊，以讽刺见长。很多报纸的评论版和网站的漫画栏目有漫画评论，如"漫画一针""画里有话"等栏目。漫画经常与文字相结合，是一种一针见血的犀利的评论方式，也可以丰富和美化报纸评论版的版面外观。比如《中国青年报》2022年7月29日第8版是专门的评论版"青年话题"，其中有一篇漫画评论，就关注了充电宝摇身一变成为"窃听器""定位器"的新闻。

这则漫画标题为"充电间谍"（见图8-1），画面非常简洁，画面主体是一个自带监控摄像头和监听录音麦克的充电宝，并在连接线上画出獠牙，凸显监控的可怕可恶。同时，漫画下面有一段简短的新闻报道文字，为读者交代了漫画的讽刺和批评对象与背景。在这条评论中，漫画作者徐简实际上起到了评论员的作用。

图8-1　充电间谍

只需改装内置一块通信SIM卡，充电宝就能摇身一变成为"窃听器""定位器"，随时随地实现远程监听和精准定位。近年来，这类严重侵犯个人隐私的"间谍充电宝"在一些电商平台销售。有卖家表示，这样的充电宝他一天能改装出几十台。（半月谈微信公众号7月27日。）

漫画：徐简。①

————————————

① 徐简. 充电间谍[N]. 中国青年报，2022-07-29（8）.

4. 电视述评

在电视评论中，最常见的评论方式是电视述评，即将新闻报道与专家评论有机结合起来，边述边评。如果要详细分析，其实电视述评还可以大概划分成两种方式：评论员主导型和专家主导型。

评论员主导型的电视述评最典型的评论员评论是《新闻1+1》，有时候还会有主持人，有时候是主持人和评论员合二为一，但评论员白岩松是职业评论员。有主持人的时候，评论员只发挥评论作用；没有主持人的时候，评论员兼顾了主持人的开场和总结。

但是《新闻 1+1》中，有很多事件的叙述，这种叙述采用了传统电视的所有手段，而且叙述的成分很大，边述边评，总体是以评为主。比如 2017 年央视《新闻 1+1》节目"上课能用手机吗？"。①这期节目，一开始就是白岩松出场，而且直接打出字幕：**评论员，白岩松**。节目开始用了大约 6 分钟时长，全面介绍了包括像石家庄铁道大学"手机换桌牌"活动等几个高校课堂使用手机规定的一些报道，总体是新闻报道，不过比报纸评论的论题介绍要详细得多。然后，评论员白岩松直接针对手机依赖现象，开始评述，其间用电视的手段交代了几个证据，如《大学生手机依赖症与课堂质量控制分析研究》关于"大学生手机依赖症"的调查数据，课堂上使用手机的时间，同时，连线了北京师范大学法学院副教授张红，对上课使用手机现象进行了评价，这时候白岩松的角色似乎客串了主持人的角色，直播连线提问专家，然后又是大段的新闻报道，由画外音、同期声和画面组成的新闻报道，包括法国中小学禁止使用手机的事实，然后张红也做出了评论，最后白岩松也直接做了评论。这种电视评论，其实大篇幅是新闻报道，介绍新闻事件和社会现象的方方面面，但节目一开始对白岩松的角色定位很清楚，是评论员，而且对手机依赖现象也直接做出评论，所以可以看成是评论员主导，连线的专家学者发表评论和看法，事实上成为一种论据，即通过引用专家的言论来支持评论员白岩松的观点。

在专家主导型的电视述评中，评论的主体、主要的观点以及对观点的论述，都是由专家学者完成的，主持人只起到开场、串场引导和总结的作用。所以这类电视述评实际上也可以看成是"专家评论"。在报纸和网站中，专家评论指在某一领域有扎实专业背景的专家、学者对时事政治和社会事件的评论，评论主体是专家学者，当然不同于普通读者和大众。专家、学者是社会知识精英，在媒体上代表着专业的声音，是睿智而专业的，在观点的自由市场上有一定的影响力和引领作用。在微博中，就是大 V，与作为政府和官方声音的社论和评论员文章不同，

---

① 白岩松. 上课能用手机吗？[EB/OL]. （2017-12-20）. https://tv.cctv.com/2017/12/20/VIDEuS1smI414gl5ADnlK
Jb2171220.shtml.

专家评论代表社会精英阶层和知识分子的专业声音，这部分声音较为复杂，有代表精英阶层维护阶层利益的一面，也有知识分子心怀天下、为普通公众发声的一面，总体还是比较专业和理性的声音。

在专家主导型的电视述评中，专家学者以各种形式灵活出现，发挥着重要功能。涉及的节目形态也非常丰富，比如在一些谈话类节目中，有专家的身影出现，香港凤凰卫视的《锵锵三人行》栏目中有时会请到学者，如在大学研究文学的许子东等，就某些话题以聊天的方式三人漫侃，通过聊天和谈话在轻松愉快的氛围中发表和论述了观点。这个节目一般是主持人邀请两位嘉宾，在谈笑风生的气氛中，以个性化的表达，秉持平民视角和清谈态度，大获成功。在一些电视述评如《焦点访谈》中，对某些专业性的问题，记者也会找相关领域的专家学者进行采访，由专家学者直接对事件进行评论，发表看法。

专家学者出现的方式也灵活多样：可以是报道中直接连线热线电话的方式，可以是电视视频连线的方式（可见图像），也可以直接以嘉宾的身份被请进演播室参与评论。可以是一名专家，也可以是两名或更多专家一起讨论。但不管怎么样，这种评论的观点和论证，都是以专家和学者为主体进行的，节目中的主持人一般并不直接发表评论，只是负责主持和提问，引导节目，调整节目节奏等。在广播中，专家评论多以同期声的方式出现，这种广播音响也增强了真实可信度。

比如，2012 年中央电视台财经频道"315 在行动"特别节目《专家评论 3·15 晚会曝光企业：让消费者失望》[①]，3·15 晚会曝光了一系列谋取不法利益的行为，3 月 16 日央视就进行全天实时跟踪，为大家解密，3·15 晚会是如何深入行业内幕揭开这些潜规则的。这个节目就请了央视财经频道主持人谢颖颖和中国消费者协会法律顾问邱宝昌、财经频道评论员张鸿一起关注"315 在行动"最新进展，并展开评论。

当然，作为电视评论节目，语言的口语化、通俗化是非常重要的一个特点。语言是评论员说出来的，不是写出来的。从某种程度上说，电视节目的文稿是需要"为听而写"的。比如，节目一开始，评论员张鸿就有一个对整个晚会的评论，完全是口语化的：

我们看到这些企业的回应确实是效率很高，说明企业的公关水平在进步，但是他们官方的反应到底是不是能够让消费者满意？

整个晚会好像都是老问题，除了公益对我来说触目惊心，因为利用别人的善心，利用公益行骗，确实令人发指。其他的食品安全问题，家乐福、麦当劳这样的大牌子多年都有这个问题，包括垃圾短信问题已经很长时间了。但是特别著名的一些大的企业在这个市场里边，其实是有标杆意义的，因为你制定了那些规范，而那

---

① 中央电视台财经频道"315 在行动"特别节目. 专家评论 3·15 晚会曝光企业：让消费者失望[EB/OL]. （2012-03-16）. https://finance.sina.com.cn/review/sbzt/20120316/1729116O9861.shtml.

些规范是我们在上企业管理课的时候，都会被当作 MBA 的案例来讲的。但是记者一去就发现，这些案例说的跟做的不太一样，让我们很失望。[①]

另一个与报纸评论不太一样的地方，就是在电视评论中，其实有很多小的观点，对观点的论述比较简单，难以展开和深入论述，但小的判断和观点挺多，这是一种十分明显的感觉。比如，对整个晚会，中国消费者协会法律顾问邱宝昌认为，相关部门以及企业应该负起责任。同时，监管部门一定要有所作为。

这个节目对中国电信（微博）垃圾短信、对麦当劳、对餐馆分级制、对家乐福等晚会曝光的现象一一进行专家点评。比如对家乐福三黄鸡不合格的事儿，张鸿提出处罚不够的观点，评论者用到了电视镜头中人的言谈举止（作为证据）进行了分析和推断。但是语言依然是口语化的：

但是我们从镜头上已经看到，这些人都已经特别熟练了，我们通过这些人的言谈举止能够大概判断，这个事情是今天偶尔为之，还是习惯为之。就是你已经习惯了，记者面对一个普通的客户，你说这些事，已经不觉得是一个特别严重的事情，所以这是特别大的问题，就是他已经习惯，他为什么敢于违规，除了成本低以外，还有就是有时候他知道你不得不选择，就是即使出现了价格欺诈事件，即使出现了那么多事件，现在网上总结说，这些跨国公司几重罪，出现了这么多事件，你看它的门口照样顾客盈门，对不对，这可能也反映了我们整个环节。

最后，节目主持人谢颖颖进行了简单的总结："品牌不是一天建成的，但是有的品牌毁于一个瞬间。其实刚才一直说 315 特别行动，因为昨天晚上 3·15 晚会结束之后，今天中央电视台财经频道会用全天的直播来为大家跟踪这些事件曝光之后，有关部门采取什么行动，并为大家解密 3·15 晚会如何深入行业内幕，揭开行业的规则。接下来是一个小时的《交易时间》，关注一下交易情况。之后我们会继续重播 315 在行动，在晚上的 7 点，我的同事也会继续关注 315 在行动的相关内容。我们说'3·15'不是这个时间需要收敛，最好把'3·15'变成天天都是'3·15'，大家的警钟绷紧一点，是不是会形成良好的氛围。"

专家主导型的电视述评（专家评论），与前文中的"评论员评论"有什么区别？主要区别是，专家和学者在新闻报道和新闻评论节目中出现，对事件发表观点和看法，直接做出评论，是一种专业领域内的行为，担任着为公众答疑解惑的功能，但是"评论"并非这些专家学者的职业性活动，所以他可能在多个节目和很多场合出现。但"评论员评论"中的评论主体是评论员，是一种职业行为，是报社或电视台资深或首席评论员，或者栏目、节目固定评论员，他们有专业背景，但对所评论的现象和问题未必很专业，他们是媒体人，是站在公众的立场上，对时事

---

① 中央电视台财经频道"315 在行动"特别节目. 专家评论 3·15 晚会曝光企业：让消费者失望[EB/OL]. （2012-03-16）. https://finance.sina.com.cn/review/sbzt/20120316/172911609861.shtml.

和问题发表一般看法和评论的人员，对评论员来说，强调的是其评论的技巧和论证的逻辑。央视也有相对固定的评论员，如白岩松、杨禹、宋晓军、张召忠等，白岩松是职业评论员，杨禹主攻经济领域，宋晓军、张召忠主要评论时事政治和国际局势等。所以专家评论强调的是其专业影响力和看问题的专业分析能力。比如欧阳雨辰经常在《新京报》写评论，他是法律领域的专家。金泽刚经常给"澎湃评论"写评论，他也是著名法律专家。专家身份是其根本，写时评是偶尔为之。所以可以大致认为，前者是专而深，后者是博而泛。

5. 新闻述评

无论在报纸评论，还是电视评论中，都有一类特殊的评论方式，叫新闻述评。作为一种特殊的评论形式，报纸述评和电视述评的评论主体既可以是评论员、主持人，也可以是专家学者。所以，本书将新闻述评单独作为一种特殊类型进行说明。

新闻述评在我国新闻界是一种边界模糊、难以归类的文体。部分新闻写作教材中，将新闻述评归属为一种新闻报道。例如"新闻述评是一种有述有评、述评相间的报道式样"，[①]这一概念，在文体归属上将其纳入了新闻报道的范畴。甚至有学者直接用"述评新闻"代替了新闻述评，认为述评新闻是一种新闻报道形式，其特点在于：较之纯新闻，它增加了评论的内容；而与评论相比，又无须通过对大量事实概括之后进行周密的论证，只在叙述新闻事实的基础上，适当评点。[②]

大部分新闻评论教材中，新闻述评是作为新闻评论范畴出现的。最有代表性的是马少华，他在《新闻评论教程》中明确指出，新闻述评的一个基本功能是整合信息，写新闻述评的关键在于，"它是一篇评论，所有的事实，无论它是第一手的还是转载的，是完整的还是零碎的，都要服从于评论的观点，都要有助于把事说清楚"。[③]

还有一种看法，认为新闻述评是边缘文体，是介于新闻与评论之间的文体。新闻述评，"顾名思义，是一种以事实为基础的评论，以评论为核心的新闻"。[④]事实上，这一观点颇具代表性。长期以来，新闻述评在我国新闻界被看作"新闻领域中的一种边缘体裁，以融新闻与评论于一体为基本特点。述评介乎新闻与评论之间，兼有两者的特点和优势。它既报道事实，又对事实做出必要的分析和评价"。[⑤]

讨论新闻述评的归属问题意义何在？根本原因在于，它不仅仅是一个文体的归属问题，更是涉及新闻报道理念和职业规范问题。我们知道，"真实"是新闻的

① 刘明华，徐泓，张征. 新闻写作教程[M]. 北京：中国人民大学出版社，2002：303.

② 马远雄，马骐. 准确客观：述评新闻报道的科学指向[J]. 新闻战线，2004（6）：33-34.

③ 马少华. 新闻评论教程[M]. 北京：高等教育出版社，2007：228.

④ 丁法章. 新闻评论教程[M]. 4版. 上海：复旦大学出版社，2008：286.

⑤ 胡文龙，秦珪，涂光晋. 新闻评论教程[M]. 北京：中国人民大学出版社，1998：307.

生命，是中外新闻界普遍遵守的根本原则。"客观性"即以什么立场去报道，如何处理报道主体和报道对象之间的关系是每一个新闻工作者都必然面临、必须解决的问题。"客观性"关乎报道者的立场、态度和职业素质，是一个新闻伦理学概念。如果说，新闻述评属于新闻报道，那么，我们应如何认识新闻报道中的评论？或者说以追求真实和客观为基本理念的新闻，如果夹杂了记者个人主观的意见和评价，新闻报道的真实性和客观性又如何保证？这的确是一个令人头疼的难题。第二个令人头疼的问题是，如果新闻述评属于新闻报道，那么，在实践中，我们应如何认识和处理"述"与"评"两者之间的关系和比重问题。

对于这个问题，很多学者有过探讨。丁士、魏永刚认为，有些述评"重述轻评"，通篇都是对事实的叙述，那就不成其为述评而成为另一种文体——综述了。[①]相反，有的述评"重评轻述"，读起来则更像评论。这两种偏向都应避免。马遂雄、马骐认为，作为一种新闻报道，述评的新闻性和新闻特征仍然在起主导作用，仍然以述为第一性，以评为第二性，也就是说，事实是第一性的，评的作用是画龙点睛。"事实是新闻的本源"，这里并不强调在笔墨分配上谁多谁少，在分量的搭配上也不可以平分秋色：从量的角度来讲，往往述多于评；而从质的角度讲，它的重点在于评，述的目的是为评服务，因而要以述能够达到最具说服力的程度为宜。这就要求我们坚持以客观态度作为述评新闻的科学指向，在叙述新闻事实、作新闻事件报道的基础上加以精要的评论。[②]

事实上，不管"述"与"评"的比重如何安排，都涉及一个根本性问题：对观点和事实的认识和处理问题。对评论与报道进行严格区分是一个世界新闻操作规范。但是，在我国新闻界，观点和事实往往是混在一起的。正是由于其边界模糊，在新闻实践和教学中，造成了概念上的混乱和学理上的困惑，虽然很多学者对此进行了解释论证的努力。所以，把新闻述评纳入新闻报道范畴，给我们造成了学理上的困惑是有问题的。新闻述评是介于新闻报道和新闻评论之间的边缘性文体，即使融合了新闻报道和新闻评论的优势，也只能将其归入新闻评论。[③]

在我国新闻界，普遍认可的新闻述评的特点是"述评结合，以评为主"，也就是说，述是评的基础，评是述的目的和归宿。新闻述评的重点不是叙述事实，而是表达观点。新闻述评中的事实，无论是是报纸上报道的新闻事实，是记者调查采访的事实，还是对文献资料的整合，都是事实。叙述事实的主要目的是评论，是为了表达意见和观点，这种表述实际上就是规范的新闻评论的写作要求。报道与意见必须分开，是世界上已形成共识的新闻操作规范。记者只报道事实，不表述观点，这是新闻真实客观的必然要求，也是基本的世界新闻操作规范。

---

① 丁士，魏永刚. 提高报道实效　创新报道形式：《经济日报》改进新闻述评报道[J]. 新闻战线，2004（6）：30-32.

② 马遂雄，马骐. 准确客观：述评新闻报道的科学指向[J]. 新闻战线，2004（6）：33-34.

③ 樊水科，张宏权. 新闻述评的体裁归属[J]. 新闻知识，2010（12）：59-61.

新闻述评有两个基本特点：一是述评结合，二是以评为主。如何理解第一个特点呢？新闻报道贵在客观报道事实信息；新闻评论重在主观评论新闻事实。但是，这种主观评论是建立在客观事实的叙述基础之上的，包括对典型的具体事实、概括的情况以及必要的背景材料等，在叙述事实的同时进行议论。但叙述是为评论服务的，叙述也是为了评论。叙述是评论的基础和目的。

其实，所有的评论都是有述有评的，但叙述只是作为证据；述评中的叙述要更多一些，多为事实以及一些背景说明。述评中的叙述就是对事实的叙述，述评以叙事直接推进文章层次；而评论中的叙述本身多为论据，推进文章的是逻辑，而非事实。这是一个非常重要的区别。比如，下面就是一篇比较典型的新闻述评，其叙述本身和评论融合在一起，共同推动了文章论证进程。

都云师者痴，谁解执着味①
杨国营

95 岁的叶嘉莹先生最近再次震撼了中国教育界。这一次，与她毕生成就所在的古诗词无关，而与她垂暮之年慷慨解囊的大爱和义举有关。

据媒体报道，南开大学中华古典文化研究所所长叶嘉莹今年再次向南开大学捐赠 1711 万元，加上 2018 年捐赠的 1857 万元，两年累计捐赠 3568 万元。几千万元绝对算得上巨款，但比她捐赠数字更庞大的知名企业家、慈善家不在少数，为何叶嘉莹先生的两次捐赠的社会反响尤为热烈？古今中外，捐资助学从来都是公认的善行义举，叶嘉莹先生近期颐之年仍对教育事业痴心不改，仍然像青年一样保持一腔无私奉献的热血，她高山仰止的德行，完美诠释了一位师者的形象，赢得了世人的格外敬重。"人生为一大事来"，叶嘉莹先生可谓为诗词而生，她相信诗词可以使人心不死。数十载辛勤耕耘，她把中华优秀传统文化的种子播撒在无数年轻学子心中，"我太喜欢中国的诗了，我讲中国的诗，真是把我的感情都投进去了。"叶嘉莹先生真挚的话语背后，是她对教育事业的纯粹热爱和对古诗词文化的深情，终其一生痴心不改。

叶嘉莹先生身上有着中国传统知识分子的乐道与坚守，而她并不孤独。在安徽和县乡间，就有一位年龄只比她小 3 岁的同道中人——92 岁的退休乡村教师叶连平。他曾从事教师工作 40 年，退休后仍坚持为学生义务补课，至今已坚持 19 年。他的事迹被媒体报道后，感动了无数教育工作者乃至年轻网民。不少公众在为叶连平先生的事迹感动的同时，也慨叹希望身边有更多这样的好老师。

同叶嘉莹一样，叶连平也有着薪火相传的浓厚意识和愿望。2012 年，叶连平同当地乌江镇政府、卜陈学校三方筹款 6 万元，成立了和县乌江爱心助教协会暨叶连平奖学金。目前，奖学金的规模已达 30 多万元，发放了 7 届，惠及 132 名学

---

① 杨国营. 都云师者痴，谁解执着味[N]. 中国教育报，2019-05-20（02）.

生。随着他的事迹被传扬开，不少学校邀请他去讲课，不少人来捐款捐物，他把钱都投入到奖学金里。

单从款项的数字来说，叶连平先生比叶嘉莹先生要少得多；两人一位是普通乡村教师，一位是名校资深教授，但在对教育事业的痴爱与坚守上，他们可谓不分伯仲。两位姓"叶"的师者，恰似绿叶把吸收来的全部阳光与养分输送给一朵朵红花，并期待它们孕育出丰硕的果实。

世上师者千千万，"痴"是众多优秀教师共同的特征。尤其是在全社会深受功利主义影响的情况下，显得尤为珍贵。师者对教育事业的痴心，不只是让我们感动落泪，有时师者的严格以求，也会让学子们汗颜与羞愧。

不久前，一则"毕业生答辩准备不足，论文被扔"的视频在网上广为流传。画面中，老师对站在讲台上答辩的学生进行严厉批评，指责学生答辩准备不充分，并将学生的论文扔向讲台。经媒体核实，事发华南农业大学珠江学院，学生因论文质量不达标遭一位王姓老师扔论文。

这位王老师对学生"恨铁不成钢"式的怒气，或许是不少高校教师共同的情绪，只不过绝大多数老师遇到这类状况，选择了忍耐与克制，通过更平和的方式来处理。但老师们心里对那些不争气、不上进的学生的不满与失望，则是相同的。或许有人会说，这些学生浪费的是父母的钱财，荒废的是自己的学业，作为老师，又何必太较真呢？这或许正是老师们的一份痴心在起作用。教书育人是他们的天职，对不争气、不上进的学生严加管教是他们的本能，这正是师者的可敬可爱之处。

教师的"痴"体现在日常教学上，经常体现为对细节的穷追不舍，绝不让任何一个细小的错误知识误人子弟，这样爱较真的老师，或许我们每个人都遇到过不止一位。曾在北京林业大学担任英语教师的施兵就是一个典型。他曾多次从各类大学英语教材中挑出大量错误。近日，他发现有多位名人挂名的一本大学英语四级考试用书出现 34 处明显错误，并把问题反映给图书的编写者及出版社。或许有人会觉得和每一个字词较真有些许偏执，但作为一名教师，就应当有这样的偏执，如此才能更好地保证知识及其承载的价值观不出错、不走样。

教师在教书育人的道路上多一些矢志不渝的"痴劲儿"，在教师队伍中多一些爱较真的老师，往小了说是学生的幸事、学校的幸事，往大了说就是中国教育的幸事。

三、大众评论

还有一类评论，其评论主体是普通大众。这类评论包括任何对时事关注和感兴趣的公众所写的各类时评、短评、书信，以及在各个平台上的大量留言，微博上的大量短评。从评论主体的角度看，这类评论是"**大众评论**"，是向任何普通公民开放的，也是真正代表社会普通大众直接发出自己声音的一类生动活泼的评论。

大众评论在报纸上，就是评论版面上那些署名的普通职业者写的各类**时评**，以及向报社以书信的方式反映的问题和困惑，即网站和客户端新闻后面的跟帖和留言，这些作品中有很多酣畅淋漓、活泼清新的短评。这些短评是健康的舆论生态所必需的声音之一，也是最直接、最真实的底层大众的心声。

我这里强调的是作为评论主体的身份，而不仅仅是其发声的主要渠道。有些报纸和网站专栏是向普通公众开放的，包括教师、职场人士、全职妈妈、大学生、基层公务员等都可以发表评论。比如《中国青年报》的"青年话题"，就有大学生等普通公众发表意见。《南方周末》的评论版曾经有读者来信，很多精彩短评以信件的形式得以发表。但是，这种在官方媒体发表评论的普通公民毕竟不多，其声音的影响也很有限，大多数情况下属于"沉没的声音"。《人民日报》也曾提醒媒体，"在众声喧哗中，尽可能打捞那些沉没的声音，是社会管理者应尽之责。以政府之力，维护弱势人群的表达权，使他们的利益能够通过制度化规范化渠道正常表达，这是共建共享的应有之义，是构建和谐社会的关键所在"。①

大众评论也不是强调评论的渠道，比如网络，虽然网络的确是公众评论的主阵地。"网络评论"这个界定越来越失去其本来的意义了，因为很多党报和媒体同时拥有官方微博、官方微信公众号或官方网站，有很多评论是纸媒和网络同时发布的。如果同一篇评论发表在报纸上叫"报刊评论"，在网站或公号转载就叫"网络评论"，这合适吗？网络已经成为几乎所有媒体的基本传播环境，这个时候，再强调报刊评论、广播电视评论和网络评论就不合适了。所以，本书虽然强调网络是大众评论的主渠道，**但更强调评论主体的身份、言论特征和发言姿态**。从这个角度看来，大众评论是最多元、最活跃、最真实鲜活的评论，评论的形式完全不是传统意义上的评论类型，它们是新闻跟帖评论，是论坛留言，是以评论为主的个人公众微信号，是微博短评。发言主体主要是普通公民、普通读者，他们直抒胸臆，可以慷慨激昂，可以悲愤怜悯，可以愤怒直怼，也可以鞭辟入里、抽丝剥茧。他们发言的形态自由多样，不拘一格，可以是打油诗，可以是散文诗，可以是省略号，可以直接是一个"滚"字，可以是很长的段落，甚至也可以是完整的文章。甚至有很多新闻报道，由于大量网友跟帖留言声势浩大，造成"舆论翻车"现象。这正是我使用"大众评论"这一指称的意义所在。

同时，看这样的评论才能触摸到更真实的声音。虽然微信号的留言有筛选和限制，但总体更为灵活自由，正应了那句话"高手在民间"，有些精彩的评论往往

---

① 人民日报评论部. 执政者要在众声喧哗中倾听"沉没的声音" [EB/OL]. （2011-05-26）. http://news.hzau.edu.cn/2011/0526/26427.shtml?action=index&app=member&controller=panel.

在网络里，在论坛的留言里。郭美美事件是当时影响较大的事件，中国红十字会曾经在事后发表公开声明，组织新闻发布会，目的是切割撇清。电影导演冯小刚对此事在网上只发出一个字评价："呸！"没想到短短一个小时全国网民跟在后头发出了 24 万个"呸！"，创造了最有公众色彩的微时评浪潮。愤怒、抨击、蔑视、嘲讽、批驳、群殴、对阵、厌恶、幽默、戏谑……一个"呸！"字，包含观点态度信息量之大之深，无人能够完全解读。[①]

李震教授针对这种评论形式从文艺批评的角度出发而提出一个新概念，叫"微批评"，即以博文、微信、跟帖，以及以网络播放的影视作品屏幕上的弹幕等形式出现，长则数段文字，短则只言片语，随性而发，一针见血。李震教授对这种批评形式及其威力大加赞赏：

我们应该首先确认的是，微批评虽然大多来自草根，但不是一种低微的批评。批评之"微"，在很大程度上是一种能力的体现。能够一语中的者，一定是高人；能够一语道破天机者，一定是神人；能够以片言而知百义，是所有动用语言的人之最高追求。在文艺批评中，最精准、最珍贵的见解大都不是长篇大论，而是那些生动而又直抵本质的精言妙语。而能做到以片言知百义者绝非等闲之辈，一定是能力超群的批评家。在这个意义上说，成功的微批评需要超常的能力。[②]

在新闻评论写作中，还有一种"短评"样式。短评是一种简短而灵便的评论形式，它往往抓住新闻的某一侧面，就工作、生活、思想的某种倾向，简明扼要地分析评论。其特点是篇幅短小，常常三五百字成篇，视角新颖，语言简洁活泼。这种样式短则短矣，但基本的论证思维也必不可少，只是论证直指核心，点到为止。比如，《有些案件为什么长期处理不下去？》。当然，短评的主体可以是公众，也可以是专家学者。在党报评论版、网站评论中也有短评，有些网站叫"微评""快评"等。本书并不把短评看成独立的评论体裁。在网络环境里，大众评论还是以短评和微评为主，其特点是简短而灵活多样。更关键的是，短评的写作者是在网络上崛起的普通网民。

也有专门以"公众评论"命名的栏目。如浙江卫视的"新闻深一度"节目就有"公众评论"，并设有专门的"公众评论员"，即关心公共事务的热心公民。《铁路部门管理漏洞》[③]，这期节目有方扬帆、上官意慧、张雅好、冯骁四位公众评论员就火车票购票实名制相关管理疏漏，从普通公众的角度进行了评论。这个评论有主持人，评论主体却是四位"公众评论员"，评论时电视还用小框展示实时画面。

① 丁邦杰. 时评要领[M]. 北京：中国人民大学出版社，2020：2.
② 李震. 媒介化时代的文艺批评样态分析[J]. 陕西师范大学学报（哲学社会科学版），2018，47（4）：136-141.
③ 浙江卫视"新闻深一度". 铁路部门管理漏洞[EB/OL]. https://v.youku.com/v_show/id_XMTYxODE1OTY2OA%3D%3D.html.

事实上，"大众评论"数量不小，但发出的声音较弱。很多大众评论沉没在观点的自由市场中。部分媒体的评论版面向普通公众，是开放的，但能发表评论的也很难说是真正的普通公众，而是掌握评论技巧和逻辑的知识分子或读书人。绝大多数公众只能通过留言、跟帖、爆料等方式发声。其中，爆料是普通公众遭遇重大不公之后的发声方式之一，但有偶然性，有些爆料引起了极大反应，问题得到解决；但大量爆料依然得不到关注。此前的微博围观，后来的微信公众号曝光、网络曝光等，都有大量成功案例，但也有事件没人关注，爆料人反而遭受处罚的案例。

总之，"大众评论"主要指普通公众、网友、节目普通嘉宾、评论类自媒体人通过跟帖留言、微评、读者来信等多种方式直接发声的一种评论，具有"草根"的性质，丰富多样，众声喧哗，是最复杂、最喧嚣、最接地气、形式最多样的评论。

第九章

表达

言之无文，行之不远。①

——孔子

　　新闻评论的核心是观点。评论是"为了观点"和"围绕观点"的写作，但好的观点还需要好的表达，才能更好地传播。《孔子家语》有一段孔子与子贡的对话：

　　孔子闻之，谓子贡曰："《志》有之：'言以足志，文以足言。'不言，谁知其志？言之无文，行之不远。晋为伯，郑入陈，非文辞不为功。小子慎哉！"

　　孔子不但强调"言之无文，行之不远"，还特别强调了"非文辞不为功"，说明孔子对文字很重视，认为思想要传播久远，需要有文采的语言文字记载。本章所说的表达，是从更为开阔的视野，将语言、画面、版面、栏目等所有元素纳入表达的手段，服务于文章的观点。这种表达主要有两个层面，一是符号层面，二是呈现形式方面，如字体、标题、版面、栏目。

　　先讨论符号层面的问题。不同的传播符号会改变什么？

　　理解新闻评论观点的表达，首先需要理解"不同的符号会改变什么？"这个核心问题。观点的表达，当然需要附着在一定的表达符号上。到目前为止，人类已经创造出了丰富的表达符号。对评论而言，文字是最常见的符号，无论是呈现论据、叙述事实，还是论证观点、思维推演，借由文字呈现出多样的风格，文字都表现了无与伦比的延展性和灵活性。想想蔚为壮观的人物形象和故事吧，正是文字创造出人类的另一个精神世界，就不得不对文字肃然起敬。在报纸的评论版面上，一篇篇文字评论发表在各类平台和客户端，文字评论依然是主角。在网络上，那些酣畅淋漓、形式各异的跟帖评论，也主要是由文字组成的。有些短小的

---

① 《孔子家语》。

评论形式异常丰富多样，如古诗形式、打油诗形式，抒情、议论、感慨不一而足。

声音是另一种表达观点的有用符号。这种符号一点儿也不稀奇，从古代人类口口相传讲故事的时候就出现了。在广播评论中，声音是唯一的表达符号。当声音成为符号的时候，它绝不是把文字变成声音或者读出来这么简单。一方面，声音稍纵即逝，是线性的，因此，一旦听不清楚，就不可能像文字一样返回来或者放慢速度琢磨，毕竟没有这个时间。所以，当观点需要声音来表达的时候，最大的问题和挑战是如何保证听众非常清晰明白地听懂和理解。另一方面，阅读的场景也发生了很大的变化，人在收听广播的同时还可以干别的事情，听众可能一边开车或散步一边听广播，也可能一边做手头的事情一边听广播。这种接受场景为广播评论的制作带来的挑战依然是如何做到更清晰，评论的结构不可能很复杂，语句不可能很复杂，对观点的论证不可能很严密。同时，声音中却带来了另一种东西，是复合的附加信息，如声调的高低，情感的饱满度，声音的质地和节奏感、清晰度，等等，这些都是单纯文字所不具备的。也就是说，通过声音，观点的表达可能更简洁直白，但同时也意味着更感性、更容易调动读者的情绪。二战中广播在美国战争动员中的巨大威力就说明了这一点。

表达观点当然也可以用线条和图画来表示。有些报纸评论版面保留着漫画的传统，即用漫画的形式反映或讽刺现实中的现象，表达一些观点。有些漫画会附有文字说明，有些漫画会配上简短的文字；当然，有些漫画只是一些线条，可读者依然能明白其表达的核心观点和意见。这种符号最大的特点是将视觉上的直观性和表意上的隐含性结合在一起，其观点需要读者自己读图并产生联想或理解，因其线条的抽象性更强，所以不排除不同的读者有不同解读的可能。漫画是可以单独表达观点的，但有些图表，如数据列表、示意图之类的线条，一般不会单独用来表达观点，只能附着在文字中，作为呈现证据的一种辅助手段，也能产生很好的效果。

如果将文字、图画和声音结合起来，就形成了超级多媒体表达手段，即视频影像的形式。当下，这种形式主要通过电视和网络平台进行展示，是重要的评论形式。从评论的角度看，观点、论据和论证在本质上并没有发生改变，但从符号的角度看，电视评论或影像评论改变了证据的呈现方式，改变了人们对证据的感受程度。换句话说，人们可能更容易被电视或影像评论的观点所说服，这种说服并不一定是因为其论证和逻辑更科学合理，而是因为其证据呈现手段更容易获得人们的信任。比如，对于同类恶性事件，其证据可以用文字列举案例，也可以用一个表格展示案例数据，还可以通过影像直接呈现几个典型案例。证据类型是一样的，呈现方式也是直接展示或描述，但效果很不一样。影像直接激发了观者内心的情感和体验，更容易让人相信，也更容易因证据的深刻印象而使人接受观点。在这里，我们只是简单介绍，后面还会详细讨论这一点。

一、作为表达符号的语言文字

当一个人对新闻事件和社会现象有了思考和自己独到的认识、判断，并且这些判断和观点是有价值的，值得交流的，那么，他就需要进行公开表达。什么是规范、专业的时评表达？如何才能有效表达？不同的媒介符号在表达层面有何优劣？这些都是形成一篇好评论的外在问题，同时不容忽视。

语言文字是表达面临的第一个问题。好的语言文风既是一种社会现象，也是作者的立场、观点、写作态度和思想作风的反映。新闻评论是讲理的艺术，要讲清道理，既要有充分的论据，还需要讲究说理的辞章和文采。这种辞章和文采当然与其他文体是不相同的。

每一类文章都有自己的语体特色，写什么就要像什么。我常跟学生说，好的写作就是写什么像什么，这其实是一个规范的文体意识的体现。我碰到一类学生，文字非常出彩，能写散文，写起人物通讯或报告文学来，也很不错，但写消息或特稿就一塌糊涂。问题就出在对文体认知不足。如果请假条里有大段论述，或者工作总结里有大段抒情，读起来一定会使人非常困惑，文字再精彩，也是不当的。

作为议论文体，时评在语言上有严谨准确的要求。评论语言是围绕观点，为论证观点服务的，以概念、判断和推理这样的逻辑思维进行。概念有着确定的界定，判断有着确定的对象，这些都是论证的确定性所要求的，否则会削弱论证和说服的效果。因此，在语言选择上，新闻评论应该尽量使用一些确定性的概念，少用形容词和过于华丽的词汇。在这一点上，**时评语言具有学术论文语言的理论性和严密性**。

但是，作为新闻文体，新闻评论是在大众传媒上发表的，是表达作者观点和见解的文章，因此评论是追求传播的表达效率的文体。马少华老师也说："学写评论，就是学如何更有效率地表达自己的观点。"[①]这种表达效率表现为易读、迅速理解，并且具有较好的传播和记忆效果。这就要求在新闻评论中使用的字词不能生僻拗口，句子应该短促有力，朗朗上口，句子结构不应该过长或者过于复杂。文章还应尽量划分段落，以便读者掌握文章的层次和结构。也就是说，时评语言如果一味追求学术论文语言的理论性和严密性，就可能给读者阅读造成很大压力。因此，**时评语言需要清晰简洁，但须用准确的词语表达观点**。

新闻评论写作在观点和论证方面也追求学术论文的品质，就是深度和思想，

---

① 马少华. 新闻评论教程[M]. 2版. 北京：高等教育出版社，2012：18.

但这种深度和思想需要以最通俗简约的语言表达出来，因为新闻评论是面向媒体的写作，其读者对象是所有公众。媒体写作的特点就是要观点明确，语言通俗简单，易于传播。

2020年9月，浙江的一篇高考满分作文《生活在树上》刷屏网络，引发舆论争议。此文当然不属于时评，但从议论文的角度看，此文引起争议的两个焦点还是值得深思的。第一，语言模糊并且生僻。文中使用了大量的晦涩词汇，"嚆矢、振翮、肯綮、祓除、孜孜矻矻、被魅、赋魅、婞直"等极大地增加了这篇文章的理解难度，而且易出现语句不通、语法不当等问题；第二，作为议论文，论证意识薄弱，全文几乎都是堆砌的引证，没有任何有效的逻辑推理。文章中引用了不少哲学家的名言，这些名言或者哲学观点的引用当然是论证方法之一，但过度引用就会冲淡议论的内在逻辑，甚至有"以引代论"的倾向。

黄帅说，深度的新闻评论，其折射问题之深刻，思考之深度，未必输于学术论文，但在其语言上，则是趋于简练、直观与准确的。①作为读者，形容或转喻的词汇在阅读感觉上好看一些，一篇评论如果尽是抽象逻辑的概念，很可能给人一种干枯沉重的印象。评论的句子意思应该是确定的，不是含糊的、歧义的。

杂文是议论文体，也是思想和批判的文体。有一些杂文对社会现象和问题紧密关注，往往能起到新闻评论的作用。但是，杂文的语言特点是"尖酸挖苦、冷嘲热讽、嬉笑怒骂"，这与新闻评论的"平易近人、深入浅出、简练朴素"的特点是截然不同的。如2003年，《新京报》言论版在征稿中提出："我们拒绝杂文和随笔，不欢迎尖酸挖苦、冷嘲热讽的文章。"

从写作的角度看，杂文要自由得多，其写作思维方式也多为联想，而联想是一种形象思维。但新闻评论采用的是逻辑思维，讲概念、判断和推理；讲究论点、论据和论证，即有理有据。

与杂文相比，新闻评论的语言表达应取"直笔"，而不是"曲笔"，要明确的、毫不含糊的"一语说破"的感染力和冲击力。② 同时，杂文和随笔的写作要更加自由、更加多样些。有时候报纸上并不特别区分评论与杂文，有些专栏评论就接近杂文或随笔，有些评论版里偶尔也会发表些更文艺性、更偏杂文和随笔的东西。包括像《中国青年报》这样的评论版里，个别评论也会很特别，很不一样。但是，作为初学者，我们还是要有这种边界意识，不要混淆这些文体的体裁边界。

不过，也有学者对评论语言有不同的看法。评论在语言和辞章方面的精彩表现也很重要。第十二届长江韬奋奖获得者张显峰有一个提法：文本价值。即好的评论，除了有好的观点，还需要重视表达，表达上当然要追求表达效率，但也要

---

① 黄帅. 关于写作的有趣思考（上）：两类语言表达及其范式[EB/OL]. （2018-04-12）. https://www.163.com/dy/article/DF6V0N0N0521DDI1.html.

② 马少华. 新闻评论教程[M]. 北京：高等教育出版社，2007：143.

讲文本价值。

这是一个观点泛滥的时代，快餐式阅读使新闻评论已经变成了立等可取的"煎饼"。所以报纸、网络上很多都是就当天的新闻事实进行评论，直接亮明观点，并不讲究写法，这样做自然有时效性优势，也提高了表达效率，但附加值却降低了，很难让人有第二次阅读的兴趣，这实际上是一种退化和折损。"文以载道"，"文"之不存，"道"将焉附？①

这显示了张显峰对语言的重视。他说："观点和立场要直接，不要掩饰，但表达还得讲究艺术，讲究美感，学会用情，既要给人悬念，也要留有余地。直说，说深了容易过头，说浅了隔靴搔痒。"

有时候，幽默诙谐的讲述中透射的犀利要比义愤填膺的观点有力得多；感同身受的换位思考和情感交流要比直白的表达有力得多。评论崇尚理性，并不意味要板起面孔讲话。理性地思考问题，但要艺术地表达观点。评论的力量并不在于作者的态度有多强硬，用词有多重，而在于语言的渗透力和逻辑的张力。鲁迅的杂文之所以流传至今还被评论者视为宝典，不仅仅因其思想的锐利、一针见血，文本本身的魅力恐怕也是其传世久远的重要原因。②

作为符号的语言文字，在这里仅限于报纸和网络等阅读的情况。在这种情况下，语言可能面临或者说要避免四个问题：

第一是杂文化倾向。语言尖刻、激烈的评论肯定有一定的市场，也迎合了部分读者的心理需求，但对于整个社会理性思考与理性探讨问题的风气不利，也不符合新闻评论"有理有据、平易近人"的讲道理的风格要求。杂文化的语言表面上是酣畅淋漓的，但不宜说理，因为其更接近文艺，而且语言的激烈往往忽略了平和的说理。理性的观点讨论不会撕裂社会，反而会在各抒己见中向公众呈现不同观点，在观点竞争中提升社会的认知层次。但是在今天，已经很难看到当年媒体上的"问题与主义""科学与民主之争"那样的大辩论了。曹林也感慨，当下的舆论场很少能看到过去那种围绕某个话题的理性辩论，而多是斯文扫地、乌烟瘴气。

微博上的辩论倒是时时都在发生，但140字的短交流之中，很难形成理性的交流，最终也多沦为互贴标签的掐架，你骂我五毛，我骂你公知，你骂我汉奸，我骂你愤青。甚至一些评论员，在碎片化的表达中养成了惰性，也沉浸于这种无聊的微博口水战，宁愿陷入喋喋不休的骂战，也不愿把观点写成长文章进行文人式辩论。微信的出现并没有改变这种情况，而是加剧了立场和观点的封闭，各自退回到自己的朋友圈中抱团取暖，在有着相同立场和观点的圈内群内强化固有的

---

① 张显峰. 新闻评论不能丢了"文""气"[J]. 新闻与写作，2016（6）：66.
② 张显峰. 新闻评论不能丢了"文""气"[J]. 新闻与写作，2016（6）：66.

偏见，由于缺乏理性的交流，很容易走向偏执和极端。

缺乏辩论的另一个重要原因是近年来暴力评论的干扰，这些评论以真理自居，根本不讲理，粗暴挥舞着政治和道德大棒，动辄对不同观点上纲上线，动辄将反对的声音污名为"抹黑"或者"反动"。评论中没有论据，没有逻辑，没有耐心地说理，只有盛气凌人的口号和让人生厌的各种帽子。当这种不讲理的暴力评论盛行的时候，就没有交流了，讨论和辩论的热情都被压制和窒息了。[①]

第二个问题是过于学术化。前面已经说过了，作为议论性的语言，评论需要通过概念、判断和推理来表达观点，语言的准确严谨和逻辑的严密是其文体内在本质性的一个要求。但这并不意味着，新闻评论需要堆砌学术概念，或者艰深晦涩，难以卒读。近年来，时评写作在中国蓬勃发展，由于更多的社会生活内容和更多的新闻评论主体的汇入，专业判断和知识含量的增加是当代时评的一个语言特点。但是，新闻评论语言必须与读者有亲近感，生活化，用群众语言。写评论时，可以想象读者就在你的面前，你直接向他陈述理由，讲清道理。语言一定要平易近人，深入浅出。

但是，新闻评论中依然有些评论会让读者读起来感到一定吃力，就是如果读者快速扫一眼，可能很难清晰明确地获知其观点。评论中逻辑严密，同时充满了大量的法律原则和法律条款，这类评论的专业性较强，常见于经济、法律等评论中。这就是一种悖论。一方面，新闻评论在本质上是一种研究性的文章，用来表达有价值的观点，给读者以启发和深思。但大众媒介的一次性快餐般的阅读方式，明显会抵制这种专业性表达。当然，报纸也有理论版，会专门发表学术论文。学术性质的评论无论是语言的逻辑和抽象程度，还是长度，都会对一般的评论读者造成一定压力。

第三个问题是文艺腔。曹林在《"灾难文艺腔"越来越被大众排斥》一文中提到：发生事故和灾难后，媒体应该如何报道和评论灾难、文学如何表达灾难悲情，"反思"与救援是否存在冲突，"感动"和"歌颂"是否应有节制，成为每次灾难讨论中一个热议的焦点。总体来看，"灾难报道和评论应该说人话"已经成为共识，那种不合时宜地将灾难诗意化的"灾难文艺腔"越来越被大众排斥。每一次灾难，都会冒出一些"借灾难表演媚态"的文学奇葩，这种奇葩一出现便会成为众矢之的。[②]

第四个问题是浮夸风。对此，自 2018 年 7 月 18 日开始，人民网观点频道推出"三评浮夸自大文风"系列评论。人民网还特意在"编者按"中指出：

---

① 曹林. 当下时评的七大弊病[J]. 青年记者，2015（30）：20-23.
② 曹林. "灾难文艺腔"越来越被大众排斥[EB/OL].（2015-08-18）. http://news.sina.com.cn/pl/2015-08-18/0805 32217111.shtml.

文风无小事。近期"跪求体""哭晕体""吓尿体"等浮夸自大文风频现，消解媒体公信力，污染舆论生态，扭曲国民心态，不利于成风化人、凝聚人心、构建清朗网络空间。为了匡正各媒体浮夸自大、华而不实的文风，落实习近平总书记对文风"短、实、新"的要求，倡导清新文风，崇尚风清气正，今天起，人民网观点频道推出"三评浮夸自大文风"系列评论。①

为什么说文风不是小事？艾梧的《文风是小事吗？》非常肯定地回答了这个问题，这也是《人民网三评浮夸自大文风之三》：

不可否认，每个人、每个网络账号都有各自的写作、创作风格，正因为这种差异性和多元性，才形成了汉语世界的洋洋大观，才有了舆论场里的百花齐放。但也要看到，为文有为文的格调，言论有言论的底线。"哭晕体""跪求体"这些浮夸骄横的文体笔法，通过抬高自己、贬低别人来迎合一些读者傲娇自大的心态，不仅超出了平实自然的为文格调，也僭越了言论客观公允的价值底线。浮夸自大文风的确可以激起许多麻木赞许和廉价笑声，也极容易被更多人模仿，但这样以逞口舌之快的形式谋求"精神胜利"，只会制造浮夸风气、混淆是非黑白、颠覆公众认知、极化国民心态，毫无裨益可言。

文风不是小事，因为文风还连着党风民风。语言漂浮、文风浮夸，素来是为文者的大忌。从纸上谈兵的赵括到刚愎自用的马谡，历史里从不乏夸夸其谈而引致败局的案例。有人回忆新中国成立前听国民党官员和共产党人讲话的差别：前者官声官气、空洞苍白，后者为民立言、充满希望，让人感慨"一看语言文字，就知道谁战胜谁了"。一些自媒体散布"哭晕体""跪求体"文章，必然会助长骄娇之气，激增民粹情绪，导致民众看不清事实真相，看不到真实差距，平添浮躁傲慢风气。浮躁和浮夸，于文于人、于国于民都可说是"瘟疫"，不可不慎，不可不防。②

二、作为表达符号的声音

通过声音来表达观点，现在主要是广播评论，以及一些声音类 App 和平台，如喜马拉雅、蜻蜓 FM 等。当然，这些平台上火热的是一些知识类、故事类产品，

---

① 编者按. 人民网三评浮夸自大文风之一：文章不会写了吗？[EB/OL]. （2018-07-18）. http://media.people.com.cn/n1/2018/0718/c192371-30156075.

② 艾梧. 人民网三评浮夸自大文风之三：文风是小事吗？[EB/OL]. （2018-07-18）. http://media.people.com.cn/n1/2018/0718/c192362-30156080.html.

评论并不多见。但是，声音作为表达观点的手段，依然是需要我们理解和掌握的手段之一。

广播评论的基本规律是：为听而写。这种要求和特点，都是由广播媒介通过"声音"传播观点而决定的。李良荣指出，一瞬即过、过耳不留以及收听的选择性差是广播媒体的先天不足。[①]邵培人认为：广播可以真实而逼真地记录、复制和控制人类的声音；传播信息迅速及时；传播范围广阔无限；声音传播一听就懂，易于沟通；既声情并茂，又是个"从不妨碍我们的朋友"。其缺点是：过耳不留，稍纵即逝，无法重复，不容细想，受众较为被动。[②]

事实上，当观点和评论通过广播的"声音"来表达和传播时，观点本质并没有变，但会受到广播媒介的影响。比如可能更"真实感人"，表现力强。当然，声音符号的劣势在于，声音稍纵即逝，可保存性比较差。另外，声音的清晰度也是一个问题，它不但容易被环境干扰，而且容易听混。由此带来的广播评论也存在这些问题：声音的传播是线状而不可逆转的，是稍纵即逝的，因此其清晰度低，而且大多数广播听众是一边干着手里的活儿一边收听，信息极易受到干扰。正因为此，从写作的角度看，**广播评论写作的基本规律是"为听而写"**。写作读起来亲切自然、顺口入耳，听上去清晰顺畅、明白无误，这是对广播新闻写作者的基本要求，也是最重要的要求。党的早期新闻学者、新中国成立后曾任上海解放日报社社长的恽逸群认为广播新闻的主要风格特点是三个字："短、浅、软。"

广播评论有哪些特殊的写作要求呢？

第一，模拟"类交流"语境。虽然广播文稿都是写出来的，但从传播规律看，实际上要进入"模拟语境"，即"模拟人际交谈，使说方和听方处在一个虚设的人际交谈环境中，以便加强说者与听者的感情交流、增强说与听的对象感、亲切感、真实感和现场感"[③]，因此要求写作者和播音员都要"眼前有人"。与报刊新闻不同，广播的传播即时性特点必须假定"有人正在收听"，这种"正在收听"的情境决定了广播评论语言的"类交流"特征。其实，模拟语境问题还与广播新闻的传播方式有关。在广播新闻中，听众和播者双方互相看不见，一方只说不听，另一方则只听不说，这种传播方式是缺少语境的，因而给准确理解造成一定程度的困难。比方说"这鸡不错"，在养鸡场是指"鸡长得好"，在餐厅是指"鸡烧得好吃"。而且，双方交流中的表情、手势等辅助理解作用的非语言符号也都不存在，这种情况下，广播评论必须考虑解决"模拟语境"的问题。

第二，文稿"口语化"。语言的口语化和通俗化，是广播评论写作的核心技能。

① 李良荣. 新闻学概论[M]. 上海：复旦大学出版社，2001：81.

② 邵培人. 传播学[M]. 北京：高等教育出版社，2000：155.

③ 林兴仁. 广播的语言艺术[M]. 北京：语文出版社，1994：51.

"为听而写"，就是要用大多数听众一听就懂的语汇、句式表达，用清晰、悦耳动听的声音表达，用深入浅出、通俗易懂的语言表达，让听众听得清楚、明白，理解准确，印象深刻。口语化和通俗化就是把"为听而写"落到实处的关键所在。

比如，尽量使用双音节词，不用或少用单音节词。在广播新闻中，应该是"曾经"，而不是"曾"，应该是"但是"，而不是"但"，等等。因为双音节词读起来更顺口，听起来也更顺耳。一定要区分同音词，因为它容易听混而产生歧义，是广播评论写作尤其需要注意的词语问题。在广播中，一定要适当调换一些便于理解的词汇，如将"走近"改成"走到跟前"，将"致癌"改成"诱发癌症"，将"治癌"改成"治疗癌症"①，这样就不容易被听混或产生歧义。

广播评论中尽量不用或少用行话、术语，多使用老百姓一听就明白的熟悉的常用的语言，包括惯用语、谚语、歇后语和成语。惯用语是口语中短小的习惯用语，如"耍花腔、眼中钉、走后门、半瓶醋"等，即老百姓的口头语，形象而通俗。老百姓形容一个人很高兴，说"乐得心里开了花""笑得合不拢嘴"；说一个人悲伤，"他心都碎了""泪珠子像断了线的珍珠一样滚下来"，亲切而传神。谚语是众口相传的含义深刻的一些固定语句，如"不到长城非好汉""磨刀不误砍柴工"等。歇后语是由两部分构成的口头语，如"周瑜打黄盖——一个愿打，一个愿挨"。在广播新闻中使用这样的熟语，简练而含蓄，可以起到"言有尽而意无穷"的效果。②成语是很重要的熟语，如"吃一堑，长一智""树欲静而风不止"等，精炼形象，以少胜多，表现力极强。

第三，妙用"广播音响"。广义的广播音响包括采录的一切声音。自然形态的音响总是伴随着事物的发展变化而发生的，所以能够表达信息。在日常生活中，音响的作用很广泛。例如：足球场上的裁判的哨声告诉球员，有人犯规了，比赛要中断。

很多广播评论为了增强生动性，其采访内容可以采用"现场音响（录音）"为主体，以增强评论的现场感和生动性。虽然广播评论传递的符号只有声音，这些声音却可以交代背景、营造氛围、叙述事实、评价议论等。同时，各种现场音响的使用增强了评论的现场感。音响在广播评论中的作用包括：充当由头，引出话题；提供论据，佐证论点；参与议论，烘托主题；交代背景，渲染气氛。③

比如获 2017 年度上海新闻奖一等奖的广播评论《带着感情去拆违》之所以能脱颖而出，源自既饱含深情打动人心，又帮助政府部门及时提炼和总结了拆违新方法，充分体现了媒体的新闻敏锐和社会责任，也突出了广播评论不仅要观点明确，更要浅显易懂、深入浅出的特点。

---

① 孟建，祁林. 广播电视新闻写作[M]. 北京：中国广播电视出版社，2007：44.

② 孟建，祁林. 广播电视新闻写作[M]. 北京：中国广播电视出版社，2007：49.

③ 胡文龙，秦珪，涂光晋. 新闻评论教程[M]. 北京：中国人民大学出版社，1998：373-376.

三、作为表达符号的影像

电视评论是新闻评论在电视新闻节目中的运用和发展。与电视新闻一样，电视评论的突出特点是集图像、声音、文字、色彩之美，使用多种符号传播信息。电视评论的传播符号主要由三个系统组成：图像系统、声音系统和文字系统。

电视画面形式多样，有现场画面，有影视和照片组成的资料画面，也有人工制作的画面，如表格、示意图、三维动画等。它们的主要作用是提供生动形象的有实证力的论据。它们具有三个共同特点，即画面的现场性、选择性和多义性。[①]电视画面总给读者一种"现在正在进行"的感觉，有很强的现场感；但是，拍摄的电视画面与连续的现场实景是有差别的，电视画面是有选择的、片段性的画面；更重要的是，画面具有多义性，比如，"硝烟弥漫"的烟花现场画面，既可能是欢庆焰火，也可能是鞭炮厂爆炸。

电视的声音系统包括同期声、画外音、播音员播音、音乐和音响等。同期声和音响一方面可以突出现场感，另一方面也可以推动新闻的叙述。画外音和播音员播音则起到证实、解释和说明画面的重要作用。所以，电视评论写作其实就是画外音、播音员播音部分或者主持人评论部分文字的写作，它们的传播依靠声音，所以，电视新闻也是"为听而写"。

文字系统包括标题、字幕等，它在整个电视新闻中分量并不大，但往往可以起到画龙点睛的作用。核心作用是提示作用：一方面，可以使观众对电视信息的接受更加深刻；另一方面，在电视新闻传播过程中始终需要文字性的提示，以帮助观众更容易理解信息，如节目的标题、说话人的语言等，尤其在音效不好时或口音较重、口齿不清的访谈对象说话时更有必要。

电视评论的体裁和形式有很多种，比如口播评论，是由播音员在荧屏上口头播讲各类新闻评论稿件。这些评论稿件包括本台撰写的本台评论和评论文字稿等，它们的体裁形式和写作要求与广播评论没有根本的区别。但电视的口播评论中，有时播音员的活动图像会出现在荧屏上，播讲评论时不仅有直观的服饰穿着和发式首饰等，还伴有面部表情、手势等非语言传播符号。有些口播评论还配有背景画面和活动图像、照片、字幕。

第二种是电视谈话，这是由广播谈话演化而来，评论员、节目主持人、记者、编辑等电视新闻工作者出现在荧屏上，并伴有身势语，向观众讲述新闻事实和评

---

① 孟建，祁林. 广播电视新闻写作[M]. 北京：中国广播电视出版社，2007：118.

价事实、发表意见和观点；讲述和评价时，也可以配有各种背景材料画面和字幕说明。电视谈话的形式多样，既可以类似于广播谈话和广播口头评论，也可以组织对话、问答、讨论和辩论等。自从电视台开通直拨热线电话以后，电视观众像电台听众一样，可以直接参与由节目主持人组织的议题交谈和讨论。电视台还可以直接组织有关专家、行政领导和社会名流，在电视台进行现场的或录像的电视讲话。

最常见的莫过于电视述评了。这种评论形式以活动图像为主，与背景材料、文字解说词、画外音等相结合，以现场的或录像的形式播出电视评论。它是新闻述评在电视评论中的运用和发展，以画面叙述为基础，以评论为主线，选题立论有的放矢，新闻性和针对性都很强。比如获第 28 届中国新闻奖一等奖的电视评论作品《减产为何却增收？》，既有详细报道，又有精彩评论。该作品站在思辨的高度揭示了黑龙江粮食产量降下来、农民钱袋子鼓起来的根本原因。

四、拟制非常抢眼的标题

在表达方面，一个抢眼的标题非常重要。姑且不论报纸版面，单是对网站评论栏目下的海量评论，读者是否点开阅读，也主要来自对标题的第一印象，以及通过标题对内容的判断。新闻标题在吸引读者方面，起到至关重要的作用。评论作为新闻的重要组成部分，一向被视为"报纸的灵魂"，其水平的高下，标志着媒体的思想高度和深度。文字生动新颖、观点独特、标题发人深省，为新闻评论快速赢得读者的青睐奠定了基础。新闻评论的标题作为文章的论点，甚至可以越过文章，直击读者心坎。

标题是以醒目的形式刊出（播出）的用以提示文章（节目）内容的简短性文字。新闻评论的标题指的是，以简短的文字表明评论的议论范围、主要见解、作者意向、情感诉求等。[①] 好的评论标题犹如美女的眼睛，能起到"眉目传情"、吸引读者关注的作用。正所谓"读书读皮，看报看题"。

与新闻报道的标题相比，评论的标题有着自己显著的特点。两者都是文章的有机组成部分，都是文章内容的高度概括和集中体现。但是，由于新闻报道以客观记录事实为主，新闻评论以客观事实进行分析、评论为主，因此两者在内容、形式、结构及写作的基本要求上存在明显的区别。请看下面的标题：

---

① 胡文龙，秦珪，涂光晋. 新闻评论教程[M]. 北京：中国人民大学出版社，1998：98.

北京强化养犬管理，城区年内捉光流浪狗

合肥市全力整治"狗患" 已有 8000 只犬领证

天津市"狗患"也惊人 宠物犬每天咬伤 40 人

北京将治理城区饲养大型犬、烈性犬等问题

根治"狗患"还得靠"法治"

城市岂能让"狗患"成灾

上面两组标题，第一组是新闻报道的标题，第二组是评论的标题。做简单直观对比，你会发现两组标题之间至少有以下不同：

（1）任务不同。新闻标题以具体的新闻事实为依据，目的在于提示新闻中最主要和最值得注意的事实。评论标题以标明论题范围和传达作者的态度、见解为目的。

（2）拟题手法不同。新闻标题往往采用客观叙述或描写的方式，作者的态度和倾向蕴涵于对事实的概括与叙述之中。评论标题中，作者的立场、观点、态度、意向往往直接表现出来，除了叙述、描写等手法，还经常采用提问、感叹、反诘、商榷等方式做题，具有较为强烈的感情色彩。

（3）结构不同。新闻标题可以有单行题，也可以有多行题。评论标题的结构比较简单，通常只有一行主题，极个别情况下才有副题出现。

（4）写作要求不同。新闻的标题一般较为简练具体，句式上较完整，单行题一般是实题；评论标题则显得相对抽象，虚题较多，句式上也较为灵活，可以是一个完整的句子，也可以是一个词组、一个词语，甚至是一两个字。[①]

根据中国人民大学胡文龙的观点，评论标题具有四种功能：提示论题，在标题中明确告诉受众评论所要分析的事物或所要议论的问题；体现论点，多见于以传递意见性信息为主要任务的新闻评论；表明态度，如《且莫"赶走儿子招女婿"》；引发兴趣，借助新鲜的事例、新颖的手法、新巧的角度、鲜活的语言引发受众阅读（或收听、收看）评论的兴趣。[②]

马少华认为，新闻评论的标题主要有两个要求：效率性要求和表现性要求。[③]效率性主要体现在以下三个方面：一是受众接受、理解的速度。接受需要时间，时间就是受众的成本。它表现为读者的眼球在评论标题上延滞的时间，时间越短，传播效率越高。二是传播信息的确定性。确定性表现为标题与评论内容之间的关联度。我们可以这样来考察：如果不看内容，只看标题，你能在多大程度上猜测评论的内容？三是简洁概括性。对于评论的内容，读者需要的是被说服，而对于

---

① 胡文龙，秦珪，涂光晋. 新闻评论教程[M]. 北京：中国人民大学出版社，1998：100.

② 胡文龙，秦珪，涂光晋. 新闻评论教程[M]. 北京：中国人民大学出版社，1998：100-103.

③ 马少华. 新闻评论教程[M]. 2 版. 北京：高等教育出版社，2012：160.

评论标题，读者则需要被记住。高度概括和简洁的标题往往更易被记住。

关于效率性的具体要求包括以下几个。

（1）贴切。它有两层含义，一是题文一致，二是用词准确。题文一致，即评论的标题对论题范围的概括、对中心论点的提炼、对态度倾向的表述应与评论的内容或思想相符。用词准确，即拟定标题遣词用字时，不可望文生义，也不可乱用辞藻，就不会产生歧义或误解。例如《法人岂能是法盲》混淆了法人和法人代表的概念。

（2）具体。不管评论的话题是大是小，标题都应当具体，避免空泛乏味，大而无当。比如《岂曰无衣，与子同袍》这类标题就很空，不如《考研"占座怪相"令人担忧》《"以貌定工资"，如此用工太奇葩》等标题，都明确了所评事实，并表明了基本态度。

（3）鲜明。评论的标题应当鲜明，提倡什么，反对什么，褒扬什么，针砭什么，一定要旗帜鲜明，切忌钝刀子切肉，不痛不痒。比如《别让"粒粒皆辛苦"停留在书本里》《学校岂可因校长儿子结婚随意放假？》等标题，经常用"莫让""岂能""不能""别让""难道""太荒唐！"等表达立场与态度，也常常与感叹号、问号等标点连用，以加强语气。

（4）精练。标题的显著特点是精炼，主要方法是使结构简单，多用单行题；文字简约，要言不烦。例如：鲁迅的《战士和苍蝇》、毛泽东的《"友谊"，还是侵略？》、梁启超的《少年中国说》等。《质量无小节》这类标题最大的特点是简洁且直截了当。

新闻评论的标题除了有效地传达内容信息，它自身作为一个文本，还有一些形式上的要求。其中之一就是形式的美感。有形式美感的标题，会增加亲和力，就会在"眼球的竞争"中具有优势。再如一些文学化的表现和修辞方法的应用都可创作出更具表现力的评论标题。[①] 但是，过多的表现性必然是以牺牲其效率性为代价的，所以作者需要在两者之间做出平衡和权衡。让标题好看，更具有表现性，常见的方法有：

（1）变换句式。假如你拟的标题是一个判断，是陈述句，直接表达了你的观点，事实上，你可以根据需要变换句式，标题的感觉会有不同。《华佗未必能评上职称》这是一个判断，如果变成假设句《假如给华佗评职称》就会给读者留下更大的思考空间，如果变成疑问句《华佗为什么评不上职称？》就会使受众始终带着一种特定的悬念去思考。

（2）活用成语、谚语、俗语。活用方法很多：可以直接引用，如《远亲不如近邻》；可以变化引用，如《后生可爱》《车祸猛于虎》《高职教育要"眼中有人"》；也可以用谐音法，如《"形式"逼人》《"数字青年"切莫坐"网"观天》。

---

① 马少华. 新闻评论教程[M]. 2 版. 北京：高等教育出版社，2012：162.

（3）巧用修辞。在评论的标题里，修辞是非常有用的一种表现手法。使用比喻和拟人，可以使标题变得形象生动，轻松有趣，如《"核心期刊"，是绳索还是标尺》《惠农款不是"唐僧肉"》《艺术腐败的"摇钱树"当"连根拔起"》《儿童安全教育不能挂空挡》；在标题中使用对比手法，可以强化两种观点的对立性，让正确的论点更加鲜明，如《监管多找事，安全少出事》《既要知足，又要知不足》《家庭作业不是"家长作业"》《老师培训的"豪华餐"与"家常菜"》等标题；将同一字词句叠类或重复加以强调，如《精彩中国需要精彩讲述》《嫌麻烦会惹出大麻烦》；还可以连珠，如《"官钓"与"钓官"》《"用谁谁行"还是"谁行用谁"》《儿童读物教小孩"意思"一下什么"意思"》；还可以借代和双关，如《谁让"瓜子哥""梳妆妹"道德"碎了一地"》《"数字青年"切莫坐"网"观天》《巨额粮款化为水》等。

五、改善评论版面内容与形象

我们还将努力把评论版打造成干部论政的平台、学者争鸣的空间、群众议言的广场，在交流、交融乃至交锋中，传递"中国好声音"，谋求最大公约数，推进社会前进的步伐。[①]

这是《人民日报》第一个新闻评论版面创办的发刊词的其中一段，明确提出言论版是"干部论政的平台、学者争鸣的空间、群众议言的广场"的定位。近年来，国内报纸纷纷开办言论版。比如，《新京报》的"社论/来信"、《南方周末》的"方舟评论"、《南方都市报》和《羊城晚报》的"时评"、《中国青年报》的"青年话题"、《北京青年报》的"每周评论"、《文汇报》的"文汇时评"等。

言论版是承载意见和观点的一个专门空间或几个版面。版面安排问题涉及一个根本性问题：对观点和事实的认识和处理问题。将评论与报道严格区分是作为一个世界新闻操作规范而存在的。

这些言论版的基本内容包括：社论、读者来信、专栏文章、漫话等，形式上有"内报头"。社论是权威性很强的新闻评论，代表官方。"内报头"是一个缩小了的报头样（包括字体与图案）。读者来信叫法不一，如"来信""致编辑部的信""人民之声""读者的观点""公共论坛""反馈"等。来信的形式特征很明显。有的是三言两语，既没有完整的结构，也没有完整的论证，却带有直抒胸臆的生动气息。稳重的社论与言辞尖锐的来信，构成言论版的"两极"，形成了一种活跃、

[①] 《人民日报》评论版"致读者"[EB/OL]. http://opinion.people.com.cn/GB/8213/353915/353916/index.html.

生动和交互性的话语空间和言论生态。2003 年 11 月《新京报》开办的"社论/来信"将读者来信置于言论版,是一个具有典型意义的开端。后来的《北京青年报》的每日评论言论版中也开设了"评论反馈"栏目,《南方周末》等报纸也都把读者来信归于言论版。个人专栏是由具有一定知名度的专栏作者写的专栏,其重要特点是写作风格自由、个性化。个人专栏与代表报纸观点的社论、代表一般读者的来论之间,刚好形成一个稳定的三角形,覆盖了新闻媒体、社会大众和知识精英三方面的意见。刘宏说:"从理论上讲,社论和本报评论员文章代表着编辑部的声音,显示集体的影响力;而专栏作家则在某种程度上代表着专业的声音,是个人深层次的发言;读者之声散见于读者来信或者听众热线以及网络论坛,代表群众的呼声,是一种基础观点。"[1]

《新京报》评论部主编王爱军以"梯形结构"来说明专栏在言论版中的位置:梯形的底座是公民写作;第二层是专业写作,即专业评论员的来论;第三层是精英写作,即专家学者的专栏言论或来论。[2]

时评及问题讨论。时评即"时事评论",对刚刚发生的或发现的新闻事实或社会现象、社会问题在第一时间进行判断,发表意见和观点,其特点是新闻性、实效性很强,题材广泛。有的言论版还有问题讨论,它是言论版上充满活跃气氛的动态内容。比如中国传媒大学党报党刊研究中心课题组就建议《光明日报》评论版增强问题讨论:

在"人人都有麦克风"的今天,又正逢社会转型期,社会公众思想多元,观点激荡日渐普遍,文化人思想交锋日益突出,作为一个主要为知识分子服务的报纸的评论版,可否多些探讨与"争鸣"?[3]

图像是言论版一个具有强烈形式感的内容要素。其中漫画是传统言论版的内容。在中国媒体,图像基本是漫画。在十多年前,《西安晚报》还有"画里有画""漫画一针"等栏目,是图像性质的,给我留下深刻印象。言论版上的图像因素和新闻元素增加了版面的视觉冲击力,调节了言论版因缺少事实性信息而造成的缓慢节奏和沉闷感。

言论版不仅是各种言论的集纳空间,更是一个言论的生态环境。这种生态环境表现为不同言论之间的关系:交流与争议。言论版的生命在于容纳不同的声音。言论版的空间,既是交流的空间,也是冲突的空间。[4] 学者李舒说,评论版作为一个呈现多种表达形式与多元思想内容的载体,必须对各种要素如何组织、编排

---

[1] 刘宏. 我们为什么需要专栏作家[EB/OL]. (2010-03-01). https://blog.sina.com.cn/s/blog_6560221c0100i42f.html.

[2] 马少华. 新闻评论教程[M]. 2 版. 北京:高等教育出版社,2012:233.

[3] 中国传媒大学党报党刊研究中心课题组. 《光明日报》评论版的特征研究[J]. 现代传播(中国传媒大学学报),2014,36(12):49-52.

[4] 马少华. 新闻评论教程[M]. 北京:高等教育出版社,2007:212.

有所考虑，以发挥要素的互补和叠加效应。既要处理好社论、专栏评论、读者来论等的关系，又要处理好视觉中心（新闻漫画、图片）与内容中心（社论、重点言论）的关系。①

我国比较有代表性的言论版，如《中国青年报·青年话题》《新京报·评论》等。"青年话题"是真正带有交流性质的言论版，在其发刊词《倾听》中，编辑们言明他们的编辑理念："'青年话题'是一个发表意见的场所，一只张开听您说话的耳朵。无论是脱口而出，还是深思熟虑，我们欢迎不拘形式、不论长短的观点和意见。关键是'不同'。'不同'的价值在于，它不仅包含着思想解放和论争的正当秩序，包含着新闻媒介求新求异的运作规律和读者求新求异的阅读规律，更重要的意义是：思想进步可能就孕育在'不同'之中，而相同只能使我们停在原地。"②

《新京报》评论坚持正确的舆论导向，努力打造一个社会圆桌，力争为每个"有价值的言说"提供展现的平台，服务于国家和社会发展的大局。它的评论量大，坚持理性和建设性，不采用讽刺挖苦的手法、冷嘲热讽的手法评判一件事情，而是提供解决的途径和思路。

《南方周末》的评论版具有强烈的社会责任感和浓郁的人文关怀。它以"关注民生，彰显爱心，维护正义，坚守良知"为自己的职责，表现出深刻的思想性和专业性，这是因为《南方周末》将读者定位为知识分子和社会精英，这样的读者定位和作者队伍有利于报纸思想的深刻性，但这样导致报纸评论的文章专业性太强，甚至会令一些普通的知识分子觉得晦涩难懂。

改善版面形象也是一种重要的表达。评论版的言论形态要丰富多样，既有代表官方的社论，也有清醒和专业的声音，更不能缺少生动活泼的公众的意见和声音。在评论版的外在形式方面，也不能缺少图文配合式的评论和生动形象的新闻漫画。我国评论版中，也出现了漫画。比如《北京晚报》的"漫画新闻"就很受读者的欢迎。对于评论版的外形设计，学者李舒有非常全面和中肯的建议：

评论版要打造特色、形成品牌，既要重视内容问题，也不能忽视表现形式、表现手法。当前一些评论版对视觉识别系统的设计重视不够，有的评论版没有内报头、没有栏头，有的版面编排体现不了内容之间的内在逻辑、主次地位，有的版面设计相对单调，缺乏表现力，极易造成阅读疲劳。这些都提示我们，评论版要优化视觉识别系统，重视版面形象管理，实现内容与呈现方式的和谐统一。设计呈现方式时，既要把握现代受众的心理需求和审美兴趣的发展变化，又要与本报风格相一致、与其他竞争版面相区别。要通过对版面结构、内报头、分栏、色

---

① 李舒. 我国报纸评论版的优化路径探析[J]. 现代传播（中国传媒大学学报），2013，35（3）：55-57.
② 《中国青年报》"青年话题"版面编辑. 倾听[N]. 中国青年报，1999-11-01.

彩等的精心设计，形成一个个性鲜明、功能合理的版面，能让读者在"芸芸众报"中轻松辨认该版的媒体归属。特别值得一提的是，要通过版面上一些内容元素的恰当呈现，如对标题、导读、图片说明等的字体、字号、装饰等的精心处理，调节评论版节奏，提高传播效果。[1]

谭泽锋也指出，有意识地加强新闻照片、背景图表、时事/主题漫画在版面中的运用，精心制作评论标题，引入"内报头"，以此活跃和充实言论版的视觉信息，实现言论版的新闻化、形象化、故事化。[2]

在版面上，还可以设计专栏评论。专栏评论指的是在报纸相对固定的版面上的特定的专门栏目中发表的评论。[3]从评论写作的角度看，专栏评论并没有什么特别之处。但是，这类评论因发表在专栏中，便有了不同于一般评论的一些新特征。一是形式固定。专栏一般在固定或相对固定的版面位置上，对栏目名称、署名方式、编排要求、字体字号、刊出周期、文章要求有一定的个性风格。有些专栏本身是资深评论员开设的个人专栏，每个专栏都有自己的特色和个性风格。有的专栏主要由一个人经营，如林放的"未晚谈"，李普曼的"今日与明日"，《新民晚报》的"敬宜笔记"。有的专栏一开就是几十年，如《河北日报》的"杨柳青"，《人民日报》的"今日谈"。有些专栏是个人专栏，有鲜明的个人风格；有的专栏是群言性质的，作者很多，选题视角广，行文自由活泼，也有集体专栏，如"三家村札记""长短录"等。

六、融合多种表达符号

从外观和符号的角度讲，新闻评论可采用文字、漫画、图片、声音、影像等形式，同时也有些评论将这些因素融合起来。这种将多媒体元素融合成一个作品的观点写作，可能会成为一个新的类型——融合评论。

虽然融合评论在目前并未引起关注，但如果我们把目光投向近年来新闻报道的变化，就会发现，新闻评论在多媒体融合方面还有更大的空间。从新闻叙述的角度看，《雪从天降》的革命意义在于，它"融汇了文字、图片、视频、动漫和交互式图形，并且是无缝式、连贯的'叙事流'，而不是把这些不同的元素拼接在一起"。容易被国内读者忽视的是，这个新闻作品获得了 2012 年普利策"特稿写作

---

[1] 李舒. 我国报纸评论版的优化路径探析[J]. 现代传播（中国传媒大学学报），2013，35（3）：55-57.

[2] 谭泽锋. 我国报纸言论版的发展路径[EB/OL]. （2007-03-23）. https://www.chinaxwcb.com/info/21804.

[3] 胡文龙，秦珪，涂光晋. 新闻评论教程[M]. 北京：中国人民大学出版社，1998：280.

奖"，它的作者是布兰奇。布兰奇采访了亲历雪崩的幸存者及其家人，并穿上装备亲历雪崩现场，才撰写了这篇长达 1.8 万字的文字稿件。同时，多媒体制作和技术团队还在文章需要的地方添加了一些手段，让文章停顿下来，制造一种微妙的氛围。点击进入报道，首先映入眼帘的是大幅的雪山风起的动态画面，配合画面的是"呼啸"的北风（视频音效）。报道页面非常简洁，视频、图片、动画等被"嵌入"文本中，读者在阅读文本的过程中，可以根据需要选择其他辅助元素。如在表现滑雪者逃生时，网页会出现根据真实数据模拟的雪崩现场动画再现。文本中的采访对象后面还会出现该人物头像的背景信息框，点击后播放采访视频，而且视频播放速度可根据网页阅读速度（鼠标浏览速度）自动调整。

这个多媒体融合报道的作品所引起的讨论主要还是在新闻报道领域。事实上，在新闻报道体裁里，近年来引起热议的数据新闻、融合报道，从外在表现形式来讲，都将可视化的图表、图片、声音、视频等元素与文字融合起来。比起新闻报道领域，新闻评论在多媒体融合方面要淡定得多。不过，这种展示证据的方法其实早已有之，早在梁启超于清末创办的《新民丛报》和《国风报》上，他的时评作品往往插入数据图表作为论据。

从多媒体融合的角度看，当下的很多电视述评其实都具有这种特质。电视述评节目整体是视频的形式，但其间穿插了包括文字、图片、数字图表、电脑合成的示意图、动画等几乎所有表达符号。文字类评论中，偶尔也会有图片、数字图表、示意图等形式，只不过在报纸中并不多见。

但是，在网络和微信公众号的评论和观点写作中，这种在文字中融合声音、视频、图片等多种符号的表现手法经常出现。比如，2017 年 4 月间在驻马店发生了一起交通事故，一女子在斑马线中间站立时被汽车撞倒，由于没有得到及时求助，又遭后来的汽车二次碾压，最终不治身亡。微信公众号"青春豫鹏"转发了一篇评论《驻马店车祸，真正的凶手是他们！》[①]，文章指出对面汽车的远光灯才是悲剧的根源。作为证据，文章直接链接了当时的监控视频。马少华指出，这种直接链接到文本中的视频论据，具有交由读者感性地去做出判断的直接效果，这显示了移动互联网和自媒体时代评论能够实现以往平面媒体在这一类特定的论题上难以替代的论证效果。[②]

如果进一步思考，对同样的证据通过不同的呈现方式进行展示，留给受众的效果是不一样的。有什么不一样呢？这就好比用文字描述远光灯会让对向车司机看不清道路状况，是比较抽象的，是需要读者用想象填充和理解的，有开车经验的受众当然更容易理解，因为文字调动了他的经验。但是用视频的方式展示这个

[①] 江湖少郎. 驻马店车祸，真正的凶手是他们！[EB/OL]. （2017-06-09）. https://mp.weixin.qq.com/s/fEnORRS4 XY6fRHOe1NY29Q.

[②] 马少华. 观点写作，在创新中建立新的文体默契[J]. 中国记者，2020（7）：13-16.

证据就很不一样，特别直观、特别清楚展示过程和影响程度，哪怕没有开车经验的读者也很容易通过视频理解远光灯的危害，而且视频呈现更真实可靠，容易说服读者。

　　假设你的观点是"某艺术品制作特别精美"。对于这个判断，你可以用文字描述和介绍这件艺术品本身如何精美、制作流程如何精细来支持你的观点，但这样比较抽象。你也可以直接用图片或视频的方式，直接清晰地展示这件艺术品的精美，让读者直接观察和体验，就直观而且客观得多。你也可以引用某权威的艺术品鉴赏大师对这件艺术品的评价语作为论据，说明这件艺术品如何精美。但如果你直接用音频录一段该艺术家的评语，变成艺术家本人声音的展示，由于声音中会带着艺术家本人的更为丰富的语言色彩，艺术品就会更真实可信。如果条件允许，用图片或视频展示证据当然是更有说服力的方式，引用评语和直接描述都比不上视频展示直观。这说明什么？**对同样的证据，展示方式不同，效果当然不一样**。现在很多微信和自媒体的评论中，经常插入图片视频或音频，其实使证据展示的方式变得丰富而直观了。从另外一个角度理解，新闻评论的证据展示可能正在变得越来越"融合"了，我们不妨称之为"融合评论"。

第十章

风格

> 写得好看有许多办法。一种是写出好看的风格——语言注意质感、音调、意象、音乐性和语词间的呼应。诗人德雷克·尔科特告诉学生，语言要如水般清澈，要完整得能看出诗歌中的天气。[①]
>
> ——埃米莉·希斯坦德

关于"风格"的观念和理论有很多，尤其是在文学领域，文学风格是一个重要的方面。对新闻评论的风格，其实关注的还不多。但其实，每一类作品都有自己的风格。虽然概念有差异，但还是有大体的共识或感受，有些评论读起来非常辛辣，酣畅淋漓，有些评论却柔弱抒情，另一些评论可能非常冷峻理性，逻辑严密。

风格是评论写作过程中自然呈现的一种状态或感受。不同的评论作者，不同的评论体裁和题材，不同的专业背景，以及不同的媒体定位都可能会影响评论的风格。

当然，评论的风格与时代、民族和地域文化也有关系。比如我国评论与西方评论的整体风格就不同。"诙谐的语言，以事入理的分析，精辟而有力的讽刺是普利策新闻奖社会评论的一大特色。""融入大量的故事情节、机智的人物对话、诙谐的场景描写、漫画式的人物素描、黑色幽默般的调侃议论于一体，成为普利策新闻奖社会评论的第二个特色。"而我国评论在作者看来是"枯燥无味的说教式议论、高高在上盛气凌人的语气、公文化的语言、口号式的鼓动"。[②]

王鹏对电视评论的风格有过关注，他发现主持人会影响或形成电视评论节目的整体风格。"在节目进行中，主持人尽管说话不多，但是因为个人的性格特征、

---

① 马克·克雷默，温迪·考尔. 哈佛非虚构写作课：怎样讲好一个故事[M]. 王宇光，等译. 北京：中央文史出版社，2015：248.

② 张淑玲. 普利策奖新闻评论的写作风格[J]. 新闻爱好者（理论版），2007（10）：35.

知识水平、社会阅历和关注兴趣不同，也会形成自己独特的问话和表达方式，长期从事此类工作就会逐步形成个人的主持风格。有的主持人尖锐，有的温婉，有的犀利，有的柔和，就在这简短的问答和节目串联中能够鲜明地表现出来。"① 当然风格主要还与节目的表达方式有关，如以凤凰卫视的《时事开讲》为代表的对话式，以《锵锵三人行》为代表的座谈式，以中央电视台的《实话实说》为代表的沙龙式，中央电视台的《新闻会客厅》的当事人叙事式，《焦点访谈》《每周质量报告》的调查式等。

田波澜和唐小兵在《当代中国新闻评论写作的流派与风格》一文中，将当下新闻评论流派分成由新闻从业人员、学院知识分子和公众知识分子三类写作主体主导的三种流派。新闻从业人员的风格是"就事论事"，充满了"现实感"，不自觉地在"技术的层面"探求解决问题的方案，但容易形成"浅薄的面相"的"快餐评论"；学院知识分子从根本层面"展示人性的复杂和制度建设的急迫"，有"浓郁的学理风格"，充当受众的"启蒙者"，但与社会生活有一定的"距离感"；公众知识分子则拥有学院的"文化资本和社会身份"，自觉处于学院与社会之间的"两栖状态"，其评论往往充满"洞见"，擅长"文化批判"和"公共批评"。② 这篇文章对评论流派的划分很新颖，但对流派成员中的新闻评论风格只是大概印象的评述，其实同一流派的作品风格可能千差万别，与流派关联不大，与写作者个人关系最大。

丁邦杰在其书中曾对我国评论者的风格有过精彩评述：

李教时评的无畏无惧和辛辣笔触，引经据典和政治挂联，高扬起抗击蒋家暴政的一面旗帜。鄢烈山时评强烈的思辨色彩、一贯的公民视角、清醒的社会良知、隽永的文化意味，已经成为他笔下时评的标志性特色。马少华时评冷静的理性思维、严谨的逻辑推理、包容的思想胸襟，在业界享有口碑，在受众中也是被人广泛赞誉。曹林时评独到的敏锐观察、迅疾的思辨反应、不留情面的解剖笔法，不时给舆论场带来冲击。王朔时评直面纷乱的社会，敢于诘问问题背后的体制，京痞国骂怒其不争。郭光东时评独具的法制眼光、求新的洞见水平、为文的环扣水平，和他的专业一脉相承，和他所供职的媒体相得益彰。司马心时评敏锐的抓题水平、锐利的剖析笔触、幽默短促的说理语言，在上海滩乃至苏浙沪喜爱者众。叶檀财经时评的专业水准和犀利表达，她对中国股市和楼市的准确研判，令受众刮目相看。③

风格是如何形成的？最终，评论作品是以言语的形式呈现出来的，作品与作

---

① 王鹏. 新闻评论节目主持人的主持风格探析[J]. 济南职业学院学报，2014（3）：116-117.

② 田波澜，唐小兵. 当代中国新闻评论写作的流派与风格[J]. 新闻知识，2006（3）：6-7.

③ 丁邦杰. 时评要领[M]. 北京：中国人民大学出版社，2019：300.

品之间的风格差异确实与不同的表达方式、语言结构、修辞技巧有关，但风格除了外在特征，与作品本身的内容也是相关的。

从评论者的角度来说，风格其实是评论者自我知识和个性的自然流露。常言道，"文如其人""风格即人格"，评论作者、作品观点及论证方式、语言表述等，总是会呈现出一种感觉，或者各种格调，虽然新闻评论的格调和风格还没有引起关注，但作为读者，总会感觉到这种不同的调子和个性。正如不同的作家会形成辨识度较高的风格：鲁迅的语言就特别犀利凝练，文白贯通且力透纸背；老舍的语言温婉隽永，家常直白。宋词还有"婉约"和"豪放"之别。相传苏轼官翰林学士之时，曾问幕下士："我词何如柳七？"幕下士答曰："柳郎中词只合十七八女郎，执红牙板，歌'杨柳岸晓风残月'。学士词须关西大汉，铜琵琶，铁绰板，唱'大江东去'。"

评论者有必要创新，形成丰富多样的风格，更好地传递观点。马少华分析说，由于长期以来我国媒体承担的基本上是单向传播功能，强调舆论引导和教育群众，媒体格局多为"机关报"体制，大部分写作者居高临下，容易把"机关语言"移植过来。[①]马少华这里的"机关语言"其实就是我国媒体"官腔"话语，是老大难的问题。

但是，如果我们要总结我国评论的几种写作风格，实在不可能，而且没多大必要。风格其实是在评论的基础上，语言偏向了其他某种文体语言的现象，比如：偏向杂文的战斗式文风，偏向散文的抒情性文风，偏向学术的艰涩文风，偏向献辞的喜庆热闹风格；如果没有偏向，就是平和理性的说理风格；等等。稍微带些偏向可能是语言的一种探索，但是，偏向过于激烈的风格，会影响冷静理性说理的格调，损害评论的发展。在这里，笔者并不想将风格理论化或专门论述风格，只是根据自己的阅读经验和体会挑选出几种风格相对鲜明的评论作品，以供读者和同学们体会，开阔视野，或者触发新的思考和感受。

一、偏向杂文的尖刻犀利文风

时下评论并不提倡这种尖酸刻薄、冷嘲热讽或言辞犀利的战斗式文风，这与新闻评论平易近人的说理风格不符，也不利于社会理性探讨问题和寻求共识的良好氛围的形成。然而，这种文风一直存在，不时见诸报端。

丁法章教授从宽泛的意义上将杂文纳入新闻评论体裁，并将其定义为文学体

---

① 马少华. 新闻评论教程[M]. 2版. 北京：高等教育出版社，2012：190.

裁之一，是一种直接而迅速地反映现实生活，有着兴利除弊、激浊扬清战斗功能的"文艺性政论"。[1]这个定义实际上非常清晰地将杂文划到文学范畴中去了。杂文的确经常通过报纸的"副刊"或评论版面的杂文性质的栏目发表，但杂文还通过专门的文艺期刊发表，如《杂文》《杂文选刊》等杂志。大多数新闻评论教材并不讲杂文，这说明杂文和随笔不宜纳入新闻评论的范畴。

但是，杂文的语言文风依然存在。要对杂文的语言文风进行概括，也颇为困难，因为杂文本身实在风格多样，短小精悍，有时尖锐犀利，有时又轻松活泼，有时幽默诙谐，有时又尖酸刻薄。但是，一般情况下，大多数杂文语言是讲究犀利和有很强辩论色彩的。杂文尖锐、泼辣，具有很强的战斗性，是与敌人斗争的重要思想武器。提及杂文，鲁迅的影响最大，他的杂文被喻为"投枪""匕首"，可见其杂文特色。赵振宇在讨论新闻评论的语言风格时，特意从四个方面比较了杂文和评论的区别，其中之一是二者路数不同：评论的基本路数是逻辑思维，抽象地说理；而杂文不能像评论那样用抽象的说理方法，而是要运用形象化的漫谈，调遣种种形象，巧作驱使，随手拈来，涉笔成趣，融理于形象，化理入譬喻。[2]这说明，杂文比新闻评论更接近文学的语言和手法。赵振宇也建议评论写作多借鉴杂文"善于使用形象生动的语言和幽默讽刺的笔调"。

马少华是比较明确地反对评论语言杂文化的。杂文更容易尖酸挖苦、冷嘲热讽、嬉笑怒骂；与杂文相比，新闻评论的语言表达应取"直笔"，而不是"曲笔"，要明确的、毫不含糊的"一语说破"的感染力和冲击力。[3] 2003 年，《新京报》言论版在评论征稿中提出："我们拒绝杂文和随笔，不欢迎尖酸挖苦、冷嘲热讽的文章。"这实际上明确地将杂文和随笔排除在新闻评论范畴之外。

杂文讽刺的现象在现实中是存在的，但文字中的细节和事实未必真实，而新闻评论中的评论对象、证据本身、引用的数据和细节都是真实的。这也显示了杂文和评论的不同。另外，说到"曲笔"，下面这篇杂文就是非常典型的"曲笔"，尤其是结尾，有点儿微型小说的意味，平静的语言背后却是无情的嘲讽。

都在扮演农民[4]

那是十多年前的事了，农村刚刚开始实行了税费改革，减免农业税，农民负担要减轻，上面要落实惠农政策，对农村实行税费改革的情况进行检查，怕下面执行不力。

乌乡要做准备，迎接省市的检查。乡长把机关干部召集起来开会，强调了这次检查的重要性。乡长说，省里马上要下来检查了，是明察暗访，据可靠消息，

---

[1] 丁法章. 新闻评论教程[M]. 4 版. 上海：复旦大学出版社，2008：355.

[2] 赵振宇. 现代新闻评论[M]. 2 版. 武汉：武汉大学出版社，2009：233.

[3] 马少华. 新闻评论教程[M]. 北京：高等教育出版社，2007：143.

[4] 李国新. 都在扮演农民[J]. 杂文选刊，2017（11）：61.

就这几天了，你们要下村督办，把村干部武装好，每个村要武装几个基本群众，领导问起来就回答没有收任何费了，严格执行政策了。不然的话，检查不过关，大家今年的工资要扣，年终奖没有了的。如果出了问题，轻的通报，重的要受到处分的。

乡长还对大家说，你们下村不要穿皮鞋，要穿解放鞋、胶鞋，要找乡里的亲朋好友借几套旧衣服，还要戴草帽，不过草帽是旧的，尽量上面皱巴巴的样子。

乡干部老刘包麻杆村，他的老家在农村，就找叔伯兄弟借了衣服和草帽，带到麻杆村，以便下组时穿。

老刘迅速赶到麻杆村，召开村组干部和群众代表会，把乡长的讲话精神进行传达贯彻。

老刘这样严肃地说，同志们，就这几天了，省市的人要来了，他们要来明察暗访的，要来检查我们村是不是真正把农民的农业税减少了，是不是真正停止了一些对农民的收费项目的，所以你们要引起高度重视，千万不要马虎，出了问题要负责任的。

老刘的确很谨慎，他把村组干部都分到各自的组，组里也武装了几个听话的农民。村干部一贯也是有模有样，虽然天天在农村住着，但已经不像农民了，和乡干部一样，穿西装、着皮鞋，说话高声高调，还打牌赌博，吃吃喝喝，一看就是干部模样的。老刘要求他们都换上农民的衣服，穿哥哥兄弟的衣服，戴破旧的草帽。

老刘那几天没有回乡政府了，天天住在村里督办，守株待兔似的等待省市的暗访人员，村里为他找了一家条件不错的农户，房间收拾得干干净净，农户家有个会烧火长相不错的嫂子，一日三餐，有农家的土鸡，有农户渔塘的鱼，有农家没有打农药和施化肥的青菜。当然，吃饭时有村干部陪着，还有农家自酿的"二锅头"烧酒。老刘爱点酒，见了酒就没了命。村干部陪他喝，他不客气，也保持分寸，晚上喝点，喝完就躺在农家的房里睡。

老刘吃的喝的，还有住宿，村里按每天二百块付给农家，但是村里不是白白地给你吃吃喝喝，每天记了账，到了年底送给乡政府抵提留。农家也愿意，巴不得永远这样子，收入又稳定。所以饭菜做得又香，烧火的嫂子嘴又甜，一笑两个酒窝，时不时扭着屁股在老刘的身边晃来晃去。不过老刘意志坚定，不为所动，目不斜视，应该说老刘是对的，因为嫂子的男人也是时不时用眼睛监视着。

那几天，老刘把自己打扮成农民，拿着铁锹，在村里的田边地角，转悠着，眼睛死盯着公路的小车，还有从小车上下来的领导们。但是什么也没有，只有一些农民来来往往的。

几天过去了，老刘和村干部也没有发现暗访组的蛛丝马迹。是不是不来了，或者是还要等一段时间呢？

正疑惑不解，乌乡通知老刘回去。乡长把派下去的人员召集起来开会，乡长的脸色很不好。乡长说，我们乡出大问题了，这次省市下来明察暗访的人，和你们一样，都是扮演成农民的样子，入户调查，比你们扮演得还像！

这篇杂文的语言非常通俗直白，平静理性，其背后却显示了强大的讽刺的力量，事实上非常隐含地表达了"无声的意见"。

有一些评论，在语言风格上，也有针锋相对的辩驳和犀利的驳斥，这种语言文风多为辩论型的社论，往往代表国家和政府对涉及国家主权、民族尊严的重大事件进行驳斥的评论。如《人民日报》的"钟声"，在语言风格上直接辩驳。比如美国蓄意对中国挑起贸易战，《人民日报》表态指出，《机关算尽一场空——自作聪明必将失败》：

中国有句老话，叫作"聪明反被聪明误"，用在美国一些自以为是、自作聪明的政客身上，可谓恰如其分。

从刚打贸易战时认为"贸易战是件好事且很容易打赢"，到主观认为"极限施压"就能迫使别人"就范"；从把出尔反尔当作"交易艺术"，到滥用国家力量抹黑和打压他国企业；从处心积虑炮制"中国盗窃知识产权论"，到耸人听闻地抛出"对华文明冲突论"……美国一些政客不停地折腾，让世人看到了什么叫"机关算尽"。然而，这样的小聪明，除了让一些人陶醉于自欺欺人的"胜利"，对世界来说是十足的负能量。如果说美国一些政客提供的反面教材还有什么益处的话，那就是帮助人们增强了"树欲静而风不止"的清醒，坚定了做好自己的事情、以坚定的意志和不断增强的实力赢得未来的自觉。[①]

再比如 2021 年 3 月 25 日"钟声"发表的《保护人权容不得双重标准》，其用词直截了当，直指要害：

2020 年新冠肺炎疫情全球肆虐，对人类生命安全构成重大威胁。美国号称具有世界上最丰富的医疗资源和最强大的医疗护理能力，应对新冠肺炎疫情却一片混乱，成为世界上确诊人数和死亡人数最多的国家。美国不仅自身疫情失控，与之相伴的还有政治失序、种族冲突、社会撕裂。少数族裔遭受系统性种族歧视，处境艰难；枪支交易和枪击事件创历史新高，人们对社会秩序失去信心；非洲裔男子乔治·弗洛伊德被白人警察残忍跪压致死，引燃美国社会怒火；贫富差距加速扩大，底层民众生活苦不堪言……面对如此糟糕的严重人权问题，美国政府不仅缺乏应有的反思，还对世界上其他国家的人权状况说三道四，充分暴露了其在人权问题上的双重标准及虚伪性。[②]

[①] 钟声. 机关算尽一场空：自作聪明必将失败[N]. 人民日报，2019-05-31（3）.
[②] 钟声. 保护人权容不得双重标准[N]. 人民日报，2021-03-25（11）.

从国家的层面看，这是一种战斗性很强的辩论型意见。不过，从个人的角度看，写时评的语言还是要平和理性，耐心讲理，不宜动辄批判或讥讽。比如下面这两段文字，是批评"时评"这种文章的，其语言特点接近杂文，充满了嘲讽，虽然多了酣畅淋漓，但少了理性平和。

这类时评还有一个特征，就是味如嚼蜡，不仅语言枯燥，观点亦是人云亦云，只不过张嘴说了点能放在台面上的瞎话。他们似乎学了点屠龙术，拿的却是一把水果刀，逮了几只蜥蜴就以为是真龙了，脸上是露出了不屑的表情，文字中的媚骨却处处可见。他们自以为是思想者或请命者，其实神经比很多网民都要脆弱得多，喉咙也早已丧失了呐喊的功能。他们有点像红颜薄命的林黛玉，腹中明明只有点花谢花飞的忧怨情怀，摆出的却是心系社稷苍生的道学家的谱儿。明明是能够载舟的大江大水，时评家只学会了用它来煮粥。

这类时评家看起来像是会咬人的狼狗，实际上骨子里都是些叭儿狗。他们把鲁迅常常挂在嘴边，却连一点讽刺、夸张、反讽、幽默的劲儿也没学会，倒成了鲁迅笔下那只"比主人更厉害的狗"，或"脖子挂着一个小铃铎，作为知识阶级的徽章"的山羊，装出了一副爱憎分明样子，其实只是一群圆滑世故、见怪不怪、假情假意的文字老油条。他们非常清楚什么能说，什么不能说；什么当说，什么不当说。他们写作的目的，似乎就是为了让民众忽略那些利益攸关的大事，领着人们忘记那些主流话语中被省略掉的内容。黑夜给了时评家一双黑色的眼睛，他们只用它来翻翻白眼。低头写作是需要勇气的，同样抬头呐喊也要有底气，可惜的是这两样气他们全没沾上。于是，他们成为这个时代的时评家，一笔好字被电脑废了，一手好文章给时评废了。[①]

二、偏向献辞的热闹喜庆文风

记得我接触评论之前，其实对新闻评论是没有概念的。但是，当时《南方周末》1999 年新年献辞吸引了我：《总有一种力量让我们泪流满面》。那时上大学，书生意气，特别喜欢这类文字。我还记得读到其中的词句时的震惊与激动，还把这篇文章抄了一遍，但根本没有文体意识，也不懂欣赏，其实只是被情绪和优美词句所感染。

---

① 叶匡政. 时评，正在成为一种脑残文体[EB/OL].（2008-11-20）. https://news.sina.com.cn/pl/2008-11-20/13301 6692604.shtml.

总有一种力量让我们泪流满面[①]

这是新年的第一天。这是我们与你见面的第777次。祝愿阳光打在你的脸上。阳光打在你的脸上，温暖留在我们心里。这是冬天里平常的一天。北方的树叶已经落尽，南方的树叶还留在枝上，人们在大街上懒洋洋地走着，或者急匆匆地跑着，每个人都怀着自己的希望，每个人都握紧自己的心事。

本世纪最后的日历正在一页页减去，没有什么可以把人轻易打动。除了真实。人们有理想但也有幻象，人们得到过安慰也蒙受过羞辱，人们曾经不再相信别人也不再相信自己。好在岁月让我们深知"真"的宝贵——真实、真情、真理，它让我们离开凌空蹈虚的乌托邦险境，认清了虚伪和欺骗。尽管，"真实"有时让人难堪，但直面真实的民族是成熟的民族，直面真实的人群是坚强的人群。

没有什么可以轻易把人打动，除了正义的号角。当你面对蒙冤无助的弱者，当你面对专横跋扈的恶人，当你面对足以影响人们一生的社会不公，你就明白正义需要多少代价，正义需要多少勇气。没有什么可以轻易把人打动，除了内心的爱。没有什么可以轻易把人打动，除了前进的脚步……

这是新年的第一天，就像平常一样，我们与你再次见面，为逝去的一年而感怀，为新来的一年做准备。祝愿阳光打在你的脸上。阳光打在你的脸上，温暖留在我们心里。有一种力量，正从你的指尖悄悄袭来，有一种关怀，正从你的眼中轻轻放出。在这个时刻，我们无言以对，唯有祝福：让无力者有力，让悲观者前行，让往前走的继续走，让幸福的人儿更幸福；而我们，则不停为你加油。我们不停为你加油。因为你的希望就是我们的希望，因为你的苦难就是我们的苦难。我们看着你举起锄头，我们看着你舞动镰刀，我们看着你挥汗如雨，我们看着你谷满粮仓。我们看着你流离失所，我们看着你痛哭流涕，我们看着你中流击水，我们看着你重建家园。我们看着你无奈下岗，我们看着你咬紧牙关，我们看着你风雨度过，我们看着你笑逐颜开……我们看着你，我们不停为你加油，因为我们就是你们的一部分。

总有一种力量它让我们泪流满面，总有一种力量它让我们抖擞精神，总有一种力量它驱使我们不断寻求"正义、爱心、良知"。这种力量来自于你，来自于你们中间的每一个人。所以，在这样的时候，在这新年的第一天，我们要向你、向你身边的每一个人，说一声，"新年好！"祝愿阳光打在你的脸上。因为有你，才有我们。阳光打在你的脸上，温暖留在我们心里。为什么我们总是眼含着泪水，因为我们爱得深沉；为什么我们总是精神抖擞，因为我们爱得深沉；为什么我们总在不断寻求，因为我们爱得深沉。爱这个国家，还有她的人民，他们善良，他们正直，他们懂得互相关怀。

[①] 南周新年献辞. 总有一种力量让我们泪流满面[N]. 南方周末，1999-01-01（1）.

其实，从 1998 年开始，《南方周末》就有了它的新年献辞，这一年的献辞叫《让无力者有力，让悲观者前行》。今天我才知道，这种献辞其实是社论的一种，属于礼仪和纪念型社论的一种。[①] 2000 年的《我们从来没有放弃，因为我们爱得深沉》，2001 年的《愿新年的阳光照亮你的梦想》，2002 年的《走在中国的大地上》……这些礼仪和纪念型社论，在读者中口碑极高，风靡全国。甚至可以说，开启了一个新年写纪念型社论的潮流。

比如《南方都市报》《新京报》等媒体，也很快跟进，写新年献辞成为"惯例"，如《新京报》先后刊发的《永远坚守人的价值》（2004 年）、《你的努力，就是这个国家的方向》（2012 年）、《敬畏理想，相信未来》（2013 年）、《我们行进在同一条船上》（2014 年）等。这些标题本身就是一种态度，一种理念，一个观点。

比如《永远坚守人的价值》，"人，应是衡量一切绩效的标准。一个国家和政府之所以存在，是为了保护公民的生命和财产安全。一切政府所追求的理想不仅应该'由于人'，而且应该'为了人'。"这至今依然是我们应该追寻和坚守的理念。[②]

比如在《你的努力，就是这个国家的方向》中，喊出了"你若是向往光明，黑暗的唯一意义就只在于衬托光明；你若为追求美好世界而生，你的一生便已在美好世界之中。公平、正义、平等、透明、开放、理性、良善、美好……我们对未来的这一切期许，其实就取决于我们自己。"的心声。结尾说："让我们拥抱新的一年吧。所有的人，无论此刻你身处何方，在新的一年以及将来的年年，请带着自己的期许去生活，去努力。你的努力，就是这个国家的方向。你的价值观，构成了这个国家的价值观。你是大地，你是时间。你是你所期许的国家，你是即将来到的日子。"[③]

这类新年献辞，往往要回顾过去一年，同时展望未来，对未来做出期许，言语间倾注浓浓的情感，语句华丽，长于在抒情中表达媒体的立场，寄望民众厚望。这种风格，对于新闻评论来说，是过于抒情了，但今天讨论的是，**一种特殊的社论，是在表达热烈和喜庆的新年期间，夹杂着美好祝愿与贺辞，表达媒体立场与理念等众多因素揉合的文类**。它确实在抒情和庆贺的氛围中，自然地表达或传递了媒体的立场和观点。什么风格呢？优美，情理交融，情真意切，"融理于情，优美感人"之风明显。

在胡文龙等编著的教材中，礼仪和纪念型评论的范围很广，包括评述和纪念重要节日、纪念日、活动日、国耻日以及外交建交、签约、各国领导人来访和我

[①] 胡文龙、秦珪、涂光晋的《新闻评论教程》（中国人民大学出版社 1998 年版）中，将社论和评论员文章分为阐述型、启迪型、评介型、论辩型、礼仪和纪念型五种类型。献辞是比较有鲜明风格的一种社论，也最为流行。

[②] 子曰. 永远坚守人的价值[EB/OL].（2004-01-01）. http://news.sina.com.cn/c/2004-01-01/15162522204.shtml.

[③] 新京报新年献辞. 你的努力，就是这个国家的方向[N]. 新京报，2012-01-01（A2）.

国领导人出访等送往迎来外交礼节性活动的社论。①但总体来说，重要节日尤其是纪念日，这种社论已经成为惯例，也最有中国作风和中国气派，文字清新畅达。

新年贺辞的方式也基本成为惯例。《人民日报》也是如此，《在年味中感受文化的魅力——新春之际话新风》②说着新年的祝福话，其魂却在中国传统文化。

其实不必担心。无论过去、现在还是未来，过年的盛情不减，过年的文化犹在，过年的味道只会历久弥香。生活富足了，以饱餐为目的的一顿饭很难再激起热情，但以饱满为契机的年夜饭常常一桌难求；交通便利了，流动的中国不再山水迢迢，但不少人还有着山高水远的牵挂。当墙上倒挂的福字扫进"集五福"的镜头，当移动支付的红包装满"试试手气"的惊喜，当春晚与贺岁档影片同时闪亮荧屏，这些弥漫在春节里的欢声笑语，满是人与人之间的情感、祈福的依托、美好的心愿。纵然生活在变，环境在变，观念思维也在变，但节日的仪式感没有变，萦绕在心中的真情没有变，流淌在血脉里的文化基因也没有变。

在中国人特殊的新春节日里，社论也好，普通评论也好，都会首先通过语言和修辞暂时变得生动活泼些，热闹些，亲切些，家常些，饱含深情，对公众进行精神抚慰，表达节日祝福，同时传递特定信念和立场。姑且称之为"新年献辞类"评论吧。它们是有鲜明风格的一类评论。

在新闻评论中，具体来说，就是在社论中，有一类社论是很有自己的风格的，是很不同的。它也有逻辑和论证，但绝不同于一般评论那样讲究扎实的证据和严密的论证，它热情洋溢地表达祝贺，因此，这类评论在整体上形成了"热闹喜庆"的风格。这也是由庆典礼仪的题材性质和评论目的所决定的，而这是其他评论类型所忌讳的。因为在时评中，如果情绪或情感的东西过于浓烈，盖过了理性，则失去了评论本来的规定性。

2009年10月1日是个极其特殊的日子：共和国六十华诞。这一天，《人民日报》发表社论《迎着中华民族伟大复兴曙光——热烈庆祝中华人民共和国成立60周年》。这是一篇热情洋溢、气势磅礴的评论。全文的核心是热烈庆祝，观点和对观点的论证已经退至次要。而且文章视野宏阔高远，语词宏大，开篇即以三个排比形成气势，"这一彪炳史册的历史时刻，标志着中国人民从此站立起来掌握自己的前途命运，标志着我们伟大祖国从此告别落后屈辱走向繁荣富强，标志着中华民族从此迈向伟大复兴的新纪元。"并回顾了中国共产党引领当代中国奋进的60年沧桑巨变史、艰苦卓绝的奋斗史。

接着是三个并列齐整的排比段落："为了中华民族的伟大复兴，十九世纪中叶以来，无数仁人志士奋起寻求救国救民的道路。""为了中华民族的伟大复兴，中

---

① 胡文龙，秦珪，涂光晋. 新闻评论教程[M]. 北京：中国人民大学出版社，1998：229.
② 盛玉雷. 在年味中感受文化的魅力：新春之际话新风[N]. 人民日报，2020-01-21（5）.

国共产党人勇敢肩负起民族独立、人民解放，国家富强、人民幸福的神圣使命。""为了中华民族的伟大复兴，中国共产党在新的时代条件下带领人民进行新的伟大革命，开辟了中国特色社会主义道路。"在这三个排比段落后，号召我们要：居安思危，永不懈怠，艰苦奋斗，埋头苦干，我们才能承续无数先辈英烈们所开创的伟大基业。

虽然题材和主题是庆祝性质，但社论是代表编辑部发言的，同时也是代表同级党委和政府发言的，直接表达党的意见和声音，是党和人民的舆论工具和重要喉舌。所以，这类社论虽然会一改一般社论庄重严肃的面孔，尽量用热烈大气、喜庆祝福式，甚至比较抒情式的语言表达，但其背后依然是在阐明政策、发出号召、引导舆论、指导实践，因而政策性和指导性都很强，只不过有强烈的风格而已。

再比如，《人民日报》社论《让世界更美好——庆祝上海世博会开幕》，全文主旨是祝贺，但重点在于阐释世博会的重要意义，而不是论证。文章是并列结构，用词典雅，这四个分论点是：世博给了我们欢聚的机缘；世博给了我们梦想的力量；世博启迪我们对未来的深刻思考；世博也给我们难得的学习机会。社论站在国家的立场上，代表国家阐释了世博会的意义，感谢了各方的大力支持。这种评论，将致辞、演讲等融入评论，重在阐释和号召，是一种重要的风格。

《人民日报》2020年7月1日《永远把人民放在最高位置》提到："让人民过上好日子是我们一切工作的出发点和落脚点。""要胸怀两个大局，强化责任担当，急群众所急、忧群众所忧、解群众所难，始终同人民想在一起、干在一起，确保14亿人民过上全面小康的生活。"结尾，社论说：

风雨多经人不老，关山初度路犹长。船到中流、人到半山，尤须同时间赛跑、与时代并进。让我们更加紧密地团结在以习近平同志为核心的党中央周围，增强"四个意识"、坚定"四个自信"、做到"两个维护"，永怀人民至上的赤子之心，以时不我待的奋进姿态，在新长征路上书写更新更美的时代篇章，创造得到人民认可、经得起历史检验的光荣业绩！

2020年5月1日，《人民日报》向全国劳动者致敬的社论也是如此。这一类社论都有相对固定的风格。比如《新京报》的《春天来了，一起寻找我们的"诗和远方"》：

春天意味着包容、融合、化育；春天也意味着新的努力开始，告别，然后奔跑。春节到了，山花开了，春天就在前面，不远了。

大地微凉，思虑灼热。北方的风，南方的雪，都是我们与这个世界的相互确认。

旧历的年，毕竟最像年。鞭炮声已经越来越稀疏，但空气中略显慵懒的那种年味儿，一点儿都不少。

这一天，或许你已经在浓郁的乡音中如鱼得水，整日微醺。是的，乡音是游子的皮肤，每到春节，就是外出返乡的人"换肤"的时节。

这一天，或许你已经陪着老婆孩子，转战在去探望老人的列车上、公路上、村道上。在路上，是生活的常态，也是每年几亿人钟摆式移动的必然，有静静地等待，有焦灼地张望，更有几分期待。

这一天，或许你只能在遥遥的回望中触摸记忆的家园。一山一水，一门一户，一桌一椅，一颦一笑，都是过往生命的痕迹。回过神，叹口气，继续在城市的夜景中俯身忙碌。

哪怕你一苇杭之，身在异国他乡；哪怕你随遇而安，暌隔家乡多年；哪怕你经历许多变故，身心俱疲；哪怕你在名利场的奔逐中，渐行渐远。家，永远是你最深沉的牵系。

一想到家，花就开了。① （节选）

综上所述，很多新年献辞不但热闹喜庆，而且文字非常偏向散文化。不过，因为新年献辞自成风格，比较独特，所以这里单独说明。而一般评论语言的散文化、抒情化风格，后面还会专门说明。

三、偏向学术的专业严谨文风

有一种评论，本身涉及专业性知识，如法律知识，主要靠对观点进行逻辑和论证取胜，逻辑思维特别严密。澎湃特约评论员欧阳晨雨的《期待合宪性审查为"收容教育"画上句号》，无论是语言的逻辑和抽象程度，还是长度，对一般的评论读者都造成一定压力。该文以全国政协委员朱征夫提交的一份建议对收容教育制度进行合宪性审查提案作为由头，指出收容教育制度是违宪的，应该终止。其关键性的论证如下：

为保护公民的人身自由，《宪法》规定"公民的人身自由不受侵犯"，"任何公民，非经人民检察院批准或者决定或者人民法院决定，并由公安机关执行，不受逮捕。禁止非法拘禁和以其他方法非法剥夺或者限制公民的人身自由，禁止非法搜查公民的身体"。根据法律保留的原则，对于公民人身自由等基本权利的限制，只能由立法机关通过法律规定。

---

① 胡印斌. 春天来了，一起寻找我们的"诗和远方"[N]. 新京报，2019-02-06（A2）.

我国《立法法》第 9 条规定，全国人大及其常委会有权授权国务院对部分未制定法律的事项先制定行政法规，但是有关犯罪和刑罚、对公民政治权利的剥夺和限制人身自由的强制措施和处罚、司法制度等事项除外。《行政强制法》第 10 条也规定，行政强制措施由法律设定，行政法规可以设定除限制公民人身自由、冻结存款、汇款等以外的其他行政强制措施。限制公民人身自由的收容教育，显然不属于行政立法的范围。

诚然，1991 年全国人大常委会《关于严禁卖淫嫖娼的决定》作为广义上的法律，与 2005 年颁布的《治安管理处罚法》法律位阶相同，问题是，对卖淫嫖娼行为，《治安管理处罚法》仅规定了罚款和拘留两种处罚。**无论按"新法优于旧法"原则，还是从立法精神看，对卖淫嫖娼者均不宜长期限制人身自由。**

而且，根据 2011 年修订的《卖淫嫖娼人员收容教育办法》，"对卖淫、嫖娼人员，除依照《治安管理处罚法》第 66 条规定处罚外，对尚不够实行劳动教养的，可以由公安机关决定收容教育"。对卖淫嫖娼严重者，可以劳动教养处罚，对于轻微者以收容教育处罚，**鉴于劳动教养已于 2013 年终结**，后者存续的法律逻辑就有了疑问。

事实上，**收容教育也往往违反"一事不再罚"的法治原则**，即对当事人的同一个违法行为，行政主体不得给予两次以上同类的行政处罚。对于卖淫、嫖娼的违法行为，常在实施罚款、拘留后，再处以收容教育这一"准行政拘留"性质的处罚，这实质上构成了"双重处罚"。

从法律程序看，对于人身自由的限制，从《刑诉法》到《行政处罚法》，都有非常明确的程序，目的就是防止法律的滥用，保护公民权益。令人遗憾的是，作为一种"教育措施"，收容教育缺乏监督，标准迥异，过于随意。同是嫖娼案件，有的是被行政拘留 15 日、收容教育 6 个月，有的仅是行政拘留 10 天。如此"不公平"，更需要立法予以规制。[①]（文中粗体为笔者所加）

这篇文章不但论证过程严密，而且逻辑缜密，基本都在演绎推理。对于《卖淫嫖娼人员收容教育办法》的判断，实际上是诉诸宪法原则，以宪法条文作为演绎推理的大前提得到的结论。

同样，《侮辱戍边英烈，为什么能适用刑法"新罪名"？》也是用十分专业的法律条文分析和解释了侮辱戍边英烈适用"侵害英雄烈士名誉、荣誉罪"这个新罪名，这"既是坚持了罪刑法定原则，也体现了刑法的谦抑精神，既是对法律原则的尊重，也是精准适用刑事罪名"[②]。

---

① 欧阳晨雨. 期待合宪性审查为"收容教育"画上句号[EB/OL]. （2018-03-14）. https://www.thepaper.cn/news Detail_forward_2028750. 另，材料中的法律法规均为简称。

② 金泽刚. 侮辱戍边英烈，为什么能适用刑法"新罪名"？[EB/OL]. （2021-03-01）. https://www.thepaper.cn/ newsDetail_forward_11504955.

侮辱戍边英烈,为什么能适用刑法"新罪名"?①

近日因发布信息贬低、嘲讽卫国戍边的英雄烈士的犯罪嫌疑人仇某明(在新浪微博上使用个人注册账号"辣笔小球")被检察机关批准逮捕。检察机关审查认为,犯罪嫌疑人仇某明的行为侵害英雄烈士的名誉、荣誉,社会影响恶劣,情节严重,涉嫌构成修订后的《刑法》第二百九十九条之一规定的侵害英雄烈士名誉、荣誉罪。

英雄烈士事迹和精神是中华民族的共同历史记忆和社会主义核心价值观的重要体现,英雄烈士的名誉、荣誉等受法律保护,任何组织和个人不得歪曲、丑化、亵渎、否定英雄烈士的事迹和精神。

我国《英雄烈士保护法》以及新的《民法典》包括之前的民法总则均规定对侵害英雄烈士名誉、荣誉的行为,要追究相应的行政和民事法律责任。

此前的《英雄烈士保护法》虽然规定了侵害英雄烈士名誉、荣誉的行为,"构成犯罪的,依法追究刑事责任",但由于之前刑法没有直接的对应罪名。所以,之前司法实践中是通过司法解释,以"寻衅滋事罪"追究犯罪人的刑事责任。

如 2019 年 8 月,福建南平市顺昌县审理了一起捍卫英雄烈士荣誉刑事附带民事公益的诉讼案件。该案被告人黄某某因多次使用 QQ 及微信账号在 10 余个群内发表不当言论,辱骂在扑救森林大火中牺牲的消防队员和地方干部群众,造成极其恶劣的影响,严重侵犯了英烈的名誉和荣誉权。经法庭审理,被告人黄某某被以寻衅滋事罪,判处有期徒刑七个月。

今年 3 月 1 日起施行的《中华人民共和国刑法修正案(十一)》进一步规定,"侮辱、诽谤或者以其他方式侵害英雄烈士的名誉、荣誉,损害社会公共利益,情节严重的,处三年以下有期徒刑、拘役、管制或者剥夺政治权利。"也就是增加了一个新罪,即侵害英雄烈士名誉、荣誉罪。该罪在成立条件上有"情节严重"的限制,这就把一般的侵害英雄烈士名誉、荣誉的违法行为与刑事犯罪区分开来,以明确法律适用。

今天(3 月 1 日),在新的罪名开始适用后,犯罪嫌疑人之前实施的行为若构成犯罪,如何选择适用罪名,就要受刑法规定的"从旧兼从轻"原则限制。即根据《刑法》第十二条规定,如果实施危害行为时的法律(修改前的法律)认为是犯罪,依法又应追诉的,就按照当时的法律追究刑事责任,但是,如果本法(修改后的新法)处刑较轻的,则适用本法。

相比较来看,之前仇某某涉嫌的罪名是"寻衅滋事罪",其法定刑是五年以下有期徒刑、拘役或者管制;而新的"侵害英雄烈士名誉、荣誉罪"的法定刑是三年以下有期徒刑、拘役、管制或者剥夺政治权利。显然,后者要"轻",正好适用

---

① 金泽刚. 侮辱戍边英烈,为什么能适用刑法"新罪名"? [EB/OL]. (2021-03-01). https://www.thepaper.cn/newsDetail_forward_11504955.

"从旧兼从轻"原则，这也正是此次检察机关以"侵害英雄烈士名誉、荣誉罪"批捕犯罪嫌疑人的原因，适用了今天刚刚施行的刑法修正案的原因。

要看到，犯罪嫌疑人的行为，经过网络传播，严重损害了卫国戍边英雄烈士的人格尊严和军人形象，损害社会公共利益，民愤极大，理应严惩。同时还应该强调，这次适用了"侵害英雄烈士名誉、荣誉罪"这个新罪名，既是坚持了罪刑法定原则，也体现了刑法的谦抑精神，既是对法律原则的尊重，也是精准适用刑事罪名，让以身试法者"精准"地撞到枪口上。（作者金泽刚系同济大学法学教授）

再比如《一家人虐打死儿媳：虐待罪，还是故意伤害罪？》关注了1997年出生的女孩方某洋因不能怀孕，被丈夫、公婆虐待，最终惨死的案件。但这起"人命案"最终判决是量刑较轻的"虐待罪"，评论作者认为判轻了，更应该判"故意伤害罪"。[①]这篇评论无论从评论者金泽刚教授的专业程度，还是评论需要的法律知识，语言表述的准确，思维的严谨缜密，都比较接近学术论文。这样的专业评论读起来也比一般的快评或短评要"吃力"。

四、偏向散文的抒情文风

在情感风格方面，有些新闻评论明显地偏向情感。第21届中国新闻奖获奖评论《再多的眼泪也汇不成美丽的江湖》就饱含深情，以一种少有的散文化的文字审视了一个城市湖泊的快速消失。文风清新，文字跳跃，情理交融，让人眼前一亮。

再比如《清明，哀悼中凝聚力量》：[②]

没有一个冬天不会过去，没有一个春天不会到来。为赢得这场疫情攻坚战的胜利，很多人选择勇敢"逆行"，同时间赛跑、与病魔较量、和死神博弈，日夜奋战在一线的兄弟姐妹们有的甚至为此不幸付出生命的代价。

这篇评论也明显有抒情的味道。2020年3月26日任仲平的《人民日报》评论《风雨无阻向前进——写在中国人民抗击新冠肺炎疫情之际》，全文用"我们"营造了一种共同体：

我们深知，这场战斗，除了胜利，别无选择；没有退路，必须打赢！我们立足地区特点和疫情形势因应施策，把武汉和湖北作为全国主战场，有力遏制了疫

① 金泽刚. 一家人虐打死儿媳：虐待罪，还是故意伤害罪？[EB/OL].（2020-11-18）. https://www.thepaper.cn/newsDetail_forward_10039441.

② 王克. 清明，哀悼中凝聚力量[EB/OL].（2020-04-04）. http://www.rmlt.com.cn/2020/0404/575426.shtml.

情扩散蔓延势头；我们强化联防联控、群防群控，把群众发动起来，紧紧依靠人民，构筑起与疫情斗争的人民防线；我们坚持全国一盘棋，广泛调动各方面力量，使全党全国人民拧成一股绳，实现了疫情防控形势的大逆转。

这篇超长的评论也显示了抒情的一面，如下面这段文字：

滔滔长江水，巍巍黄鹤楼。湖北武汉，这座经历过辛亥炮火、抗日烽烟、特大洪水、雨雪冰冻灾害等无数考验的城市，在中华民族波澜壮阔的历史进程中，完成了一次又一次英雄书写，打赢了一场又一场光荣战役。

这种表述就是明显的抒情。"阴霾终将散去，神州大地已然春暖花开。""没有哪一次巨大的历史灾难不是以历史的进步为补偿的。"等句子也是如此。

在新闻评论中，并不能完全杜绝情感因素。这些情感因素有两个表现方法：第一，使用修辞达到情感效果。新闻评论当然不能靠以情动人来说服，但是在新闻评论涉及的主题中，有一些是情感化的主题，比如灾难。而这些评论会更多地诉诸情感化的语言资源，其中之一就是修辞。新闻评论的修辞主要有：对比，以突出鲜明性；比喻，让说法更生动形象；对偶和对仗，让句子整齐美观；排比，让句子如同排浪，有气势。同时，也有些评论抒情性较强，容易以情动人。比如《公共辩论，求真比求胜更重要》这篇评论中的两个段落：

只是，一场原本围绕科学命题的公共辩论，最终在互斥"流氓""骗子"的骂声中收尾，还是令人心生感慨。当严肃的科学探讨，变成关乎名誉尊严的捍卫之战；当对转基因的关注，成为"挺方还是挺崔"站队表态；当摊开手掌的公共辩论，成为攥紧拳头的相互攻击，这种戏剧性的结局，恐怕不是各方都愿意看到的。

……或许在一些人看来，偶尔对事实的忽略"无伤大雅"，重要的是自己观念的先进，高尚的是对正义底线的捍卫。毫无疑问，宽容是有底线的，但这个底线，只能是法律道德，而不是一己的好恶。如果一边高呼自由，一边却对不同声音没有起码尊重，充满了智商和道德的优越感；如果一边宣称平等，一边却认为别人不配有发言资格，摆出一副真理在握、不容分说的姿态；如果一边反思"文革"，一边却像"文革"一样，动辄给别人扣上吓人的大帽子，非此即彼、非友即敌、非红即黑，这种辩论和交锋，除了固化成见、撕裂共识，恐怕不会有别的意义，更难以收获新的东西。[①]

前一个段落中，三个"当"并列排比；后一个段落里，三个"如果"形成排比，整体句子非常严整而有气势。这种修辞本身能起到一定情感倾向。

第二，人称代词的情感效果。比如 2008 年 6 月 1 日儿童节，《南方都市报》

[①] 范正伟. 公共辩论，求真比求胜更重要[N]. 人民日报，2014-07-28（5）.

社论《孩子，节日给你，哀伤给我》①这样写道：

> 孩子，今天是你的节日。地震灾区的孩子，今天是你的节日。无论你在家与否，也无论你是否还在病床上，今天的阳光都为你存在，一并见证你的勇气。半个多月前的那场不幸，让你的生活有了很大改变。也许你仍会从噩梦中惊醒，或者在寒意中颤抖。但不要害怕，因为你的身边有更多的看护，只要伸出手就能感知。我们和你在一起，并将一直在一起。节日给你，让它以你为荣光；哀伤给我，让它在分担中消失。

全文用了第二人称，为了突出一种直接的倾诉感，这种人称暗示那种"你/我"之间的直接性，特别适合情感表达。"你"具有与读者当面交流、直指内心的挑战感，容易触动读者的内心。②评论作业中，就有学生用了这个人称。还有一些评论会用到"我们"，并非所有"我们"都代表编辑部集体意见，而是包含着广大受众在内的不确定的社会公众，实际上是将某种社会道义责任"普遍化"的一种处理方式，即将第一人称通过复数化后表达的一种高标准的、模糊的、一般性的道义责任。

当然，情感化的倾向是应该警惕和谨慎使用的，因为情感性与形象化的语言容易越过读者头脑中的"理性审查机制"而达到劝服读者的目的，并且容易干扰或削弱评论者的观点所表达的理性。而且，在逻辑方面，"诉诸情感"是一种常见的逻辑谬误，也是应该尽量避免的。在新闻评论中，情感化要限定在很窄的题材范围之内，如灾难，或妇女儿童保护，底层悲情类题材中，可以适当使用。

比如《vista看天下》2011年1月第163期社论《过年好》的结尾：

> 过年让你感到甜蜜，但这甜蜜又带着苦涩。你知道你是工作地的异乡人，这里不是你的家，但只有过年的时候，感受才会如此强烈；而等你回到故乡，田园已经变了模样，人和事都不再熟悉，你终于发现原来在故乡也是异乡人。还有那艰难往复的旅程，让你为之饱受煎熬。是的，艰辛让人对过年的记忆更加深刻，但苦难本身并不值得崇拜——骨肉分离、天各一方本是人世间最痛苦的事情，而在这个时代却是如此普遍。如果异乡能够让你一家人都融入进去，你本不必回老家去；如果故乡能够有充足的机会，你本不必背井离乡。于是要喟叹：为什么要如此奔波？

> 算了，忘掉那些沉重吧。人生有太多沉重的事情，暂时放下并不是回避，我们现在要去享受那漫长人生中的温馨时刻。在拿到这本杂志的时候，你或许已经踏上归途，祝你一路平安；你或许已经到家，祝你阖家幸福；你或许又要踏上征程，祝你新年顺利。

---

① 社论. 孩子，节日给你，哀伤给我[EB/OL]. （2008-06-01）. http://news.sina.com.cn/pl/2008-06-01/074015659351.shtml.

② 马少华. 新闻评论教程[M]. 2版. 北京：高等教育出版社，2012：182.

在一定程度上，评论的情感性和形象性是达到好的传播效果的手段，因为传播对象是有情感的人，而且人们往往容易接受形象化的表达。《甘肃日报》2003年5月22日发表过一篇评论《微笑，并保持微笑》，结构规整，从"医生的微笑是一种坚定；患者的微笑是一种信心；大家的微笑是一种平静"三个方面进行了论述。在结尾，文章写道：

"赠人玫瑰，手有余香。"微笑的感染力是互相的，也是无限的。不吝微笑的人，必将从微笑中得到更多。

我们应该多问问别人，也多问问自己："你的心情，现在好吗？你的脸上，还有微笑吗？"（一首流行歌曲的歌词）。我们应该多提醒自己，也多提醒别人："让我们把手洗干净，然后握得更紧；让我在十八层口罩后面，看看你微笑的眼睛……"（一则正在流行的"民谣"）。微笑，并保持微笑。

我们一定会笑到最后。

有人觉得这篇评论带着"高考作文腔"，排比、煽情加堆砌正能量辞藻。我倒觉得要在那个具体语境中看这篇评论，在"非典事件"的语境下，社会弥漫焦虑，人心充满恐慌，这种评论在很大程度上是能传递信心和信念的，很有共情和共鸣的感染力。结构很巧妙，用微笑去传递乐观，很符合当时人们的情感需要。一般发生灾难后，媒体的评论基本上处于这种层次，用情感去凝聚人心，用大爱去传递乐观和信心，刻画国民面对灾难时众志成城的坚强和团结。这种评论的问题在于：有情感而无情怀，即在具体语境中有感染力，而时过境迁，远离了灾难语境的时候，读来就没有感觉。

需要警惕的是，过分情感化的表达可能会干扰文章理性的表达——读者可能接受了你的结论和情感倾向，却没能接受你得出这种结论和倾向的理性思考。《新京报》评论部的主编王爱军说："我们基本不用感叹号和问号，问号就是反讽，感叹号容易给人拍桌子的印象。新闻评论要讲理性，不需要反讽和拍桌子。"[①]

从历史角度看，新闻评论语言的发展轨迹的确有一个从情感化到理性化的演变趋势。下面我们以梁启超的政论文为例进行说明。梁启超创造了"时务体"这种新文体，其特点是平易畅达，纵笔所至，略不简束，条理明晰，笔锋常带有感情，一时很受欢迎。

《少年中国说》是梁启超的代表作，这篇文章发表在1900年《清议报》上。李良荣《中国报纸文体发展概要》评价此文"工整对仗，重叠排比，层层推进，感情的奔驰犹如长江三峡之水，一泻千里，有强烈的感情，读了催人泪下……"但冷静一想，造成中国日趋腐朽的原因何在？创造少年中国的道路何在？梁启超

[①] 马少华. 新闻评论教程[M]. 2版. 北京：高等教育出版社，2012：186.

都没有论述清楚。从逻辑上看，"国之老少"与"人之老少"也并无可比性。实际上，一个国家的老少只是一种拟人化说法，一个国家的发展前途，应该从国家的文化历史资源和当代物质资源、制度资源以及人民创造力等方面进行论述，不能只从人之老少推导出来。文章不是说理，而是充满了"独断"，读起来让人热血沸腾，却没有理性的判断。①

这种文字是铺张的、泛滥的，过于情感化而不注重表达效率的。方汉奇《中国近代报刊史》指出："作者情感激动时，偶然使用一点辞藻华丽的句子未尝不可，但如果堆砌如七宝楼台，铺张如镶金嵌玉，排比如涂花饰草，就不免成为恶趣，惹人生厌。"②

五、一种质朴自然的说理风格

前面提到了几种风格强烈的评论。其实，大部分新闻评论倡导平易近人、质朴自然的说理风格。程仲文提到："现代评论不作呐喊式的狂吼，而做事实的分析。"但是，在中国历史上，特别是近代中国，历经磨难和民族危亡，"文革"式的呐喊，狂吼式的"情感激越式"的文风，一直不绝。如今，中国进入了难得的平稳建设时期，人们的思想认识理性而清明，心态平和，评论的语言文风应该是"平易近人、深入浅出、朴素精炼"的。

时评是面向公众的写作，应尽量简洁清晰、朴素自然。比如《工作群也该有"八小时之外"》③，针对普遍存在而又被长期忽视的现象，作者用质朴的语言自然地说理，读来平易近人，让人会心一笑。

作者的评论现象在生活中很普遍，开头有很强的代入感：

公司大群、片区群、部门群、项目群、整改反馈群……在福建福州一家连锁餐饮店做门店督导的俞欣，微信上置顶的工作群多达56个。春节前夕，俞欣想把和宝宝的合影发给在江西老家的父母，她不断下拉微信页面，翻阅无数个群组后，才找到家庭微信群。"生活被工作群给淹没了"的职场人不止俞欣一人。下班后、节假日期间，那些随时弹出来的微信工作群消息提醒，使得越来越多职工的工作与生活没有了界限。

类似的工作群给公众带来了怎样的困扰？作者写道：

---

① 马少华. 新闻评论教程[M]. 2版. 北京：高等教育出版社，2012：186.
② 方汉奇. 中国近代报刊史[M]. 太原：山西人民出版社，1981：145-146.
③ 唐山客. 工作群也该有"八小时之外"[N]. 北京青年报，2024-02-20（A02）.

用人单位建群很容易，可落到职场人头上，每一个群都是一种线上工作场景，都传导着工作压力。各个工作群，大大小小，林林总总，都是发布工作指令、安排工作、督导工作、汇总工作、反馈工作、信息交流的平台，职场人在群中，不能满足于简单的收到回复，还要全面阅读并厘清工作群中的必要信息，做出相应的反应。工作群的信息常常没时没晌地袭来，很多职场人需要在半夜、凌晨查收工作群信息。如果职场人不及时查收信息，轻则招致批评，重则招致罚款，不少人被工作群信息碎片化消耗着、困扰着，精神紧张，身心俱疲。

在此基础上，作者进一步指出："工作群是一种新的工作场景，职场人节假日或下班后在工作群的种种付出如果达到一定的量，就具备了加班属性。然而，除个别案例中的劳动者外，多数职场人并未因工作群付出获得加班权益，工作群加班权益被漠视了。"

既然如此，该怎么办呢？

拿什么"解放"困在群中的职场人？首先，用人单位、工会等应该关注到职场人被群所困的问题，采取有效措施为职场人减负，为工作群的建立、管理建章立制，明确建群权限，设定建群审批流程和条件，做到非必要不建群，非必要不在节假日、下班后（尤其是夜间休息时段）发消息、调度职场人。其次，对工作群进行清理，该合并的合并，该解散的解散，并创新优化工作信息平台，给职场人营造简约、清朗、高效的线上工作场景。再次，应赋予职场人线上请假权，允许被批准休假的职场人不关注、不回复、不处置工作群的信息。司法机关、人社部门等应加强对线上加班问题的研究，明确线上加班的情形和标准，教育引导用人单位转变理念，完善对职场人线上加班权益的保护机制，支持职场人维护线上加班权益的诉求。

所以，我们会发现，这篇评论语言特别朴素自然，而且逻辑严密，从现象到本质和危害，最后指出解决途径，层层递进，很能引发共鸣。

第十一章

伦理

中国记协制定的《中国新闻工作者职业道德准则》应当属于职业自律,但目前使用的是党建语言表达关于新闻职业的各种要求,无可操作。于是,新闻从业者在实践中许多时候不知道什么不能做,什么能做,能做的如何做。①

——陈力丹

一、伦理道德与法律法规

一般情况下,正如北京大学哲学系教授何怀宏先生指出的,伦理与道德在大多数情况下是被作为同义词使用的。②伦理本质上也是社会控制的一种手段。它是人类理性的结晶,它规范和调节着人与人之间各种利益关系。伦理是一种软性约束。在整个社会规范中,法律和道德是两种重要手段,但法律是依靠国家强制力维系的,而道德则是一种非权力性规范,是靠社会舆论的约束与人们内心的信念来维系的,但正是这种内心的信念与自律,体现并维系了人类的尊严。

新闻评论伦理问题面临许多问题,都是在具体情境中的选择问题。如针对具体的判断对象,写还是不写?出于什么目的和动机?会给当事人带来什么样的影响?一定要审慎考虑和权衡,才是承担伦理责任的态度。

---

① 陈力丹,周俊,陈俊妮,等. 中国新闻职业规范蓝本[M]. 北京:人民日报出版社,2012:1.
② 何怀宏. 伦理学是什么[M]. 北京:北京大学出版社,2002:12.

评论作者在评论实践中的道德考量和反思是非常重要的。这种考量和反思，就是评论作者对自己的职业态度和评论心态、自己的评论对象、读者和可能产生的社会影响等方面面的反思。比如，作为评论员，自己写时评的初衷、抱负和愿望是什么？这个观点对评论对象是否公允，是否提供了充足可靠的论据？是否对评论对象有伤害？有什么伤害？这种伤害如果是不可避免的，且有评论的必要，有没有降到最低？评论中对读者有没有误导或隐瞒？可能的社会影响是什么？等等，这种反思和考量，正是评论员在伦理道德层面的权衡和考虑。

道德是人在自身需要推动下创造的一种特殊文化规范，目的在于保障社会的存在和发展，所以，道德是一种手段而不是目的，在人与道德的关系中，人永远是道德的主体，道德是为人而存在的，而不是相反。

伦理和道德是人类的普遍精神，在职业领域的体现就是职业道德。我国新闻传播职业道德有专门的规范和要求。评论实践当然属于新闻传播活动，因此，评论的写作发表，当然也需要遵循我国新闻传播职业道德规范和要求。这种职业道德，是从事信息传播活动的人们在长期的职业实践中形成的调整相互关系的行为规范的总和。它的产生，正是调整新闻传播活动涉及各方的利益关系和交往关系的重要原则。

从大的方面来说，评论的伦理是调节关系，调节的关系主要包括与受众、与评论对象、与同行、与所属媒体之间的关系。比如评论者与受众的关系。评论者发表意见和观点，其目的是说服读者和受众接受其观点，认为其说得很有道理。而且，由于其强大的社会影响力，评论者要对自己的观点负责，要承担更多的社会责任。

评论伦理与新闻传播法规之间是相互关联的。所有为新闻传播法规所禁止的行为，也是违反评论伦理的。所以，谈论评论伦理，首先需要遵守新闻传播法规，这些法规和制度，主要体现在国家法律制度层面和职业道德规范层面，是对新闻评论者的法律规范或硬性的纪律要求。它们主要是分散在国家各种法律法规中的涉及新闻传播活动的条款以及相关部门制定的宣传纪律等。成文的对新闻评论者的伦理道德规范，表现为职业道德准则、新闻道德自律信条等，即外在的道德信条。这些是新闻评论活动应遵循的最低的伦理要求。换句话说，违反上述两个方面的行为，是违法违纪行为，同时也是违反伦理的。但是，不合伦理的评论，不一定是违法的，但会受到读者和社会舆论的谴责，会引起公众的批评与不满。所以说，**法律法规是伦理道德的底线要求，伦理道德是评论作者内心深处的一种道德诉求，它指引新闻评论朝着更高的伦理目标前进，属于新闻评论的"理想"标准。**

在我国，评论员所从事的活动属于新闻传播活动，要遵循国家相关法律法规和新闻职业道德规范。大体上，就法律法规而言，新闻评论的创作和发表必须谨慎，要符合党和国家的有关政策和规章制度，在法律允许的范围内发表意见和看法。具体而言，就是做到以下两个方面：

第一，保持社会稳定。新闻评论是直接针对现实和问题发言的，这些观点和意见必须掌握好"度"，不能对社会稳定造成不良影响。首先，禁止煽动危害国家的言论。根据《中华人民共和国刑法》规定，煽动行为的犯罪主要有四项：煽动分裂国家罪，煽动颠覆国家政权罪，煽动民族仇恨、民族歧视罪，煽动群众抗拒法律实施罪。其次，保守国家秘密。《中华人民共和国刑法》《中华人民共和国保守国家秘密法》《中华人民共和国国家安全法》等法律规范都对此做出了严密的规定。另外，新闻单位自己也有严格的保密制度。无论是新闻报道还是新闻评论，都不得泄露国家秘密。再次，维护社会正常秩序。我国《中华人民共和国刑法》《中华人民共和国未成年人保护法》《出版管理条例》《治安管理处罚条例》等法律规章以及一系列最高人民法院和最高人民检察院的司法解释早有规定：新闻传播活动要禁止淫秽、色情内容，禁止宣扬邪教和其他危害社会的内容，要维护民族平等团结。另外，我国媒体还禁止宣扬封建迷信、凶杀暴力等。

第二，保障人格权利。人格权是法律赋予自然人和法人所固有的为维护自己的生存和尊严所必须具备的人身权利。我国《宪法》第三十八条规定："中华人民共和国公民的人格尊严不受侵犯。禁止用任何方法对公民进行侮辱、诽谤和诬告陷害。"另外，新闻单位还规定：新闻单位对生产者、经营者、销售者的产品质量或服务质量进行批评、评论，不应当认定为侵害他人名誉权。但借机诽谤、诋毁、损害其名誉权的，应当认定为侵害名誉权。事实上，自媒体已成为近年来侵害名誉权的"事故多发地"。

所以，新闻评论工作者**首先要严格审核新闻评论对象的真实性**。如果评论对象真实，则可以大胆评论；如果情况不太清楚，最好模糊化为社会现象，消除指定性，以免侵权，更不可使用侮辱性的语言。作为新闻评论工作者，针对社会生活中种种现象做出评论是自己的权利。但是，在评论时，一定要遵循"公正评论"的原则：评论之事与社会公共利益相关；有可靠的事实依据；立场应该公正；没有恶意。在这样的前提下，即使评论的观点有些偏激，也不能被认定为侵权。但是，如果缺乏事实依据，即使评论观点正确，态度公正，也会被认定为侵权。[①]

现在，随着大数据的发展，侵犯公众隐私权问题日益突出：

大数据时代网络上有大量的在线个人数据，这些数据有很多属于公众的个人隐私，很多人并不愿意其被收集，更不愿意被公开。然而，数据新闻制作者则可以通过数据的挖掘、交换或购买等手段获取这些数据，或将其制作成公开的新闻，或将其作为推送"符合私人口味"新闻的依据。这种违背个人意愿，对个人隐私信息进行收集、分析和公布的行为，显然存在侵犯个人隐私的风险。[②]

[①] 韩立新. 新闻评论学教程[M]. 郑州：郑州大学出版社，2008：283.
[②] 朱鸿军. 警惕数据新闻中的新闻伦理问题[J]. 传媒，2017（3）：34-36.

《中国新闻工作者职业道德准则》是针对新闻工作者的，其中包括媒体的评论员。对评论员而言，要全心全意为人民服务，站在公众立场上客观公正地评价社会现象和社会问题，不对事实不清、来源不明、无法确证的事实贸然进行评论，要坚持正确的舆论导向，即评论要关注社会影响，承担更多的社会责任；评论员自身要遵守法纪，清正廉洁，以正当方式从事职业活动；同情弱者，保护少年儿童等易受伤害群体；等等。

但这个说法只是大原则，正如陈力丹所指出的，中国记者协会制定的《中国新闻工作者职业道德准则》应当属于职业自律，但目前使用的是党建语言表达关于新闻职业的各种要求，无可操作。于是，新闻从业者在实践中很多时候不知道什么不能做，什么能做，能做的如何做。[①]丁邦杰在时评作者投稿的建议中，明确提出时评写作不能碰的"高压线"：一是党和国家的路线方针和政策，不质疑不挑战；二是涉及宗教的意识形态和人物场所，不亵渎不侮辱；三是军队的重要负面新闻，不随意评论不跟风炒作；四是民族之间的矛盾冲突，不渲染不介入；五是有特殊背景的群体性事件，不擅自评说不火上浇油；六是外交事务中的问题，不偏离国家口径不自立口号主张；七是涉密领域的新闻，不在传统媒体报道之前评说；八是重大事故和恶性案件，不随意定性定调。[②]这八条主要是针对新闻传播法规和宣传政策而总结出来的，可谓语重心长，是经验丰富的写作者的肺腑之言。

有学者认为，新闻评论的伦理道德总体上可以分成制度层面、社会层面、个人层面和文本层面四个方面。[③]如果将法律法规看成伦理道德的底线要求，是对新闻媒体从事新闻传播活动的硬性约束，那么，新闻评论的伦理责任实际上体现在媒体、写作者的个人行为和具体的评论作品三个方面。当然，评论的伦理更多的是作为评论者个人和其完成的作品所表现出来的一种内心的道德诉求。本章将从媒体（社会）层面、个人层面和作品（文本）层面三个方面进行讨论。

二、媒体层面的伦理问题

一般来讲，评论伦理责任主体具有双重性，即评论员个体和媒体组织机构。新闻评论员个体作为新闻伦理行为实践的主体之一，是新闻评论伦理行为实现的基本单元，他们通常处于媒体机构中。评论员对待新闻的态度、他们的动机、意

---

① 陈力丹，周俊，陈俊妮，等. 中国新闻职业规范蓝本[M]. 北京：人民日报出版社，2012：1.

② 丁邦杰. 时评要领[M]. 北京：中国人民大学出版社，2020：357-358.

③ 杜涛. 新闻评论的伦理体系建构[J]. 当代传播，2014（1）：100-103.

识与能力都反映在评论中，因此他们是评论伦理责任的第一责任人。今天，每个新闻从业人员个体必定从属于一定的新闻机构或传媒组织，每个新闻从业人员的新闻行为组合构成了该新闻单位的新闻行为。因此，媒体机构是影响更大的伦理责任主体。

但是，正如张秀莉所说，三十年来的媒介转型给新闻工作者带来至少三种身份角色的要求：第一是新闻人继续作为政治体制内不可缺少的一部分，履行其喉舌功能，肩负宣传任务；第二是作为在市场追求商业利益的新闻机构，也是一部赚钱机器；第三是社会公众对其舆论监督工作的期望，这其实也是公众对新闻媒体的社会角色的期待。①换句话说，我国新闻媒体是作为政治层面的宣传、经济层面的盈利和社会层面的监督而存在的复合角色，不同角色之间有不可避免的矛盾和冲突。作为新闻媒体，其言论和版面空间里的新闻评论也是在国家法律法规、媒体组织利益、社会责任和公众期待之间的调适和平衡。具体而言：

第一，独立公正应为新闻评论伦理的重要原则。这一原则源自媒体评论为公众利益服务的根本要求。张昆认为，新闻评论中充斥某一群体或者某一阶层的言论，不利于言论的生态平衡，容易使媒体成为某些利益的代言人，这显然与新闻媒体作为社会公器的本质属性相违背。作为社会公器，媒体首先要考虑的是社会责任和公众期待，能比较公正地关注各方的声音和意见，而不是只关注某些利益集团的特殊声音和意见。所以，媒体在多大程度上代表或容纳了社会公众的意见和声音，就是媒体社会价值的重要体现。

2018 年 9 月，京东 CEO 刘强东在美国明尼苏达州因涉嫌性侵女大学生被捕，京东官方回应称这是一起不实指控。期间有"@明州事记"等账号发布与此案相关的信息。这些来源不明、未经查证的视频直接成为许多专业媒体报道的内容。这种"利益集团式"的事实可能会干扰和混淆了真相，影响评论员的观点和判断。正如《2019 年传媒伦理问题研究报告》所总结的："在隆隆的商业主义力量碾压之下，新闻的尊严荡然无存。"强大的商业和利益集团能够用小号误导和混淆事实，那么，他们也能够用小号等误导意见和言论。结果是，事实和意见都变得真假难辨，媒体的公信力将荡然无存。②

第二，必须坚守人文精神。我们今天如何理解"人文精神"？"精神"是什么？是一种观念、一种思想，是一种能够坚持某种观念的勇气。而"人文"的核心就是人类关怀、生命关怀。"人文精神"从根本上说，就是坚持人的"主体性"，追求人的"超越性"的一种观念系统和精神状态。坚持人的"主体性"，即承认"人"是目的，不把人当成手段和工具，尊重人的欲求和权利，肯定人的价值和尊严。

---

① 张秀莉. 转型期中国新闻工作者伦理困境与抉择研究[D]. 上海：复旦大学，2014.
② 年度传媒伦理研究课题组，刘鹏，方师师. 2019 年传媒伦理问题研究报告[J]. 新闻记者，2020（1）：3-21.

只有这样，人才能从工具理性中解放出来，达到马克思所说的"人的全面发展"之目的。追求人的"超越性"，即人对自己存在的思考，对人的价值、人的生存意义的关注，是对人的生存命运的思考和探索，属于人的"终极关怀"。①正因为人文精神具有宽泛和复杂多义的特征，一些媒体的报道和评论被质疑和引发舆情，大多与此有关。

比如，2013 年 6 月 13 日，《厦门日报》刊登了一篇名为《让我们携起手传递正能量》的文章，针对 10 天前造成 47 人死亡、34 人受伤的"厦门公交纵火案"，该文通篇对关注指导案件善后的各级领导大加褒扬，尤其是突出厦门主要官员的"指挥若定""有条不紊"。最后，也不忘借读者的口自我标榜一番，称赞自己的报道"是及时雨、正气歌，是有担当、负责任的主流媒体"。《新京报》评论员立即写评论指出，在罹难者家属泪痕未干的时刻，媒体慷慨激昂地喊口号或自我标榜，给人的感觉只是轻佻。

厦门公交纵火案，值得反思的地方仍有很多。嫌疑人陈水总，固然是个疯狂之徒。但一个人的人性险恶，何以就能对公共安全造成这么大的冲击，政府和社会真的毫无责任？如果此前能对陈多一些关注和疏导，或许他不至于会堕落至此；如果公交逃生通道能更为顺畅，或许伤亡不至于如此惨重……

公交纵火案之后，厦门方面的善后和整改等，公众都看在眼中，记在心里。当地媒体实在没有必要发表这么一篇文章，自我表扬，其效果只会适得其反。这篇有"丧事喜说"嫌疑的文章，在网络迎来诸多非议即为明证。

没有人希望通过这样的案件善后，来体现官员政绩，也没有人能接受媒体借悲剧之机营销，彰显自己的"主流"身份。既然没能阻止事故的发生，那所有的救援和善后就都只是一场补救，真的没什么值得夸耀。

真正意义上的"正能量"，不是对政府尽职尽责的歌颂和对媒体自身的标榜。及时公布真相，深痛哀悼死难者，全力抢救伤者，用实际行动给市民安全感，对隐藏的社会矛盾的及时发现并化解，才是厦门人民和全体社会公众需要的"正能量"。②

《让我们携起手传递正能量》之所以遭到质疑和非议，并非因为事实虚假，文中所叙述的一些部门和公务人员的尽职尽责也是事实。但在 80 余伤亡者面前，政府、媒体乃至社会所做的一切，其实不过是职责所在、道义所在。在社会余恸未消的时刻，公众非议的是"官样文章"对老百姓的生命缺乏人文关怀。所以，媒体层面要关注以下三个方面：一是坚持"减少伤害"原则。评论者对被评论对象的评论中不应带有主观意识的人身攻击语言，不要侮辱他人人格、恶意诽谤、

---

① 樊水科. "文化时代"记者素质：人文精神与文化情怀[J]. 今传媒，2015，23（11）：110-113.
② 王华. 公交纵火案：媒体自我标榜不合时宜[N]. 新京报，2013-06-17（A2）.

造谣说谎，更不要攻击漫骂甚至鼓动网民进行人肉搜索或实施现实中的伤害。二是尊重隐私，避免"示众"效应。对非公众人物、未成年人的错误行为，不宜在公共媒体暴露其姓名和隐私。无论在报道还是评论中，都应如此。三是评论者应公正思考，对所有社会群体一视同仁。评论者不应考虑个人感受、自身利益，或其朋友、公司、团体的感受或利益。四是评论中，人性考量是不容忽视的，因为其社会影响很大。

这里就不得不说另一个挑战人性底线的案例。这个例子被《新闻与传播研究》看成"澎湃史上最大的危机"。①2015 年 6 月 2 日澎湃新闻发布了一条聚合新闻，报道一艘游轮在长江水域倾覆的突发消息。但接下来的几天，救援进展缓慢。6 月 5 日晚，澎湃新闻官方微信发表署名为"澎湃突发新闻报道组"的稿件。编辑引述了一名网友的留言作为标题"回到母亲怀抱"，澎湃新闻微博官方账号也以同样的标题转发了这则报道。这是一句模仿"东方之星"遇难者口吻的诗句："孩子别哭，我在长江，已经回到母亲的怀抱。"

孩子，别哭
我在长江，已经回到母亲的怀抱
她比波涛温柔，轻轻洗去了我一世尘埃
孩子，请原谅
我没来得及与你道别，没来得及叮嘱你
照看好自己的孩子，多陪陪你的爱人
世界上最短的时间叫一瞬间
最长的时间叫永恒
两者间的距离只有一阵风雨
那么短，又那么长

这篇文章的阅读量是"10 万+"，点赞数 1094 个。然而，这篇报道一上线就引发众多网友的激烈批评。6 月 6 日凌晨，有新浪微博普通网友发帖批评澎湃："如果说'感谢你无数次游过那么悲伤的水域'还是一味煽情，做出'孩子别哭，我在长江，已经回到母亲的怀抱'这标题的人就简直丧失人性了。"②

事实上，每一次灾难都可以找到很多类似的报道、评论和诗歌。曹林批评过这种"灾难文艺腔"：看到的是一些人失去了用人话表达悲伤的能力，看到了灾难表达的话语贫乏、思维偷懒和情感枯竭，很多时候失去了表达的本原，而成了带

① 陆晔，周睿鸣. "液态"的新闻业：新传播形态与新闻专业主义再思考——以澎湃新闻"东方之星"长江沉船事故报道为个案[J]. 新闻与传播研究，2016（07）：24-26.
② 上述"悲伤水域"案例及其相关资料均来自《"液态"的新闻业：新传播形态与新闻专业主义再思考——以澎湃新闻"东方之星"长江沉船事故报道为个案》一文。

着某种利益追求的表演。当失去了对生命的敬畏和灾难的真诚悲痛时，就成了一场消费灾难和表演悲伤的、无耻的文学竞赛。[①]

第三，媒体评论应该追求共识与理性。一个可感知和令人担忧的现象是，社会舆论的分裂越来越厉害了。一个事件还没有开始讨论，就各自站队，进行非理性的人身攻击，互相对骂，最后往往一地鸡毛。崔永元与方舟子大战即是如此。对于评论者而言，坚持理性发言，不谩骂，不互相指责，这样才能形成理性讨论问题的社会氛围，现在这种气氛还相当缺乏。2017年"江歌案"中，在事实未清楚的前提下，传统媒体的评论可圈可点，大多理性且具有反思精神，如《新京报》的《江歌案：杀气腾腾的咪蒙制造了网络暴力的新高潮》、澎湃新闻的《被围观的刘鑫和江母，被遗忘的陈世峰》、《南方都市报》的《江歌之死：舆论介入宜保持冷静与克制》、《中国新闻周刊》的《当"江歌遇害案"变成"江歌刘鑫案"》，但它们并未能扭转舆论。在关键事实尚未厘清的情况下，网上轰轰烈烈地掀起了一场对刘鑫的道德审判。[②]这些所谓的自媒体，在关键事实层面基本没有贡献，却有效撕裂了社会舆论，加重了社会戾气，让事实更为面目不清。

第四，从媒体的层面，与民族宗教等相关的话题也是一个需要谨慎对待的话题。9月14日，中国驻瑞典大使馆发布提醒，近期有中国游客遭到瑞方公务人员粗暴对待，中方已就此向瑞方提出严正交涉。9月15日，《环球时报》发布独家报道《中国游客遭瑞典警方粗暴对待，一家三口被扔坟场，外交部严正交涉！》，并同时发表社评《瑞典必须严惩对中国老人施恶的警察》。一时间，民愤四起，引发网友对同胞在国外遭遇不公对待的关切。但随后流出现场执法视频，两位瑞典警察将家属抬出酒店，但未见有殴打。除了呼天抢地的喊叫外，曾先生在一段视频中，还存在故意摔倒的嫌疑。所谓的"坟地"与我们语境中的也不一样，"林地公墓"是世界文化遗产之一，距离斯德哥尔摩中心的皇宫约6千米。[③]作为媒体，发表的社评是建立在"片面"的报道基础上的，容易煽动公众情绪，有误导和刺激民族主义的危险。

媒体评论也要尊重民族宗教政策。我国的新闻传播活动有一个总体要求，就是尊重民族风俗和宗教事务，促进民族平等、团结和宗教信仰自由。民间有一些封建迷信活动，比如神汉、巫婆等装神弄鬼、妖言惑众，甚至骗人钱财等，对于这些非法活动要坚决批判。再比如，在新闻评论中，不宜将事件的发生与《易经》推算、八字、血型、姓名、托梦、死亡巧合、"转世"等联系在一起。

[①] 曹林. "灾难文艺腔"越来越被大众排斥[EB/OL]. （2015-08-18）. http://news.sina.com.cn/pl/2015-08-18/080532217111.shtml.

[②] 年度传媒伦理研究课题组，王侠. 2017年传媒伦理问题研究报告[J]. 新闻记者，2018（1）：4-20.

[③] 年度传媒伦理研究课题组，王侠. 2018年传媒伦理问题研究报告[J]. 新闻记者，2019（1）：15-29.

三、个人层面的伦理问题

第一，评论者要在全面、准确的事实材料的基础上立论。《中国青年报》评论员曹林在《时评写作十讲》中曾提出评论的价值次序问题，即"一事当前，先问真假，再断是非，再说利害"。这应该是评论者首要的一种评论态度。在自媒体大行其道的时代，这种现象成为一个值得关注的现象。在事实不清楚的情况下，自媒体不分形势站队，带动了绝大部分网民，牵引了舆论方向，使得网民发泄情绪般地发表看法，造成了非理性化舆论现象的发生。

评论作者对于传播的真实性及其结果是否该承担责任？马少华对这个问题进行过深入的思考，他说：评论是传播观点的，不是传播事实的，但由于新闻评论的重大影响力，作者做出的任何不慎判断，都有可能成为"假新闻的追捧者"。对于这一点，新闻界还存在争议。有人认为，评论者一般不具备核实新闻真实性的资源和能力，因此，不应对新闻真实性负责。比如盛大林认为"评论者不应该对新闻事实负责，是因为评论者不应该肩负调查核实的责任，更关键的是评论者往往无法判断事实的真伪。新闻的真实性应该由记者负责，而评论者只应该对自己的观点负责，这是基本的分工"。[①]

也有一些学者认为，评论者应该具备从逻辑和经验上辨识假新闻的媒介素养。事实上，观点和事实是密不可分的，评论者对观点负责，就是要对支持观点的事实负责，二者无法割裂开来。我们以《为什么第二代身份证要日本企业造》为例进行说明，这篇评论针对网上转载的一篇新闻报道而发，从而造成传播虚假信息并给国家公安部造成不良影响，此案例被《新闻记者》列为2004年十大假新闻之一，尽管它只是一篇新闻评论。这说明，评论者也是传播者；新闻评论既是观点的传播者，也是事实的传播者，应该承担这一责任。[②]对虚假事实急于评论是近些年经常出现的一个突出问题。比如7岁女童眼里塞纸片事件。后经调查，女童事件并不是媒体报道的那样，但《新京报》就此发表评论文章《7岁女孩眼睛被塞纸片，岂能把校园欺凌当"闹着玩"》，认为涉事校长跟班主任遭处分，是"咎由自取"。所以，虽然众多纸媒报道有误在先，但评论者着急跟进，为虚假的事实发表"义正辞严"的评论，也难免一地鸡毛。

第二，评论者要注意个人的修养问题，比如不要跨界发言。央视特约评论员

---

① 陈桂兰. 新闻职业道德教程[M]. 上海：复旦大学出版社，1997.

② 此案例及观点转引自：马少华. 新闻评论教程[M]. 北京：高等教育出版社，2007：317.

队伍也已经有了较为清晰的专业分工。杨禹身兼国家发展和改革委员会城市和小城镇发展中心研究员，对国内政治问题很有见地；周庆安身为清华大学国际传播研究中心专职研究员，负责国际关系和公共外交等领域的评论；王大伟是中国公安大学教授，主攻公共安全和突发事件的评论。从古至今，没有任何一个评论者可以在所有领域成为评论高手，发表有见地的观点。学者曾建雄就提出："随着评论专业分工的细化，某些专业领域的评论作者必然要求更职业、更专业，这成为一种新趋势。由于专业领域存在的差异性，其对评论作者的专业背景、知识结构以及综合素质诸方面都提出了新的更高的要求。"①

同时，评论者需要宽容平和，具备清晰的思维能力和缜密的逻辑推理能力。对不同意见者、辩论者应宽容，要最大限度地理解，不搞个人攻击，要公正对待对立面的意见和评论者。作为言论生产者要对作品的质量、道德负责。如误导受众，胡乱编造言论刺激或蛊惑受众等，都是不道德的。评论者对涉及民族的现象，不因族群、性别、年龄、语言、外貌、身材、宗教、政治、出身、财富或其他身份的不同而差别化评论，甚至侮辱或歧视民族习俗，都是极其不合适的。评论员不能以猎奇心理或歧视心态观察和评论少数民族饮食习惯、民族心理、婚姻习俗等，对其做出夸张的描述或不屑的评论等，②都不合适。另外，评论者应尽量诚实，与受众建立积极的关系，而不是把自己的观点强加于受众。马少华在"评论者的行为与其观点的关系问题"的讨论中指出，"如果我们每个人把自己做不到的事情在评论中加以提倡，那么评论给人造成的印象，可能就是'一派谎言'，社会信任也会受到伤害。"③

第三，评论作者的"利益冲突"问题。评论作者的公信力问题是评论伦理问题之一。新闻工作者在大众传媒上的写作可能与个人利益发生关系，这是非常敏感的新闻伦理问题。"社论作者应时刻警觉真实和明显的利益冲突问题，比如经济上与评论对象有联系，从事第二职业，担任公职，介入政治组织、市民组织或其他组织，这些都有可能产生利益冲突问题。"比如很多当红明星雇用公关写作班子来为自己造势、炒作，甚至有意制造各种绯闻来提高自己的知名度和曝光率。中国房地产业的"崛起"催生了许多经济新闻评论员，然而，他们大多是为地产商摇旗呐喊的。更有甚者，某些评论写作人员用多个笔名专门写作符合某个特定企业利益的评论，并接受企业的报酬。④学者范兵也指出，专家的伦理问题之一就是为利益集团代言而遮蔽社会公共利益：

为利益集团代言而遮蔽社会公共利益。专家的天职应当是探究真理服务社会，

---

① 曾建雄. 转型期新闻评论功能的拓展与内容形式创新[J]. 国际新闻界，2012，34（12）：6-12.

② 陈力丹，周俊，陈俊妮，等. 中国新闻职业规范蓝本[M]. 北京：人民日报出版社，2012：198-223.

③ 马少华. 新闻评论教程[M]. 2版. 北京：高等教育出版社，2012：305.

④ 李朝霞. 新闻评论伦理的发展和存在的问题[J]. 青年记者，2012（8）：25-26.

但是，目前社会普遍存在的一个现象，却是"谁请专家，专家就替谁说话"。一些专家如明星般穿梭于各类商业论坛和活动中，拿着天价的出场费，却用种种"学术话语"包装其利益动机。近年来不少经济学家，特别是房地产专家，之所以一再遭人炮轰，就是因为他们一些"雷人"言论，如"买房就是爱国""廉租房应该没有厕所""未婚同居、丈母娘刺激楼市刚性需求""反对房地产复兴就是反人类"等，屡屡挑战公众的认知底线。人们不禁要质疑：他们究竟代表谁的利益？[①]

作为媒体，要依据国家相关法律加强对评论员的管理，尤其是媒体评论员的兼职或社会活动，都可能影响到其职业形象、传媒的公信力、客观与公正。比如，评论员不能利用职务之便从事相应的投资，将相关股票、证券、房地产或其他投资分析以评论的方式透漏出去或误导他人。因为这些评论员和其言论，最终构成了整个媒体组织的意见和声音。有些稿件可能隐藏着与公众相对立的特殊利益，媒体如不加甄别地刊发，就可能对公众的判断形成误导，产生不利影响。

在这方面，清华大学李希光教授建议，应该建立言论者注明身份的规范：

既然，学术界对新闻的客观性都提出了疑问，那么，新闻媒体上的言论更是有偏见的。有偏见不怕，怕的就是大众媒体把这些有偏见的言论匿名或用笔名发表出来，使读者看不出作者来自哪个利益集团，从而误导公众相信作者代表了全体公众的利益。[②]

国内的媒体正在逐步改变。很多评论已经开始署上作者的供职单位和身份等信息。

四、文本层面的伦理问题

在文本层面，评论可能产生以下五个伦理问题。

第一，署名问题。清华大学李希光教授认为，应该建立言论者注明身份的规范，大众媒体上就公众关心的问题发言或批评，报纸必须署上作者的真实姓名和供职单位。署名也是标识文本权利归属和责任主体的有效方式。作为文本，新闻评论作者对个别新闻报道或其他评论作品中的段落和句子直接引用而不加说明，就构成了剽窃。评论作品本身比较简短，即便直接粘贴一两段，在道德上也是不允许的。评论写作不像学术论文写作那样做文献综述，写评论也不需要引注文字，

---

① 范兵. "专家时代"的新闻评论伦理初探[J]. 新闻记者，2010（8）：20-23.

② 李希光. 新闻学核心[M]. 广州：南方日报出版社，2002：109.

但是，要尊重他人的劳动成果，不要剽窃其他人的作品。

第二，从文本的角度讲，语言也是一个伦理问题。通俗易懂、平易近人的语言是对读者的尊重，而一些粗俗甚至违反相关规定的语言，就是对读者的不尊重，是不道德的。比如对有身体残疾的人士不使用"残废人""独眼龙""瞎子""聋子""傻子""呆子""弱智"等蔑称，而应使用"残疾人""盲人""聋人""智力障碍者"或"智障者"等词汇。另外，在稿件中如果涉及犯罪嫌疑人家属、案件涉及的未成年人、采用人工授精等辅助生育手段的孕产妇、严重传染病患者、精神病患者、被暴力胁迫卖淫的妇女、艾滋病患者、有吸毒史或被强制戒毒的人员等，评论文本可使用其真实姓氏加"某"字指代，如"张某""李某"。不宜使用化名。这是针对新闻报道的，但语言问题对新闻评论同样是适合的。

文本层面还有一个问题，就是文风问题。网络环境和自媒体公众微信号更倾向于追求流量和用夸张耸动的言辞吸引眼球，比如《抖音正在毁掉我们的下一代》，动不动就"美国害怕了""日本吓傻了"，且将媒体报道的事实随意裁剪，大量添加意见性信息，形成各类复杂的意见性文本，引起了《人民日报》的关注。2018年6月13日，《人民日报》发表评论批评"跪求体""哭晕体"等语言形式在一些网络媒体的标题、正文中频频出现，"其浮夸荒诞的文风，令不少读者感到不适"。从7月2日开始，人民网又连续推出"三评浮夸自大文风"系列评论指出："纵观这些所谓'爆款'文章，内容其实了无新意，令人堪忧。"①

第三，对论点的论证。评论文本的第一个伦理责任就是论证自己的观点。论证是一种伦理责任，它是对作者自己的观点负责和对接收者负责的直接体现。如果作者说出了自己的观点，但不加以论证；或者不说出自己的观点，却模糊地暗示自己的观点，这都是不负责任的做法。评论作者不能只提出怀疑或暗示出怀疑，而放弃确定的判断或论证。②

第四，在论证的逻辑方面。逻辑学告诉我们，推理论证存在着产生多种谬误的可能性。如果评论者没有意识到自己的逻辑谬误，那是论证水平问题；如果评论者意识到了自己的逻辑谬误，但硬要得出一个错误的观点，这就是不忠、不公正问题了。③所以，时评写作者需要有很强的逻辑推理能力和论证能力，尤其是要避免一些常见的逻辑谬误，如偷换概念、不当类比、因果倒置、强拉因果、不当概括、诉诸无知等。可以这样说，时评写作者加强逻辑修养是对读者负责的体现，也是其职业道德的体现。论证的逻辑不但是普通评论员，就连专家学者也容易出现无视学术规范，以偏概全误导舆论的问题，正如学者范兵所说：

---

① 林峰. 谁在"跪求"，谁在"哭晕"？人民网三评批浮夸自大文风之一：文章不会写了吗？[EB/OL]. (2018-07-4). https://www.sohu.com/a/239313547_235760.

② 马少华. 新闻评论教程[M]. 北京：高等教育出版社，2007：314.

③ 马少华. 新闻评论教程[M]. 北京：高等教育出版社，2007：315.

严谨治学是科学伦理和学术道德的内在要求，也是学者从事研究必备的基本特质。然而，现在有些专家耐不住寂寞，不遵守应有的推理规则，不尊重基本的资料素材，而故作惊世骇俗之语、慷慨激昂之论。比如，针对群众的上访现象，有专家出此"雷人语录"："对那些老上访专业户，我负责任地说，不说100%吧，至少99%以上精神有问题——都是偏执性精神障碍。"一言既出，引起公愤，舆论压力之下，他不得不公开道歉。再如，对于人们关心的养老问题，有专家发表惊人言论：假定经济增长速度20年后不变，有一千万元在一线城市也难养老。此言一出，众皆哗然。如此基本假设与结论，显然缺乏相应的科学依据，难怪有学者批评说"这是不负责任的学术态度""缺少基本经济学常识"，并指出"恐慌比通胀更可怕"等等。①

第五，对论据的忠实态度。读者对事实的判断，一方面受作者论证的影响，另一方面，还要受作者引用事实的影响，而且后者影响作用更大。作者写评论，当然要选择事实论据来支撑自己的观点。但如果作者确实看到了不利于自己的事实材料而故意不提，甚至歪曲事实以适应或支持自己的观点，这就是伦理问题了，是不道德的。②评论的观点最好是通过事实进行归纳提炼，而不是先有观点，然后选择事实进行支撑。尤其是当事实本身呈现出复杂多样状态的时候，轻易提出观点是草率的，甚至充斥偏见和有失公正的观点，也可以通过选择部分事实、忽略部分事实加以支持。

文本方面，新闻评论应该明确表达自己的观点、清晰地论证自己的观点，并在论证过程中不使用不利于读者理解的事实。但其实新闻评论的伦理问题不仅仅在"文本规范"这个层面，在"价值规范"层面，新闻评论也应该在民主、法制和社会基本价值观的底线之上，表达积极、进步，有利于社会和谐、稳定、发展，有利于人民团结的观点。③

---

① 范兵. "专家时代"的新闻评论伦理初探[J]. 新闻记者，2010（8）：20-23.

② 马少华. 新闻评论教程[M]. 北京：高等教育出版社，2007：316.

③ 马少华. 新闻评论教程[M]. 北京：高等教育出版社，2007：318.

参考文献 :::: References / / / /

1. 教材

[1] 马少华. 新闻评论教程[M]. 北京：高等教育出版社，2007.

[2] 马少华. 新闻评论教程[M]. 2版. 北京：高等教育出版社，2012.

[3] 马少华，刘洪珍. 新闻评论案例教程[M]. 北京：中国人民大学出版社，2008.

[4] 马少华. 新闻评论写作教学：开放的评论课堂[M]. 北京：高等教育出版社，2015.

[5] 马少华. 什么影响着新闻评论[M]. 北京：人民日报出版社，2013.

[6] 曹林. 时评写作十六讲[M]. 北京：北京大学出版社，2020.

[7] 曹林. 时评写作十讲[M]. 上海：复旦大学出版社，2011.

[8] 南方周末. 南周评论写作课[M]. 北京：人民日报出版社，2022.

[9] 米博华. 新闻评论实战教程[M]. 北京：人民日报出版社，2021.

[10] 张涛甫. 新媒体评论教程[M]. 上海：复旦大学出版社，2020.

[11] 徐兆荣. 实用新闻评论写作教程[M]. 北京：北京大学出版社，2014.

[12] 杜涛. 新闻评论：思维与表达[M]. 北京：知识产权出版社，2013.

[13] 赵振宇. 现代新闻评论[M]. 2版. 武汉：武汉大学出版社，2009.

[14] 杨新敏. 新闻评论学[M]. 苏州：苏州大学出版社，2007.

[15] 韩立新. 新闻评论学教程[M]. 郑州：郑州大学出版社，2008.

[16] 丁邦杰. 时评要领[M]. 北京：中国人民大学出版社，2020.

[17] 范荣康. 新闻评论学[M]. 北京：人民日报出版社，1988.

[18] 丁法章. 新闻评论教程[M]. 4版. 上海：复旦大学出版社，2008.

[19] 胡文龙，秦珪，涂光晋. 新闻评论教程[M]. 北京：中国人民大学出版社，1998.

[20] 李舒. 新闻评论[M]. 北京：中国人民大学出版社，2013.

[21] 康拉德·芬克. 冲击力：新闻评论写作教程[M]. 柳珊，顾振凯，郝瑞，译. 北京：新华出版社，2002.

[22] 廖艳君. 新闻评论[M]. 北京：清华大学出版社，2010.

[23] 孟建，祁林. 广播电视新闻写作[M]. 北京：中国广播电视出版社，2007.

[24] 周建武. 科学推理：逻辑与科学思维方法[M]. 北京：化学工业出版社，2017.

[25] 周建武. 论证有效性分析：逻辑与批判性写作指南[M]. 北京：清华大学出版社，2016.

[26] 周祯祥，胡泽洪. 逻辑导论：理性思维的模式、方法及其评价[M]. 广州：广东高等教育出版社，2004.

[27] 尼尔·布朗，斯图尔特·基利. 学会提问[M]. 10 版. 吴礼敬，译. 北京：机械工业出版社，2015.

[28] 杨义. 中国叙述学[M]. 北京：人民出版社，1997.

[29] 爱德华·英奇，克里斯顿·都铎. 批判性思维与沟通：理性在论证中的运用[M]. 彭正梅，伍绍杨，陈亭秀，译. 上海：学林出版社，2018.

[30] 大卫·A. 亨特. 批判性思维实用指南：决定该做什么和相信什么[M]. 伍绍杨，译. 上海：学林出版社，2017.

[31] 莫提默·J. 艾德勒，查尔斯·范多伦. 如何阅读一本书[M]. 郝明义，朱衣，译. 北京：商务印书馆，2004.

[32] 王琳，朱文浩. 结构性思维[M]. 北京：中信出版社，2016.

[33] 陈力丹，周俊，陈俊妮，等. 中国新闻职业规范蓝本[M]. 北京：人民日报出版社，2012.

[34] 李希光，孙静惟，王晶. 新闻采访与写作教程[M]. 北京：清华大学出版社，2011.

[35] 李希光. 新闻学核心[M]. 广州：南方日报出版社，2002.

[36] D. Q. 麦克伦尼. 简单逻辑学[M]. 赵明燕，译. 杭州：浙江人民出版社，2013.

[37] 李思辉. 时评写作十三招[M]. 北京：人民日报出版社，2020.

2. 论文

[1] 高明勇. 评论的轨迹：1978～2015 年中国新闻评论简史[J]. 青年记者，2015（30）：9-13.

[2] 顾建明，石敬琳. 中美社论写作方法的异同[J]. 采写编，2015（3）：4-5.

[3] 杜涛. 新闻评论选题的价值判断[J]. 今传媒，2014，22（4）：50-51.

[4] 马少华. 论点之后是什么[J]. 新闻与写作，2011（11）：59-61.

[5] 王辰瑶. 模糊而有意义：谈谈文字报道体裁的分类与命名[J]. 新闻与传播研究，2015，22（1）：119-125.

[6] 黄婷婷. 报纸社论与评论员文章写作异同分析[J]. 中国报业，2017（7）：72-73.

[7] 李震. 媒介化时代的文艺批评样态分析[J]. 陕西师范大学学报（哲学社会科学版），2018，47（4）：136-141.

[8] 马遂雄，马骐. 准确客观：述评新闻报道的科学指向[J]. 新闻战线，2004

（6）：33-34.

[9] 张显峰. 新闻评论不能丢了"文""气"[J]. 新闻与写作，2016（6）：66.

[10] 中国传媒大学党报党刊研究中心课题组.《光明日报》评论版的特征研究[J]. 现代传播（中国传媒大学学报），2014，36（12）：49-52.

[11] 李舒. 我国报纸评论版的优化路径探析[J]. 现代传播（中国传媒大学学报），2013，35（3）：55-57.

[12] 马少华. 观点写作，在创新中建立新的文体默契[J]. 中国记者，2020（7）：13-16.

[13] 张淑玲. 普利策奖新闻评论的写作风格[J]. 新闻爱好者（理论版），2007（10）：35.

[14] 王鹏. 新闻评论节目主持人的主持风格探析[J]. 济南职业学院学报，2014（3）：116-117.

[15] 田波澜，唐小兵. 当代中国新闻评论写作的流派与风格[J]. 新闻知识，2006（3）：6-7.

[16] 朱鸿军. 警惕数据新闻中的新闻伦理问题[J]. 传媒，2017（3）：34-36.

[17] 张秀莉. 转型期中国新闻工作者伦理困境与抉择研究[D]. 上海：复旦大学，2014.

[18] 曾建雄. 转型期新闻评论功能的拓展与内容形式创新[J]. 国际新闻界，2012，34（12）：6-12.

[19] 杜涛. 新闻评论的伦理体系建构[J]. 当代传播，2014（1）：100-103.

[20] 李朝霞. 新闻评论伦理的发展和存在的问题[J]. 青年记者，2012（8）：25-26.

[21] 范兵."专家时代"的新闻评论伦理初探[J]. 新闻记者，2010（8）：20-23.

[22] 马少华. 新闻评论中的具象性因素[J]. 新闻与写作，2017（1）：92-93.

[23] 丁建庭. 党报评论要追求"四度"：以南方日报的评论实践为例[J]. 新闻战线，2019（5）：24-26.

后记 :::: Postscript / / / / /

　　本书是我长期教授"新闻评论写作"课程的产物。所以，首先我要感谢我的学生。对于评论写作上的问题，我或者在课堂上与学生讨论，或者在课后与学生进行微信交流，或者评阅学生评论作业，或者指导学生在红网发表评论，等等，都在不断敦促我更换案例完善讲义，不断触发我对评论写作相关问题进行思考，这些思考的结果直接呈现在本书里。并且，有些同学的评论作业作为案例出现在本书中。

　　其次，我要感谢《中国青年报》《人民日报》《新京报》等媒体评论版公开发表的新闻评论，这些优秀评论作品不但是课堂教学的案例来源，而且书中很多案例来自这些媒体的优秀评论作品，大部分作品根据需要进行了节选，一些作品则是全文引用。感谢这些作品的作者，正是他们的作品让本书大放异彩。

　　我还要感谢马少华、曹林、丁法章、涂光晋、韩立新、赵振宇、米博华、张涛甫、徐兆荣、李舒等老师主编或撰写的教材。特别感谢马少华和曹林老师，虽未曾谋面，却神交已久：在多年的教学中，多次使用他们的教材，阅读他们的书籍，关注他们的微信公众号（"吐槽青年博士"和"少华读书"），可谓受益匪浅。本书中多处引用老师们的观点和资料，并逐一标注了出处，但错漏之处在所难免，真诚期待大家批评指正。此外，我要感谢编辑邓婷对本书的出版严格把关。

　　最后，我还要感谢西京学院，正是校方支持并资助建设"精品课程"工程，并把"新闻评论"课程列入其中，才使我有幸出版本书。

樊水科

2023 年 4 月